문학으로 보는 영국과 미국의 역사

영미문학개관 제2판

General Introduction to English and American Literature

송원문 지음

KM 경문사

문학으로 보는 영국과 미국의 역사

영미문학개관 제2판

지은이 송원문
펴낸이 조경희
펴낸곳 경문사
펴낸날 2019년 9월 5일 2판 1쇄
2025년 7월 31일 2판 3쇄
등 록 1979년 11월 9일 제1979-000023호
주 소 04057, 서울특별시 마포구 와우산로 174
전 화 (02)332-2004 팩스 (02)336-5193
이메일 kyungmoon@kyungmoon.com

값 17,000원

ISBN 979-11-6073-289-4

머리말

오랫동안 영미문학개관을 가르쳐 왔지만 이제야 비로소 나의 교재로 학생들을 가르친다고 생각하니 그동안 늘 내 마음 한 곳에 자리 잡고 있던 빚을 내려놓는 느낌입니다. 학생을 잘 가르치자면 처음부터 끝까지 어떤 내용이 어떤 논리적 흐름을 따라 전개되어 있는지 잘 파악하고 있어야 합니다. 그래야 강의자는 한 학기의 강의를 균형 있게 이끌어 갈 수 있습니다. 그동안 선배 교수님들의 훌륭한 저서를 참고하면서 영미문학개관 강의를 해 오기는 했지만 항상 뭔가 조금씩 강의내용에 대한 장악력이 부족하다고 느껴왔습니다. 영미문학개관 교재의 집필을 결심한 지는 꽤 오래전이었지만, 영미문학 전반을 아우르는 조사와 정리를 하는 작업이 만만치 않아 겁을 먹고 차일피일 그 시작을 미루다 2010년 1월에 새해결심과 함께 집필 작업을 시작했습니다. 그간 모았던 자료와 틈틈이 정리한 노트를 추려서 전체적인 구성을 잡아 집필을 마치기까지 만 1년의 시간이 걸렸습니다.

≪영미문학개관≫을 집필하면서 "가르치는 것이 배우는 것이다"라는 평범한 진리를 새록새록 마음에 새겼습니다. 산만한 지식들이 책을 집필하면서 내 머릿속에 정연하게 자리를 잡았고, 특히 시대적 배경과 작가와의 관계가 한층 더 명쾌해 졌습니다. 처음에는 좋은 강의를 위해 책을 집필했지만, 시간이 지날수록 나 자신을 위한 글쓰기라는 생각이 들었습니다. ≪영미문학개관≫ 원고를 출판사에 넘기면서 아쉬운 부분이 많이 눈에 밟힙니다. 하지만 앞으로 더욱 내용을 보강해서 계속 지금보다 나은 개정판을 출판하는 작업을 게을리 하지 않겠습니다. 2011년에 출판하는 ≪영미문학개관≫은 내게는 부족한 첫 아이와 같습니다. 부족하니까 더 마음이 쓰이고 첫 아이니까 더 애정이 갑니다. ≪영미문학개관≫을 출판하면서 이제 큰 교두보를 하나 마련한 느낌입니다. 이 책을 시작으로 해서 앞으로 좀 더 충실한 내용의 책을 계속 만들어 갈 생각입니다.

모든 공부가 그렇듯이 늘 신명나지는 않습니다. 특히 ≪영미문학개관≫ 원고를 쓰는 작업은 번뜩이는 창의력을 요하는 작업이 아니라 먼 거리를 달리는 장거리 경주와도 같은 작업이었습니다. 매일 매일 자료를 정리하고 글을 쓰고 하는 쉬 지루해지는 작업이었습니다. 느린 진도에 저녁마다 한숨도 참 많이 쉬었던 것 같습니다. 그런 나를 바라보면서 말은 안했지만 아내와 아이는 많이 불편했을 것입니다. 주변 사람들 여럿을 불편하게 만들고 만든 책이지만 막상 자신이 없습니다. 책의 부족한 부분은 강의를 열심히 해서 메울까 합니다. 이 책을 집필하는 동안 나의 까칠한 태도를 너그럽게 품어 준 가족들에게 감사를 드리고 싶습니다. 이 책이 완성될 무렵에 장인어른께서 갑작스레 세상을 떠나셨습니다. 내게 많은 좋은 기억과 고마운 마음을 남기고 별세하신 장인어른에게 이 책을 바칩니다.

2011년 2월

송원문

차례

제1부 영국 문학의 역사

제 1 부

영국 문학의 역사

I
영국 문학의 역사

1. 영국의 기원과 영국 문학의 탄생

영국은 유럽대륙과 가까우면서도 위도에 비해 따뜻하고 농사에 적절한 평지가 비교적 많은 지형이었으므로 오래 전부터 다양한 민족들이 자리를 잡고 살다 사라져 갔다. 기원전 6세기경 켈트족(Celtics)이 이주해 왔으며, 이들은 기원전 55년에 줄리어스 시저(Julius Caesar)의 로마군대가 침략하여 주둔하기까지 섬의 지배 종족이었다.

켈트족들은 가족 중심의 부족 사회를 이루며 흩어져 살았기 때문에 국가체제를 갖추지는 못했지만 자연을 숭배하며 농업을 기반으로 하는 나름대로 높은 문명을 유지했었다. 켈트족들은 부족 중심의 강한 공동체를 형성하였으며 부족을 상징하는 다양한 문양이나 문신을 통해 그들의 독특한 문화를 이루었다. "몸에다 문신을 그린 사람"이라는 뜻인 그리스어 프레타니카이(Pretanikai)가 오늘날 영국을 명명하는 브리튼(Britain)의 유래가 되었다는 설도 있다.

로마의 침략이후 켈트족들은 약 450년간 로마의 지배를 받았는데, 일부 로마에 항거했던 켈트족들은 로마의 지배가 미치지 못하는 오늘날의 스코틀랜드 일대에 해당되는 북부 산악지역으로 도망쳤고, 일부 부족들은 로마의 지배를 수용하면서 점점 로마의 높은 문명에 동화되게 되었다. 이들은 로마의 문명과 함께 라틴어를 받아들였는데, 이것이 오늘날 영어의 근간이 되었다. 이후 로마 점령지역의 켈트족들은 정복자

영국지도[1]

로마인들과 비교적 평화로운 관계를 유지하며 더불어 살았으며 이 기간을 통해 로마의 문명이 켈트족의 토속 문명과 융합하게 되었다.

4세기 초에 이르러 로마제국은 쇠퇴하게 되고 북유럽 게르만족의 침입을 받았는데, 이때 본국의 방위에 급급했던 로마군들은 영국에서 철수할 수밖에 없었다. 로마군의 급작스런 철수로 인해 영국 남쪽의 비옥한 평원지역에 통치의 공백이 발생하였고 이를 틈타 북쪽 지역에서 로마에 항거했던 켈트부족들의 남하가 시작되었다.

북쪽 켈트부족의 남하로 야기된 혼란은 오늘날 북독일 지역에 해당되는 작센(Saxen) 지역과 그 인근에 거주하고 있었던 호전적인 색슨족(Saxons)과 앵글족(Angles)이 영국을 침략하는 계기가 되었다. 원래 색슨족과 앵글족은 농사에 부적합한 북유럽의 척박한 지역에서 주로 해적질과 약탈활동으로 살았는데, 이들이 영국의 온화한 기후와 비옥한 평원을 보자 켈트족들을 몰아내 버리고 자신들이 영국에 아예 눌러 앉아 버린 것이다. 이때부터 앵글족과 색슨족은 오늘날 본토 섬에 영국민의 직접적인 조상이 되는 앵글로색슨족이 되었던 것이다. 앵글족과 색슨족에 의해 남동부

1) Google Earth에서 발췌했음.

유럽과 지중해 지도[2)]

의 평원지역에서 쫓겨난 켈트족들은 서북부의 산악지역이나 북쪽의 스코틀랜드 지역에 정착하게 되었는데, 이러한 역사적 배경으로 인해 이후 이들의 관계는 서로 항상 경계하거나 자신들만의 문화적 정체성을 고집하게 된다.

영국에 정착한 앵글로색슨족은 자신들의 뿌리가 되는 북유럽의 신화나 전설 등을 구비문학의 형태로 가지고 있었다. 8세기경 앵글로색슨족들은 기독교를 받아들였으며, 이후 북방의 켈트족들도 자신들의 토속신앙을 버리고 기독교로 개종하게 되면서 영국이 유럽의 기독교 문명에 편입하게 되었다. 기독교로의 개종은 문화전반에 변화를 가져왔는데, 이때부터 그동안의 구비문학을 고대영어로 기록하였으며, 일부는 아직도 현존하고 있다.

2. ≪베오울프≫

7세기 후반 혹은 8세기 초경에 고대영어로 쓰인 ≪베오울프≫(*Beowulf*)는 현존하

2) Google Earth에서 발췌했음.

는 가장 오래된 영문학 작품으로 평가되는 영웅서사시인데, 이 작품은 앵글로색슨족의 민족성, 역사적 전통, 문화적 특징 등을 잘 나타내고 있을 뿐만 아니라 고대영어 연구에도 귀중한 자료가 되고 있다.

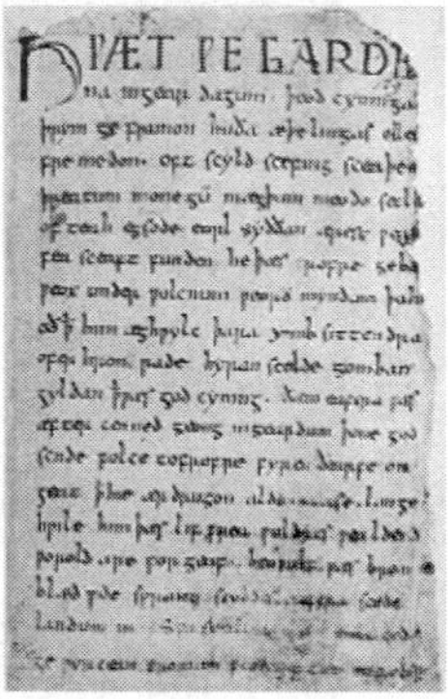

Beowulf in Cotton Vitellius A. xv.[3)]

<u>1-3</u>

Hwæt! We Gardena in geardagum,
þeodcyninga, þrym gefrunon,
hu ða æþelingas ellen fremedon.

<u>4-7</u>

Oft Scyld Scefing sceaþena þreatum,
monegum mægþum, meodosetla ofteah,
egsode eorlas. Syððan ærest wearð
feasceaft funden,

<u>7-11</u>

he þæs frofre gebad,
weox under wolcnum, weorðmyndum þah,
oðþæt him æghwylc þara ymbsittendra
ofer hronrade hyran scolde,
gomban gyldan. þæt wæs god cyning!

<u>12-16</u>

ðæm eafera wæs æfter cenned,
geong in geardum, þone god sende
folce to frofre; fyrenðearfe ongeat
þe hie ær drugon aldorlease
lange hwile.

---

3) 대영박물관에 소장되어 있는 1010년경에 제작된≪베오울프≫필사본 원본 첫 페이지.
http://en.wikipedia.org/wiki/Beowulf

16-19

Him þæs liffrea,
wuldres wealdend, woroldare forgeaf;
Beowulf wæs breme (blæd wide sprang),
Scyldes eafera Scedelandum in.

≪베오울프≫는 두운시(Alliteration)로 작성되었으며, 전체적으로 1부와 2부로 나뉘어 있으며, 총 3182행으로 이루어져 있다. 제1부(1행－2199행)에서 베오울프와 괴물 그렌델(Grendel)과의 싸움을 다루고 있다. 데인의 왕 흐로스가르(Hrothgar)는 헤오롯(Heorot) 궁전에서 매일 밤 떠들썩한 잔치를 연다. 근처에 있던 수중괴물 그렌델(Grendel)은 이 시끄러운 소리에 화를 내고 왕의 부하 30명을 죽인다. 이후로 12년 동안 그렌델은 사람들을 괴롭히게 되는데, 이 소식을 들은 베오울프는 14명의 전사를 이끌고 바다를 건너온다. 베오울프는 격투 끝에 그렌델의 한 팔을 베어낸다. 그러자 다음날 그렌델의 어머니인 마녀가 흐로스가르 왕의 신하를 살해하여 복수한다. 베오울프는 마녀를 추격하여 죽이고 그렌델의 목을 가지고 돌아온다. 베오울프와 그 일행은 흐로스가르 왕의 환대를 받고 귀국하게 된다.

≪베오울프≫ 제2부는 베오울프와 불을 뿜는 용과의 결투를 담고 있다. 기에아트(Geats) 족의 왕이 된 베오울프는 백성들을 위해 좋은 정치를 펼친다. 그러나 보물을 잃어버린 화룡(火龍)이 베오울프의 나라를 폐허로 만들어 버린다. 베오울프는 11명의 용사를 이끌고 화룡과의 싸움을 벌인다. 베오울프는 마침내 화룡을 죽이지만 자신도 화룡의 화염에 상처를 입고 죽게 된다. 백성들은 베오울프의 시체를 화장하면서 높이 치솟는 불길과 연기를 보고 애도의 노래를 부른다.

≪베오울프≫의 영문학사적 가치는 현존하는 가장 오래된 서사시이면서 영문학의 연구의 귀중한 언어학적 문화적 자료가 되는 데 있다. ≪베오울프≫는 앵글로색슨족의 방언으로 되어 있어서 고대영어의 형성과정을 잘 보여주고 있을 뿐만 아니라 구전문학으로 전해왔던 고대 게르만 영웅서사문학의 형태와 주제 그리고 내용을 짐작할 수 있게 한다.

3. 기독교의 전파와 기독교 문학

캐드먼 원본의 카인(Cain) 이야기 삽화[4)]

7세기 후반 무렵 전파된 기독교는 이교도의 땅이었던 영국을 종교적으로 유럽대륙과 동일한 문화권에 놓이게 했다. 이때부터 기독교의 성서적 내용이나 그와 관련된 종교적 이야기들이 앵글로색슨족의 문화와 융합되면서 독특한 기독교 문학작품이 탄생했다.

캐드먼(Caedmon)은 그의 정확한 생애는 알려지지 않았지만 비드(Bede)의 ≪잉글랜드인의 교회사≫(*Ecclesiastical History of the English People*)에 따르면 7세기 후반에 활동했던 대표적인 기독교 운문 문학가로 기록되고 있다. 캐드먼은 주로 앵글로색슨 방언으로 구약성서의 내용과 기독교적 이야기를 운문문학으로 창작했다. 그의 작품 ≪창세기 A≫(*Genesis A*)는 구약의 창세기 1장에서 22장까지를, ≪창세기 B≫(*Genesis B*)는 그 이후의 이야기를 운문으로 집필했다. 이외에도 ≪출애굽기≫(*Exodus*), ≪그리스도와 사탄≫(*Christ and Satan*)과 같은 작품들이 있는데 이들 작품들 역시 성서적인 내용을 앵글로색슨족의 영웅서사적 시풍으로 나타낸 것이었다.

퀴너울프(Cynewulf)도 8세기에 활동한 영국의 기독교 문학가이다. 그는 주로 신약성경적 소재와 기독교를 찬양하는 시를 썼다. 그의 대표작 ≪그리스도≫(*Christ*)는 3부작으로 예수의 강림, 예수의 승천, 그리고 최후의 심판으로 이루어져 있다. 퀴너울프는 비록 그 내용이 성서의 종교적인 내용을 담고 있어서 독창적이지는 않지만, 그의 작품이 성서적 내용을 고대영어와 게르만적 서사전통을 빌어서 표현했을 뿐만 아니라 일상 언어를 활용하여 당시의 문화적 전통을 생생하게 반영하고 있다는 점에서 문학적 의의가 있다.

---

4) Bodleian Library, Oxford MS Junius ii. originally from en:File:Caedmon_ms_Cain.jpg http://en.wikipedia.org/wiki/File:Caedmon_ms_Cain.jpg

4. 바이킹의 침입과 알프레드 대왕

영국을 장악했지만 국가적 형태의 집권체제를 갖추지 못했던 앵글로색슨족은 8세기 후반 10년 동안(783－793) 덴마크의 바이킹족(Vikings)의 거센 침입을 받게 되자 위기에 빠지게 된다. 이러한 위기를 타개하면서 흩어져 있던 여러 앵글로색슨 부족들을 통합하며 등장했던 왕이 알프레드(Alfred) 대왕이다. 그는 바이킹의 침략을 물리쳤을 뿐만 아니라 최초로 영국에 통일된 왕국을 건설했다. 알프레드 대왕은 그동안 침략을 일삼던 덴마크의 바이킹족들에게 영국에 거주해 살 수 있도록 했으며, 그들로 하여금 영국의 문화에 동화되도록 함으로써 보다 굳건한 왕국의 기반을 다지게 되었다.

알프레드 대왕이 죽자 영국은 또다시 덴마크의 바이킹족의 침입을 받게 되는데 당시 덴마크의 바이킹족을 이끌었던 덴마크 왕의 동생 크누트(Cnut)는 영국을 굴복시키고 스스로가 1014년에 영국의 국왕이 된다. 크누트는 영국의 문화와 전통을 존중하면서 영국을 보다 강력한 통일국가로 만들었는데 이때 스코틀랜드를 영국의 세력 안으로 복속시키게 되었다.

5. 윌리엄 1세와 노르만 정복

William I [5)]

크누트가 죽자 다시 중심축을 잃고 분열하고 있던 영국을 후일 정복자 윌리엄(William the Conqueror)이라고 불렸던 노르망디(Normandy) 공국의 윌리엄(William)이 침입하게 된다. 노르망디는 원래 프랑스 땅이었지만 바이킹족이었던 노르만(Norman)족의 침입이 거세지자 프랑스 국왕에게 충성을 하는 대가로 911년에 오늘날의 노르망디 지역을 아예 바이킹족들에게 내어주면서 그 지역의 이름을 노르망디라 했다. 노르망디에 자리를 잡고 살았던 노르만 바이킹들은 프랑스 문화와 말을 배우고 프랑스의 진보된 문화를 받아들였다.

윌리엄은 노르망디 공국의 통치자로서 크누트 사후의 국력이 분열된 영국의 왕권

5) 정복자 윌리엄 1세. http://www.domesdaybook.co.uk/william.html

을 주장했다. 크누트가 바이킹의 후예였고, 자신 또한 바이킹의 후예로서 영국왕권의 권리가 자신에게 있다는 논리로 1066년 영국을 침략하게 되는데, 이 사건을 노르만 정복(Norman Conquest)이라고 부른다. 노르만 정복자들은 바이킹의 후예이기는 하지만 이미 약 100년 동안 프랑스의 문화에 동화되어 살아왔기 때문에 그들은 프랑스 말과 문화를 영국에 전파하게 된다. 이로써 영국은 줄리어스 시저 이후에 두 번째로 라틴문명에 의해 정복당하게 되었다.

영국을 정복한 윌리엄은 영국 왕이 되면서 윌리엄 1세가 되어 영국의 노르만 왕조(the House of Normandy)를 열었고, 그를 도와 영국을 정복한 노르만 귀족들에게 정복의 대가로 땅을 하사하여 영지를 통치하게 함으로써 영국에 봉건제도(feudalism)를 정착시켰다. 봉건제도하에서 지배계층인 노르만 귀족들의 언어가 프랑스어였기 때문에 앵글로색슨 후예들은 프랑스어를 배우게 되었다. 따라서 노르만 정복은 언어사적으로 대단히 중요한 사건이 되는데 이전의 앵글로색슨 언어가 프랑스어의 영향을 받게 됨으로써 게르만계의 복잡한 굴절어미가 간소화되었을 뿐만 아니라 그 어휘도 이전에 비해 훨씬 풍부해지게 되어 현대영어에 근접하게 되었다.

6. 플랜태저넷 왕조

영국의 노르만 왕조를 열었던 영국 왕 윌리엄 1세는 노르망디 공국의 통치자 지위를 겸하게 되는데 이는 후일 영국과 프랑스 간의 100년 전쟁(Hundred Years' War)의 불씨가 된다. 1087년 윌리엄 1세가 죽으면서 요절한 큰아들을 이은 둘째 아들 로버트(Robert)를 노르망디 공(Duke of Normandy)에 임명하고 자신이 가장 사랑했던 셋째 아들 루푸스(Rufus)에게 영국 왕위를 물려주었다. 그러나 넷째 아들인 헨리(Henry)에게는 현금인 은화만 물려주었다.

윌리엄 1세 사후에 노르망디 공 로버트와 윌리엄 2세가 된 루푸스 사이에 서로의 땅을 탐하며 싸움이 일어났고, 그러던 중에 윌리엄 2세는 사냥 도중 날아 온 정체불명의 화살을 맞고 갑작스레 죽어 버린다. 그러자 영국의 왕위는 이제껏 주목받지 못했던 넷째 아들 헨리에게로 승계되어 헨리는 헨리 1세가 된다. 노르망디 공 로버트는 자신이 영국 왕위승계권이 있다고 주장하며 동생 헨리 1세와 전쟁을 벌였지만 전쟁에서 패해 노르망디 영토마저 헨리 1세에게 빼앗기고 말았다.

헨리 1세의 아들이 물에 빠져 죽자 그는 도이칠란트에 시집갔다 과부가 된 딸 마틸다(Matilda)를 불러들여 프랑스 앙주(Anjou) 백작과 혼인을 시켜 아들을 얻고, 그 아들을 헨리 2세로 삼아 왕위를 승계시켰다. 따라서 플랜태저넷 왕조(the House of Plantagenet)는 노르만 핏줄과 프랑스 핏줄이 섞여서 만들어진 것이다.

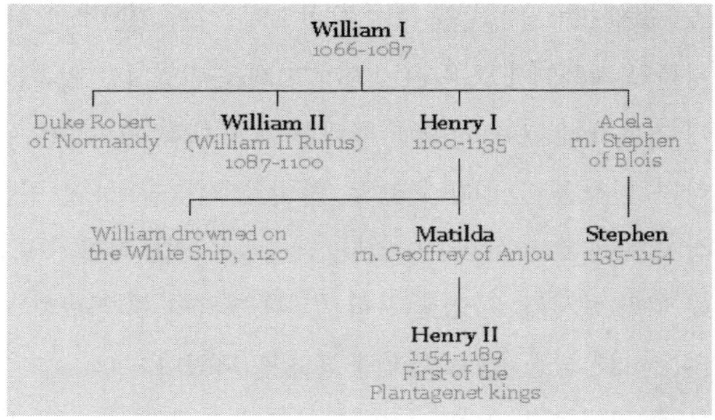

플랜태저넷(The House of Plantagenet) 왕조의 시작 [6)]

19세였던 헨리 2세는 프랑스 왕 루이 7세의 왕비 엘레노아(Eleanor)와 사랑에 빠지게 되고, 엘레노아가 루이 7세와 이혼하자 둘은 결혼을 하게 되는데 이때 엘레노아는 헨리 2세보다 10살 연상이었다. 엘레노아는 자신의 소유였던 프랑스 남부의 방대한 땅을 결혼 선물로 헨리 2세에게 바치게 된다. 이로써 헨리 2세의 영국은 국토의 넓이 면에서 프랑스를 능가하는 영토를 소유하게 되었을 뿐만 아니라, 대내적으로 문제를 일으키고 있었던 웨일스와 북부지역을 평정함으로써 힘을 가진 진정한 통일왕국을 이룩하게 된다.

헨리 2세에게는 2명의 아들이 있었는데 형은 리처드(Richard)였고 동생은 존(John)이었다. 헨리 2세는 말년에 차남을 편애하여 존에게 왕위를 물려주려고 하자 리처드가 반란을 일으켜 아버지를 내쫓고 왕이 된다. 이때 결단력 없고 겁 많은 동생 존은 아버지를 도운 것이 아니라 오히려 형을 도와 아버지를 왕위에서 끌어내리는 데 일조를 하게 된다.

후일 사자왕(the Lionheart)으로 불리게 되었던 리처드는 성격이 호전적이고 호방하여 십자군 전쟁에 군대를 이끌고 직접 출정하지만 전쟁터에서 전사한다. 리처드의 전사로 존이 왕위를 이어 받았다. 존은 리처드에 비해 호방하지도 못했으며 아버지를 배신한 점 등으로 국민적인 신뢰를 받지 못했다. 더구나 헨리 2세가 이룩한 프랑스 내에 영토를 거의 모두 잃게 되자 국민적 신뢰는 땅에 떨어지게 되었다. 이때 북쪽의

6) http://www.domesdaybook.co.uk/william.html

스코틀랜드마저 반란을 일으키게 되니 그의 정치적 입지가 더욱 좁아졌다. 자신의 처지를 회복하고자 존은 프랑스와 전쟁을 벌였지만 귀족들의 지지를 얻지 못했기 때문에 패배하게 된다. 전쟁에 패배한 왕에 대해 귀족들은 반란을 일으켜 왕권을 축소시키는 헌장을 만들어 존으로 하여금 서명을 하게 하는데 이 헌장이 바로 "대헌장"(Magna Carta, 1215)이었다. 대헌장은 절대적인 왕권을 의회의 법률이 정하는 바에 따라 행사할 수 있도록 함으로써 영국의 첫 헌법이 되면서 왕권에 대한 귀족의회의 견제기능을 법으로 명문화하게 되었다.

존 왕이 죽자 9살의 나이에 왕위에 오른 인물이 헨리 3세이다. 헨리 3세는 성장하면서 점차 왕권을 회복하게 되는데, 프랑스의 공주를 아내로 맞아들이면서 프랑스의 힘을 등에 업고 왕권의 견제세력인 귀족들을 억압했다. 헨리 3세는 교황을 자신의 지지자로 만들어서 더욱 더 왕권을 확고히 하면서 귀족들을 탄압했다. 헨리의 귀족 탄압 정책에 맞서 반기를 든 인물이 뜻밖에도 헨리 3세의 매부인 프랑스인 시몽 드 몽포르(Simon de Monfort) 백작이었다. 시몽 드 몽포르 백작의 군대는 왕의 군대를 격파하고 귀족과 평민을 아우르는 대표단체인 국회를 1265년에 설립하여 왕권과 국회세력이 서로 견제하는 체제를 만들었는데 이때부터 영국국회의 탄생이 시작되었다고 보면 된다. 의회는 이후 1341년 다시 두 세력으로 나뉘는데 귀족으로 구성된 상원과 지식인, 상인, 소귀족으로 이루어진 하원이 그 두 세력이었다.

헨리 3세가 죽자 그 조카인 에드워드(Edward)가 왕위를 이어받아 에드워드 1세가 되었다. 이때도 시몽 드 몽포르 백작이 사실상 권력을 장악하고 있었지만 에드워드는 군대를 규합해 몽포르 백작을 물리친다. 에드워드 1세는 이전의 그 어떤 국왕보다도 강력한 왕권을 이룩했다. 그 뒤를 이어받은 에드워드 2세(1307－1327)는 아버지가 이룬 강력한 왕권을 점차 잃어버리고 스코틀랜드 정벌마저 실패하게 된다. 에드워드 3세(1327－1377)는 다시 왕권을 강화하여 스코틀랜드의 반란군을 진압하고 프랑스와는 백년전쟁을 일으켜 프랑스 서남부 지역과 칼레(Calais)지역을 획득했다. 에드워드 3세의 아들 흑태자(Edward, the Black Prince)가 백년전쟁 중 스페인 원정도중 병으로 사망하자 그의 아들 리처드가 왕위를 승계하여 리처드 2세(1367－1400)가 되면서 플랜태저넷 왕조의 마지막 왕이 되었다.

7. 랭커스터 왕가

리처드 2세는 숙부였던 랭커스터(Lancaster)의 곤트(Gaunt)의 아들인 헨리 볼링브룩(Henry Bolingbroke)에 의해 폐위되었고, 헨리 볼링브룩은 헨리 4세(1366－1413)가 되어 랭커스터 왕가(the house of Lancaster)를 열었다. 헨리 4세를 이어 그의 맏아들이 헨리 5세(1387－1422)가 되었는데 그는 백년전쟁을 재개하였으며 끝내 백년전쟁 중 프랑스에서 죽게 된다. 그 뒤를 이은 헨리 6세(1421－1471)는 백년전쟁을 종식시켰지만 내부적으로는 요크(York) 가문과의 장미전쟁에서 살해되면서 랭커스터 왕가는 종말을 맞이하였다.

8. 장미전쟁과 튜더왕조의 시작

랭커스터 왕조를 연 헨리 4세가 된 헨리 볼링브룩이 리처드 2세로부터 왕위를 찬탈했으므로 헨리 6세 때 요크 공 리처드는 원래 자신에게 왕위계승권이 있다는 것을 주장하면서 내란을 일으켰다. 장미전쟁의 본질은 왕위승계권을 둘러싼 귀족들 간의 전쟁이었다. 약 30년간 지속되었으며, 장미전쟁(Wars of the Roses, 1455－1485)이라는 명칭도 랭커스터 왕가의 붉은 장미와 요크가의 흰 장미가 가문의 문장으로 삼은 것에서 유래된 것이었다.

1455년에 시작되었으며 1460년 요크가의 리처드가 전사하자 그의 장남 에드워드가 그의 뒤를 이었다. 1461년 전투에서 승리한 에드워드는 헨리 6세를 런던탑에 가두어 버렸다. 에드워드는 자신을 에드워드 4세라 칭하고 왕위에 즉위했다. 그러나 전쟁에 공을 세웠던 요크파의 워릭 백작(the Earl of Warwick)이 반란을 일으켜 에드워드 4세를 국외로 추방하고 런던탑에 갇힌 헨리 6세를 구했다. 추방당한 에드워드 4세는 다시 돌아와 1471년 워릭 백작을 물리치고 헨리 6세를 살해함으로써 랭커스터왕조는 끝이 나게 되었다.

에드워드 4세가 1483년 사망하자 12세 된 장남이 에드워드 5세로서 즉위하였지만 숙부인 글로스터 공(Duke of Gloucester) 리처드가 에드워드 5세를 감옥에 가두어 살해하고 자신이 왕좌를 차지하여 스스로 리처드 3세가 되었다. 그러나 1485년 대륙에 망명해 있던 랭커스터계의 리치먼드 백작(Earl of Richmond) 헨리튜더가 다시 돌아와 보즈워스(Bosworth)전투에서 리처드 3세를 죽이면서 30년간의 장미전쟁은 끝이 나게 된다. 헨리 튜더는 헨리 7세가 되어 튜더 왕조(The House of Tudor)를 열었다.

II

중세 영국과 영문학

1. 중세 영국의 시작

유럽 대륙의 중세시대(Medieval era)는 서로마 제국의 멸망(476년)에서 르네상스(Renaissance) 시대인 1400년경으로 통상 구분되고 있지만 영국의 중세시대는 그보다 훨씬 이후에 시작 되었다. 7세기 후반에 영국에 기독교가 전파되기는 하였지만 정치적으로 중세의 한 특징이 될 수 있는 봉건제와 교회의 교권이 정치적 권력과 결탁하여 세속적으로 발전했던 것은 윌리엄 1세의 노르만 정복(Norman Conquest) 이후에 이루어지게 되었다. 따라서 영국의 중세는 1066년 노르만 정복부터 초기현대(Early Modern)의 시작을 알리는 영국 르네상스기인 1500년경까지라고 볼 수 있다.

영국을 정복한 윌리엄 1세는 프랑스식 문화와 정치제도 그리고 프랑스어를 영국에 유입시켰다. 자신을 도와 영국 정복에 참여한 노르만 공국의 귀족들에게 영지를 나누어 주고 다스리게 함으로써 봉건제도를 정착시켰다. 봉건제도와 함께 세속권력화 된 기독교도 영국에 자리 잡게 되었다.

중세 문화의 특징 중 하나인 교회의 세속권력화는 중세의 출발시기부터 형성되었다. 서로마제국이 멸망한지 약 3세기 후에 프랑크(Franks) 왕국의 샤를마뉴 대제(Charlemagne 742－814)는 서로마 제국의 주요 영토였던 이탈리아, 독일, 프랑스 지역을 통일하게 되면서 서로마 제국을 계승하는 황제의 왕관을 원하였다. 당시 교황이었던 레오 3세(Leo III)는 샤를마뉴에게 황제의 왕관을 씌워주고 교황은 봉건영주 이상의 세속적인 권력을 누리게 되었다.

2. 중세 영국 교회와 왕권

왕이 정치적으로 봉건영주들과 관계를 이루고 있듯이 중세교회 역시 교황을 정점으로 대주교, 주교로 이어지는 종적인 체계를 이루고 있었다. 교회는 성직자에 대한 재판권을 가지고 있었으며 대주교와 주교는 영주와 마찬가지로 방대한 장원을 소유했었다. 교회는 자체적인 수도단과 병력에 해당되는 기사단을 가질 수 있었고 때론 전쟁에 직접 참여하기도 했었다. 이러한 교회와 왕권은 충돌하는 경우도 있었는데 주된 원인은 교황을 추종하는 교회가 왕권과 이해를 달리했을 경우였다.

영국 역사상 왕권과 교회가 충돌했던 가장 유명한 경우 중의 하나는 헨리 2세 때 캔터베리 대주교(archibishop of Canterbury)였던 토마스 베켓(Thomas Becket, 1118－1170)이 성당에서 살해되었던 사건이다. 토마스 베켓은 캔터베리 대주교로 임명되기 전 헨리 2세와 돈독한 친분을 유지했지만 대주교가 되고난 이후에 교회가 가지고 있었던 성직자에 대한 독립적인 재판권 문제를 두고 왕과 대립하게 된다. 왕에게 충성했던 4명의 암살자들이 캔터베리 사원에서 베케트를 살해하게 되는데, 이후 베케트는 성자의 반열에 오르고, 캔터베리 성당은 중세 영국의 순례지가 되었다. 베케트의 암살과 관련된 이야기는 초서(Geoffrey Chaucer, 1340－1400)의 ≪캔터베리 이야기≫(*The Canterbury Tales*)와 엘리엇(T. S. Eliot, 1888－1965)의 ≪성당의 살인≫(*Murder in Cathedral*)의 소재가 되기도 했다.

3. 중세 영국 문학

1) 로망스

로망스(Romance)는 원래 11세기 무렵부터 프랑스에서 유행했던 이야기 문학이었으며, 소재는 주로 모험, 연애, 전쟁을 주로하고 있다. 로망스 작품들은 허구적이고 다소 황당한 내용을 주로 하지만 이야기가 재미있고 상황이나 줄거리의 전개가 뛰어나 대중적인 사랑을 받았다. 13세기 중엽 무렵부터 프랑스의 로망스 작품들은 영어로 번역되어 영국에 소개되었으며 이후 영국적인 내용으로 된 로망스 작품들이 등장하기 시작했고 영국 소설의 기원이 되었다. 로망스 문학은 그 이야기 소재에 따라 기사들의 무용과 모험을 소재로 했던 기사도 문학과 연애담을 주로 다루었으면서 부인들이 주로 읽던 '살롱(Salon)' 문학 등이 있다. 로망스 문학 작품들은 현실의 문제를 다루지 않고 현실과는 동떨어진 허구적인 내용으로 일관했기 때문에 '도피문학'(Escape Literature)이라고도 불린다. 영국의 대표적인 로망스 작품으로는 14세기 경 시인 가웨인(Gawain Poet)이 썼다고 알려진 ≪진주≫(*Pearl*)와 ≪가웨인 경과 녹색의 기사≫(*Sir Gawain and the Green Knight*)가 있다.

(1) ≪진주≫

14세기 후반 가웨인 시인이 쓴 작품으로 영국 미드랜드 방언으로 되어있으며, 두운(Alliteration)과 압운(End Rhyme)을 섞어서 12행을 1연으로 총 101연으로 이루어진 종교적인 작품이다. 이야기에 등장하는 여주인공 펄(Pearl)은 시인인 작가의 딸로서 어렸을 때 세상을 떠난다. 슬픔에 찬 아버지는 꿈속에서 어른으로 성장해서 강 건너의 낙원에 살고 있는 딸을 보게 되는데, 아버지는 딸을 만나기 위해 강물로 뛰어들자 꿈에서 깨게 된다. 중세의 종교적 색채와 진주가 상징하는 순결을 주제로 중세 문학의 대표적인 정서를 작품 전체에 담고 있다.

(2) ≪가웨인 경과 녹색의 기사≫

14세기 후반 가웨인 시인이 쓴 대표적인 로망스 작품으로 전설적인 아서왕(King Arthur)의 이야기를 소재로 하고 있으며 폭넓은 대중적인 사랑을 받은 작품이다. 총 2500행으로 되어 있으며 두운과 압운을 적절히 병행하고 있다. 아서왕은 자신의 카멜롯(Camelot) 궁전에서 원탁의 기사들과 함께 크리스마스 연회를 하고 있었다. 이때 갑자기 등장한 녹색 옷을 입은 기사가 목을 자르는 시합을 제의한다. 다른 기사들이 나서지 못하고 있을 때 아서왕의 조카인 가웨인 경이 도전에 응하여 녹색 기사의 목을 쳐서 떨어뜨린다. 녹색 기사는 자신의 떨어진 목을 주워들고 1년 후 복수의 시합을 제의한 후에 사라진다. 1년 후 가웨인 경은 약속된 장소로 가서 대결에 임하게 되는데 이때 머물렀던 성의 성주 부인으로부터 유혹을 받지만 그 유혹을 물리친다. 마침내 가웨인 경은 녹색 기사와 대결을 벌이지만 가벼운 부상만 입고 싸움은 끝이 난다. 녹색 기사는 자신이 성의 성주라고 밝히면서 아내의 정절을 시험하기 위해 그랬다고 말하면서 끝까지 유혹을 물리친 가웨인 경의 도덕을 칭송한다. ≪가웨인 경과 녹색의 기사≫(*Sir Gawain and the Green Knight*)는 중세 로망스 문학의 전형적인 성격을 담고 있다. 기사의 모험, 종교적인 진실성, 국왕에 대한 충성, 기사도, 고결한 성품과 정절 등을 주된 소재로 하고 있다.

2) 종교 문학

14세기 후반에 주로 등장한 종교적인 색채가 강한 종교 문학 작품들은 기독교적 교리와 인간의 연약함을 주 내용으로 하고 있으며, 종교적 삶의 진실한 행로에 대한 고뇌와 당시의 부도덕한 삶에 대한 비판도 함께 내용으로 다루고 있다. 대표적인 작품으로 윌리엄 랭런드(William Langland, 1332－1400)의 ≪농부 피어스의 꿈≫(*The Vision of Piers the Plowman*)과 존 가워(John Gower, 1330－1408)의 ≪사랑하는 남자의 고백≫(*Confessio Amantis,* 1390)이 있다.

(1) 윌리엄 랭런드의 ≪농부 피어스의 꿈≫

부패한 현실과 기독교적 개혁 사상을 주로 노래했던 윌리엄 랭런드의 ≪농부 피어스의 꿈≫(*The Vision of Piers the Plowman*)은 꿈을 소재로 한 종교적 환상과 알레고리적 인물을 등장시키고 있다. 작품은 제 1부가 <꿈>(*Vision*) 편이고, 제 2부가 <삶>(*Vita*) 편으로 구성되어 있다. 제 1부 <꿈> 편에는 '성령교회 부인'(Lady Holy), '뇌물 부인'(Lady Meed), '허위 씨'(Mr. Falsehood), '양심 씨'(Mr. Conscience)와 같은 우화적 인물들(Allegorical characters)이 등장하여 선행과 종교적 진실성을 이야기한다. 농부 피어스(Piers the Plowman)는 진리로의 험난한 고통과 노동의 신성함을 이야기 한다. 제 2부 <삶> 편에는 '위트 씨'(Mr. Wit), '근면 부인'(Mrs. Study), '성직 씨'(Mr. Clergy) 등과 같은 우화적 인물이 등장한다. 주제는 1부와 크게 다르지 않으며 기도를 통한 성서적 삶을 실천할 것을 나타내고 있다.

랭런드는 당시의 종교적 부패와 이에 대한 기독교인으로서 적절한 삶의 태도를 작품을 통해 언급하고 있는데, 초서(Chaucer) 보다는 훨씬 직접적으로 사회적 현실과 그에 대한 교정의 태도를 자신의 작품에서 언급하고 있다.

(2) 존 가워의 ≪사랑하는 남자의 고백≫

존 가워는 초서(Chaucer)의 친구이자 동시대 작가로서 타락해 가는 중세 교회와 문란한 도덕적 현실을 풍자적으로 경고하고 있다. 그의 대표작 ≪사랑하는 남자의 고백≫(*Confessio Amantis*)은 리처드 2세의 권고로 쓰인 긴 이야기이다. 사랑에 고민하는 한 시인이 사랑의 여신인 비너스(Venus)에게 자신의 번민을 호소하자, 여신은 비너스의 사제인 제니우스(Genius)에게 죄를 고해하도록 한다. 시인의 고뇌를 통해 사랑을 둘러싼 인간의 원죄를 교회의 입장과 궁정연애적 입장에서 다루고 있다. 가워는 현실적 문제들을 직시하면서 특유의 도덕적 풍자를 통해 사실감 있는 이야기를 에피소드별로 다루고 있다.

3) 제프리 초서와 ≪캔터베리 이야기≫

(1) 제프리 초서

Geoffrey Chaucer [7]

제프리 초서(Geoffrey Chaucer, 1340－1400)는 1340년 주류상인인 존 초서(John Chaucer)의 아들로 런던에서 출생했다. 초서는 어려서부터 문학을 좋아하여 프랑스의 로망스 작품들을 즐겨 읽었다. 이후 그는 이탈리아를 여행하면서 페트라르카(Francesco Petrarca, 1303－1374)와 보카치오(Giovanni Boccaccio, 1313－1375)의 작품들을 접하게 되는데 이들 작품들은 후일 초서의 문학세계에 큰 영향을 미쳤다. 초서 이전의 영국 문학 작품들은 대다수 프랑스 작품들을 번역했거나 모방한 것이 전부였는데, 초서로 인해서 영어로 된 영국적인 문학작품이 탄생하게 된 것이다. 초서의 문학적 삶은 크게 3시기로 나뉜다.

제1기 '프랑스 시기'(1359－1372)는 초서가 당시 유행했던 프랑스 궁정연애풍의 작품에 심취한 시기였다. 제2기 '이탈리아 시기'(1372－1386)는 단테(Dante), 보카치오(Boccaccio) 등 이탈리아 르네상스 작가들의 영향을 받았던 기간이었다. 이때 그는 이탈리아 르네상스 작가들이 주로 사용했던 '라임 로열'(Rime Royal 10음절 7행연)

---

7) source: Government Art Collection
http://en.wikipedia.org/wiki/File:Geoffrey_Chaucer_(17th_century).jpg

이나 '영웅대구'(Heroic Couplet)과 같은 형식을 자신의 작품에 주로 사용했다. 이 시기에 집필된 대표적 작품으로 ≪트로일러스와 크레시다≫(*Troilus and Cressida*)와 ≪선한 여성들의 전설≫(*The Legend of Good Women*) 등이 있다. 제3기 영국 시기(1386-1400)는 초서 개인에게는 아내의 상실과 경제적 피폐에 고통 받았던 불행한 시기였지만, 작가로서 가장 완성된 업적을 이룬 시기였다. 제1기와 2기에서 보여준 유럽적인 모방에서 벗어나 영국 사회를 반영한 독창적인 소재와 내용을 다룸으로써 영문학의 최대 걸작 중 하나로 꼽는 ≪캔터베리 이야기≫를 완성했다.

(2) ≪캔터베리 이야기≫

≪캔터베리 이야기≫(*The Canterbury Tales*)는 '영웅대구'(Heroic Couplet) 형식으로 1700행의 운문과 산문으로 된 2개의 이야기인 <멜리베우스의 이야기>(*The Tale of Melibeus*)와 <목사의 이야기>(*The Parson's Tale*)로 이루어져 있다. 캔터베리 사원을 참배하려는 29인의 순례자들은 런던 교외의 태버드 여관(Tabard Inn)에서 머물게 된다. 여관 주인은 순례자 각자가 이야기 두 가지씩을 하게 해서 그중 제일 잘한 사람에게 상을 주는 것을 제안한다. 순례에 참가한 사람들은 상인, 목수, 소작인, 제분업자, 선원, 집사, 욕탕의 여자, 속죄사, 소지주, 향사, 기사, 여자 수도원장, 수녀, 재판관, 잡화상 등으로, 이들은 당시 영국 사회의 거의 모든 계급과 직업을 대변하고 있다. 나중에 가담한 성당참사회의원(canon)과 종자(Yeoman)를 합쳐 모두 31명의 순례자들이 등장하지만, 작품에 등장하는 이야기는 모두 24편으로 ≪캔터베리 이야기≫는 미완성이다.

<기사 이야기>(*Knight's Tale*)
<방앗간 주인 이야기>(*Miller's Tale*)
<장원 관리인 이야기>(*Reeve's Tale*)
<요리사 이야기>(*Cook's Tale*)
<변호사 이야기>(*Man of Law's Tale*)
<선원 이야기>(*Shipman's Tale*)
<여자 수도원장 이야기>(*Prioress's Tale*)
<기사 토파스 경 이야기>(*Tale of Sir Thopas*)
<수도사 이야기>(*Monk's Tale*)

<수녀원 사제 이야기>(*Nun's Priest's Tale*)

<의사 이야기>(*Physician's Tale*)

<속죄사 이야기>(*Pardoner's Tale*)

<바스의 여인네 이야기>(*Wife of Bath's Tale*)

<수도사 이야기>(*Friar's Tale*)

<법정 소환계 이야기>(*Summoner's Tale*)

<신학생 이야기>(*Clerk's Tale*)

<상인 이야기>(*Merchant's Tale*)

<기사의 종자 이야기>(*Squire's Tale*)

<소지주 자작농 이야기>(*Franklin's Tale*)

<수녀 이야기>(*Second Nun's Tale*)

<성당참사회의원 종자 이야기>(*Canon's Yeoman's Tale*)

<식료품 조달원 이야기>(*Manciple's Tale*)

<목사 이야기>(*Parson's Tale*)

≪캔터베리 이야기≫는 이전의 문학작품과는 다른 그 시대의 생활상을 생생하게 소재로 삼고 있다. 초서는 그의 만년 10년 동안 ≪캔터베리 이야기≫를 집필했는데 작품을 통해 중세의 다양한 인물들과 그들을 둘러싼 사회제도와 문제점들을 해학적인 태도로 풀어내고 있다. 초서의 작품은 문학적 가치뿐만 아니라 언어학적으로도 중세영어 연구의 표준으로 다루어지고 있다.

4) 중세 연극

중세 교회는 성서적 내용을 문맹의 대중에게 전파하고 교회가 원하는 바람직한 삶으로 대중을 계도하기 위해 연극을 효과적으로 이용했다. 중세 교회에 의해 공연된 대표적인 연극 형식으로 '신비극'(Mystery Play), '기적극'(Miracle Play), '도덕극'(Morality Play)이 있다.

(1) 신비극과 기적극

'기적극'과 '신비극'(Mystery Play)은 14세기 중엽부터 16세기까지 유행했다. 성서

Pageant Wagon [8)]

의 내용을 좀 더 잘 이해시키기 위해 '기적극'은 성경에 등장하는 사건을 삽화처럼 보여줌으로써 대중의 이해를 도왔다. 초기에는 교회 내에서 예배식 연극의 형태로 공연되었지만, 원래 교회가 가지고 있던 종교적 엄숙성을 연극이 해칠 수 있다는 점을 우려하여 연극을 교회 외부로 옮겨 공연하게 하였다. 연극은 도시의 길드조합과 교회의 협동으로 이루어졌는데 말이 이끄는 이동식 마차무대(pageant)를 가지고 연극을 공연하였다.

신비극의 내용은 주로 성서에 바탕을 둔 것으로서 천지창조, 에덴동산과 인간의 타락, 노아의 홍수, 예수의 수난과 부활 등 성경 속의 위대한 사건이나 모험 등을 주된 소재로 다루고 있다. 신비극의 대표작은 예수의 부활을 소재로 한 ≪코퍼스 크리스티 사이클 플레이≫(*Corpus Christi Cycle Play*)가 있다.

Mystery Play [9)]

기적극은 성자극(Saint's Play)이라고 불리기도 하는데, 기독교 성자들의 생애와 그들의 업적을 주요한 소재로 다루고 있다. 궁극적으로 신비극과 기적극은 기독교적 교리와 내용을 대중화하는데 활용되었다.

(2) 도덕극

신비극이나 기적극이 기독교적 사건이나 교리를 시각적으로 재현하는 것으로 출발했지만 행동과 플롯 전개에 기반을 둔 연극적 요소는 미미했다. 이후에 생겨난 도덕

8) Pageant wagon, Brussels. Detail from Denis van Alsloot, The Triumph of Isabella. 1615. Victoria and Albert Museum, London
http://college.holycross.edu/interfaces/vol24_images/belingard/Belingard_1.jpg
9) http://www.wakefield.gov.uk/CultureAndLeisure/HistoricWakefield/MysteryPlays/default.htm

극(Morality Play)은 좀 더 연극적 요소를 풍부하게 갖추었으며, 그 내용도 기독교적인 올바른 삶, 미덕, 악행과 같은 추상적인 개념들을 극화하였다. 도덕극에서 주로 사용했던 기법은 선, 악, 탐욕과 같은 추상적인 개념들을 극적 인물로 의인화하는 알레고리(allegory)를 주된 기교로 활용하였다. 대표적인 도덕극으로는 ≪인내의 성≫(*The Castle of Perseverance*, 1405－1425)과 ≪만인≫(*Everyman*, 1465－1475)이 있다.

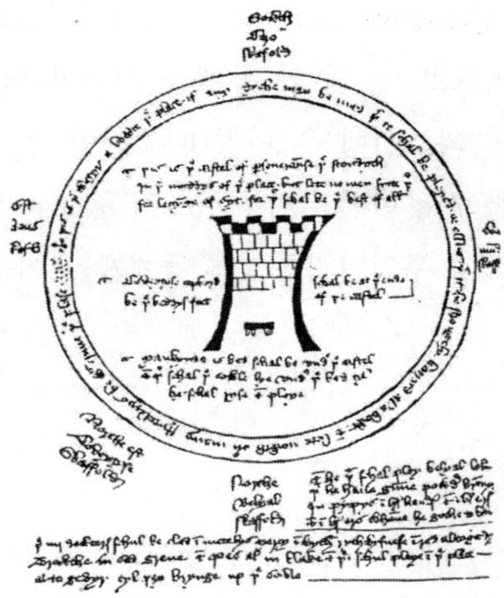

The Castle of Perseverance [10)]

≪인내의 성≫은 중앙에 성의 모양을 한 무대가 자리 잡고 있으며 그 주변으로 둥글게 도랑을 파고 도랑을 따라서 다섯 개의 무대가 있다. 주인공인 "인류"(Mankind)는 인간의 탄생에서 구원에 이르기까지의 긴 여정을 연기한다. "인류"는 "원죄"의 공격을 받지만 고해를 통해 구원을 받는다는 내용이다. ≪인내의 성≫은 기독교적 인간관을 시각화하고 있다. ≪인내의 성≫이 공연된 무대 형식은 후일 셰익스피어 시대의 극장의 형태의 출발점을 제공하고 있다.

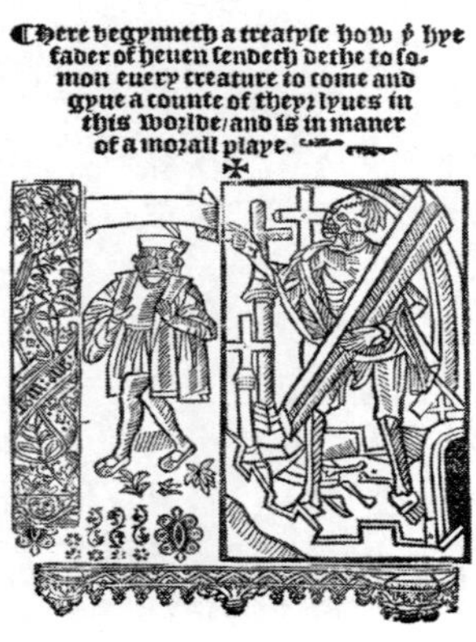

Everyman [11)]

≪만인≫은 인간의 삶에서 어떤 것이 가장 중요한 것인가를 알레고리적 등장인물들(allegorical characters)을 통해 보여주고 있다. 주인공 "만인"은 그 이름에서 알 수 있듯이 인간 전체를 상징하고 있다. 주인공 "만인"은 죽음의 천사로부터 호출 받게 되는데, 천사는 누구든 함께 외로운 죽음의 길에 동행할 친구를 데려와도 좋다고 허락한다. "만인"은 자신이 평소에 친하다고 여겼던 "우정"(Fellowship), "친지"(Kindred), "지

10) The Castle of Perseverance. 1425. Washington D. C. The Folger Shakespeare Library. MS V.a. 354. http://college.holycross.edu/interfaces/vol24_images/belingard/Belingard_4.jpg

11) http://www.luminarium.org/medlit/everyman.htm

식"(Knowledge) 등을 찾아가지만 그들은 모두 죽음으로의 동행을 거부한다. 마지막으로 "만인"과 동행을 기꺼이 허락한 친구는 "선행"(Good Deeds)이었다. "만인"과 "선행"은 마침내 갈라진 무덤으로 함께 들어가게 된다. 이러한 이야기를 통해 ≪만인≫은 기독교적 종교관에서 가장 가치 있는 인간적인 행동과 삶의 방식이 무엇인지를 대중들에게 보여준다.

III

튜더 왕조와 영국 르네상스

1. 튜더 왕조

Henry 8세

튜더(Tudor) 왕조는 장미전쟁을 종식시킨 헨리 7세(1485－1509)부터 헨리 8세(1509－1547), 에드워드 6세(1547－1553), 메리 1세(1553－1558)를 거쳐 엘리자베스 1세(1558－1603)에 이르러 마감된다. 장미전쟁을 통해 귀족세력의 발호가 가져올 수 있는 왕권의 불안정성을 염려한 헨리 7세는 새롭게 부상하고 있는 애국심이 강한 중류층 계급을 관료로 등장시키면서 왕권을 강화했다. 헨리 7세는 신흥중산층의 민족주의(nationalism)를 앞세워 귀족과 서민 모두를 국가의 유일한 권력의 구심점인 왕권을 중심으로 정치적 질서를 잡아갔다. 헨리 7세의 이러한 정책은 영국이 정치적으로 유럽의 봉건주의와는 다른 중앙집권적인 근대국가적 형태를 갖추게 했다. 그는 왕을 보좌하는 추밀원을 귀족이 아닌 교육받은 중산층, 종교인, 법률가들로 구성함으로써 효과적으로 귀족세력을 견제하면서 왕권을 강화할 수 있었다.

헨리 8세는 헨리 7세가 이룩한 귀족세력에 대한 억제정책을 그대로 이어받아 왕권

Catherine of Aragon, Queen of Henry VIII [12)]

을 강화하고, 해군력을 증강시켜 앞으로 다가올 엘리자베스 1세의 황금기의 초석을 닦았다. 그러나 헨리 8세의 이혼사건으로 촉발된 종교개혁은 영국 역사상 유래가 없는 피의 정권 교체 이유가 되었다. 헨리 8세는 원래 헨리 7세의 둘째 아들이었지만 형인 아서(Arthur)가 사망하자 왕위를 승계받게 되었다. 아서는 죽기 전에 스페인의 공주였던 캐서린(Catherine)과 결혼한 상태였는데, 당시 강대국이었던 스페인과의 관계를 우려해서 헨리 8세는 과부가 된 형수 캐서린을 아내로 맞이했다. 캐서린은 메리(Mary)를 출산하고 계속 아이를 사산함으로써 아들을 낳지 못했다. 다혈질이면서도 호색한이었던 젊은 왕 헨리 8세는 거침없는 여성편력으로도 유명했는데 외교관 토마스 볼린(Thomas Boleyn)의 딸이었으면서 프랑스 궁정에서 교육을 받고 여왕 캐서린의 시녀였던 앤 볼린(Anne Boleyn, 1504－1536)과 깊은 관계를 맺게 된다. 아들을 낳지 못하는 캐서린에 대해 흥미를 잃은 헨리 8세는 형수와의 결혼에 대한 부적절성을 부각시켜 이혼을 시도했는데, 이때 앤 볼린은 이미 임신을 한 상태였다. 헨리 8세는 이혼을 지지하지 않았던 추기경 울지(Wolsey)를 파면하고 이혼 경력이 있었던 크랜머(Cranmer)를 추기경으로 임명하고 교황의 허락을 받지 않고 이혼을 전격적으로 단행했다. 격노한 교황 클레멘트 7세(Clement 7)가 헨리 8세를 파면하자, 헨리 8세는 스스로를 영국교회의 수장(Supreme Head)으로 임명하고 수장령(The Act of Supremacy 1534)을 공포하여 법적인 근거를 마련했다. 수장령은 영국 왕이 영국 국교의 최고위자로 교황의 교권을 부인하는 법령이었는데, 수장령에 따라 영국 내의 교황세력

Anne Boleyn [13)]

12) 헨리 8세의 첫 번째 아내 캐서린(Catherine, 1485－1536). http://www.luminarium.org/encyclopedia/catherinearagon.htm

13) Elizabeth 1세의 어머니가 된 앤 볼린의 초상. http://englishhistory.net/tudor/monarchs/boleyn.html

Edward VI (1537-1553)[14]

의 추종자인 수도사들과 신부단들을 탄압하고 사원을 철폐하고 사원의 재산을 몰수했다. 이때 헨리 8세의 오랜 친구였던 캔터베리 주교 토마스 모어(Thomas More)도 자신의 신앙적 믿음을 지키다 처형되었다.

헨리 8세와 결혼한 앤 볼린은 딸 엘리자베스를 낳고 후에 아들을 낳았지만 사산하고 만다. 앤 볼린이 아들을 낳지 못하자 그녀로부터 헨리 8세의 마음이 떠나게 되었다. 이후 앤 볼린은 자신의 남동생 로시포드 공작을 포함한 그 친구들과의 불미스런 관계를 의심받아 근친상간 및 간통제로 처형되었다. 우여곡절 끝에 제인 시무어(Jane Seymour)가 헨리의 아들 에드워드(Edward)를 낳게 된다. 헨리 8세가 사망하자 아들 에드워드가 에드워드 6세가 되어 왕위를 이어 받았다.

만 9살로 왕위에 오른 에드워드 6세는 어리고 병약하여 스스로 통치할 수 없어서 섭정을 수용할 수밖에 없었다. 1차 섭정은 외삼촌인 서머셋(Somerset)경이 행하였는데, 그는 정치적으로 노련했지만 탐욕스러웠다. 서머셋 경은 공공연히 공유지를 점유하여 양을 사육해 농민들의 원망을 샀는데, 결국 케트(Kett)의 농민반란에 대한 책임을 지고 물러나게 되었다. 2차 섭정은 다들리(Dudley)경에 의해 이루어졌는데, 그는 과격하고 강압적인 정치를 행했다. 에드워드에게 후사가 없고 병약해서 오래 왕위를 지키지 못할 것을 알고 자신의 며느리인 제인 그레이(Jane Grey)에게 왕위를 물려줄 음모를 꾸미다가 성공하지 못하고 물러나게 되었다.

Queen Mary I(1516-1558)[15]

에드워드 6세가 후손이 없이 죽자 왕위는 헨리

14) 에드워드 6세, 헨리 8세의 유일한 아들. http://www.luminarium.org/encyclopedia/kingedward.htm

15) 헨리 8세의 큰 딸이자 메리 여왕. http://www.luminarium.org/encyclopedia/queenmary.htm

8세의 큰 딸인 메리에게 물려졌다. 메리는 자기 어머니의 종교인 구교를 부활시켰는데 이때 신교를 신봉했던 많은 인물들을 축출해냈기 때문에 "피의 메리"(Bloody Mary)라는 별명을 얻었다. 영국 내에 수많은 정적을 두었던 메리는 피해망상증에 시달렸고 이를 타개하기 위해 스페인의 왕 필립(Philip)과 결혼을 했다. 헨리 7세 이후부터 팽배했던 민족주의자들은 메리의 이러한 결혼을 반대했으며 마침내 토마스 와이어트(Thomas Wyatt)가 여왕의 결혼에 반대하는 반란을 일으켰다. 메리는 구교를 부활시키면서 교황의 영국에 대한 종교적 관할권을 다시 복권시키려 했으며 이를 반대하는 영국교회 신봉자들을 대거 처형했다. 아이를 갖지 못한 채 악화된 건강으로 메리가 1558년에 사망하자 기다렸다는 듯이 엘리자베스에게 왕위가 승계되었다.

Elizabeth [16)]

Queen Elizabeth [17)]

25살의 나이에 갑자기 왕위에 오른 엘리자베스는 엘리자베스 1세가 되어 영국 역사상 처음으로 영국이 대륙의 열강들을 압도하는 황금기를 열었다. 엘리자베스 1세의 집권초기는 정치적으로 대단히 불안한 시기였다. 엘리자베스 자신이 정치적인 배경이 미미했으므로 스코틀랜드의 도전과 프랑스와 스페인의 외교적 압력이 극심했지만 이를 현명하게 극복하고 점차 자신의 세력을 넓혀갔다. 엘리자베스 1세가 결혼을 하지

16) 즉위 전의 엘리자베스.
http://www.activehistory.co.uk/Miscellaneous/menus/Year_8/Tudors.htm

17) 권력의 정점에 이르렀을 때의 엘리자베스 여왕. © National Portrait Gallery, London. "The Ditchley Portrait", c.1592. Marcus Gheeraerts, the Younger.
http://www.luminarium.org/renlit/eliza.htm

않은 이유에 대해 많은 이야기가 분분하지만 그중 가장 설득력 있는 것은 엘리자베스의 결혼이 가져올 정치적 혼란을 우려하여 여왕 스스로 하나의 왕권과 안정을 택해 결혼을 포기했다는 것이 가장 유력하다. 엘리자베스 1세는 헨리 8세 시절 증강했던 해군력을 바탕으로 스페인의 무적함대를 격파하고 해상권을 장악하게 되는데, 이를 바탕으로 영국은 정치적, 군사적, 경제적으로 부강한 대국의 지위를 확보했다. 엘리자베스 1세 시절의 화려했던 문화는 이러한 정치적 안정과 경제적 번영의 결과였다. 엘리자베스 1세가 후손이 없이 죽자 튜더 왕조는 끝이 나고, 스코틀랜드의 제임스 6세(James 6)를 데려와 영국의 왕으로 삼게 되는데, 그가 바로 스튜어트 왕조를 열었다.

2. 영국 르네상스

영국 르네상스기는 대략 튜더 왕조 기간으로 잡고 있지만 가장 정점에 이른 기간은 엘리자베스 1세 재위기 동안이었다. 헨리 8세의 종교개혁은 기독교 중심의 중세로부터 국왕 중심의 중앙집권적 근대국가가 탄생하는 기틀을 마련했다. 이러한 정치적 종교적 변화는 민족주의자들과 영국적인 문화와 인간에 대한 관심을 가졌던 인문주의자들의 활발한 등장을 가능하게 했다.

(1) 중산 계급의 등장과 교육

상업의 발달로 인한 새로운 중산 계급의 등장은 세습 귀족의 쇠퇴와 중산 계급의 정치적 진출을 가능하게 했다. 이들 중산 계급은 세습된 계급 보다는 인간 각자의 능력을 중시했는데, 이러한 성향은 자연스럽게 교육을 강조하는 사회적 분위기를 마련했다. 교육과 근면함을 통한 자산의 축척과 사회적 진출 성향은 인간의 노력에 의해 바뀔 수 있는 세계관을 심어 놓았다.

(2) 과학의 발달과 경험론적 사고

인간 중심의 르네상스적 문화는 세계를 이해하는 정신적 수단으로 자연과학에 대한 새로운 학문에 눈을 뜨게 되었다. 이전의 종교적 세계관과 차별화 하여 이러한 과학적 학문을 "새로운 철학"(New Philosophy)이라 불렀으며, 이후 이러한 "새로운 철학"에 근거한 경험론적 문화적 생산물들이 등장하였다. 중상정책과 "새로운 철학" 기풍은 항해와 새로운 세계의 발견에 대한 저작물들이 인기를 끌게 만들었다. 가장 널리 읽힌 항해관련 저작물은 리처드 헤클리트(Richard Hakluyt, 1552－1616)의 ≪영국의 중요한 항로, 항해, 무역과 발견≫(*The Principal Navigations, Voyages, Traffics and Discoveries of the English Nation*, 1589)이었는데 이 책은 당시의 애국심과 중상정책 그리고 미지의 세계에 대한 동경심 등이 얽혀서 많은 사랑을 받았다. 과학적 사고와 경험론적 인식은 이후 인간중심의 세계관과 문학관을 형성하는데 중요한 정신적 근거가 되었다.

IV

영국 르네상스기의 문학과 작가들

영국 르네상스기의 인간에 대한 관심과 인간중심의 새로운 세계관은 그 이전에 없는 새로운 내용과 재미를 갖춘 작품들을 양산시켰다. 르네상스기의 작가들은 그리스와 로마의 문화에 동경심을 가지면서도 동시에 인간성 자체에 대한 애정을 가지고 세상과 인간이라는 주제를 문학적으로 풀어 나갔다.

1. 영국 르네상스기의 시

1) 소네트

1557년 리처드 토틀(Richard Tottle)이 출판한 ≪시와 소네트 모음집≫(*The Book of Songs and Sonnets*)은 영국에 이탈리아의 소네트를 소개하는데 공헌했다. 소네트는 원래 이탈리아의 단테(Dante)와 페트라르크(Petrarch)에 의해 유행했던 시형인데 엘리자베스 1세의 통치기간 동안 영국에서 유행하게 되었다. 서리 백작(Earl of Surrey)인 헨리 하워드(Henry Howard, 1503－1542)는 이탈리아의 소네트 형식을 영어로 표현하기 용이한 형태인 "영국식 소네트"(English Sonnet)를 만들었다. 영국식 소네트는 14행으로 되어 있으며 압운(End Rhyme)의 형식이 abab / cdcd / efef/ gg로 되어 있고 운율은 약강 5보격(Iambic Pentameter)이다. 셰익스피어도 이 영국식 소네트를 자주 이용하였으므로 영국식 소네트는 "셰익스피어식 소네트" (Shakes pearean Sonnet)라고도 불린다.

2) 필립 시드니

필립 시드니(Sir Philip Sidney, 1554－1586)는 엘리자베스기에 활동했던 정치가이자 전형적인 궁정시인이었다. 그는 소네트집 ≪아스트로펠과 스텔라≫(*Astrophel and Stella*)를 썼다. ≪아스트로펠과 스텔라≫는 하나의 주제를 가지고 108편의 소네트가 연속적으로 작시된 영국 최초의 연속 소네트(sonnet sequence)였다. 작품에 등장하는 스텔라는 시드니 경이 젊었을 때 만났던 한 여인이었는데, 시드니는 이 여인에 대한 실연과 사랑의 감정을 소네트의 주된 내용으로 노래하고 있다.

Philip Sidney [18]

Astrophel and Stella

1

Loving in truth, and fain in verse my love to show,
That the dear She might take some pleasure of my pain:
Pleasure might cause her read, reading might make her know,
Knowledge might pity win, and pity grace obtain,
  I sought fit words to paint the blackest face of woe,
Studying inventions fine, her wits to entertain:
Oft turning others' leaves, to see if thence would flow
Some fresh and fruitful showers upon my sun-burned brain.
  But words came halting forth, wanting Invention's stay,
Invention, Nature's child, fled step-dame Study's blows,

18) 필립 시드니. http://www.nndb.com/people/251/000085993/

And others' feet still seemed but strangers in my way.
Thus great with child to speak, and helpless in my throes,
  Biting my truant pen, beating myself for spite,
  'Fool' said my Muse to me, 'look in thy heart and write.'

3) 에드먼드 스펜서

Edmund Spenser 19)

에드먼드 스펜서(Edmund Spenser, 1552-1599)는 필립 시드니 경과 함께 엘리자베스기를 대표하는 시인이다. 그는 엘리자베스 여왕에 대한 찬미의 내용을 담은 목가시집 ≪양치기의 달력≫(*The Shepherd's Calendar,* 1579)을 발표했다. 이후 그는 그의 최대 걸작인 ≪선녀 왕≫(*The Faerie Queen*)을 출간했는데, 이 작품은 처음엔 총 12권으로 구상되었지만 7권까지 출판된 미완성의 작품으로 스펜서는 무려 20년 동안 이 작품을 집필했다. 1권부터 7권까지 각각의 독립된 이야기 주제로 구성되어 있으며, 각 권마다 주인공은 신성(Holiness), 절제(Temperance), 순결(Chastity), 우정(Friendship), 정의(Justice), 불변(Constancy)과 같은 덕목을 상징하는 우의적 인물들이다. 스펜서가 ≪선녀 왕≫에서 그의 독창적인 "스펜서식 연"(Spenserian Stanza)을 선보였는데, 그의 이러한 창의적 기교와 시적 품위는 이후 키츠(Keats)나 셸리(Shelley)같은 시인들에게도 지대한 영향을 미쳤다.

The Faerie Queen

Canto I.

A Gentle Knight was pricking on the plaine,

19) http://ebooks.adelaide.edu.au/s/spenser/edmund/

Y cladd in mightie armes and siluer shielde,
Wherein old dints of deepe wounds did remaine,
The cruell markes of many' a bloudy fielde;
Yet armes till that time did he neuer wield:
His angry steede did chide his foming bitt,
As much disdayning to the curbe to yield:
Full iolly knight he seemd, and faire did sitt,
As one for knightly giusts and fierce encounters fitt.

2. 영국 르네상스기의 연극

중세 말에 교회를 중심으로 이루어졌던 기적극이나 도덕극 같은 이동무대(pageant)식 종교극들은 한 지역에 고정된 공연장을 마련한 것이 아니라 떠돌이 생활을 했던 유랑극단의 형태로 이루어졌다. 이러한 유랑극단들은 도덕적 문란이나 흑사병 전파의 요인으로 지목받으면서 엘리자베스기에 이르러서는 통폐합을 당하게 되는데, 이들 중 규모가 있는 건실한 극단들은 유력 귀족들로부터 지원을 받아 그들의 이름을 내걸고 런던에 공인된 극장을 마련하고 정착하게 되었다.

1) 세네카적 비극

≪골보듁≫(*Gorboduc or Ferrex and Porres*, 1561)

엘리자베스 초기에 세네카(Seneca)의 비극(Senecan Tragedy)을 번역한 작품들이 다수 소개되었는데, 이들 작품들은 살인, 복수, 근친상간 등을 소재로 한 잔혹하고 어두운 내용을 주로 다루고 있었다. 초기의 번역 작품에서 벗어나 ≪골보듁≫은 세네카적 전통을 영국적인 소재로 해석한 최초의 비극으로 받아들여지고 있다. 5막으로 구성된 ≪골보듁≫은 토마스 노턴(Thomas Norton)이 처음의 3막을, 나머지 2막은 토마스 색빌(Thomas Sackville)이 집필했다. 연극의 내용은 왕자인 형제간의 살인과 이에 관계된 왕비인 어머니, 그리고 반란과 국가적 파국을 소재로 하고 있다.

2) 로마적 희극

≪랄프 로이스터 도이스터≫(*Ralph Roister Doister*, 1553)

니콜라스 우달(Nicholas Udall 1505－1556)이 쓴 ≪랄프 로이스터 도이스터≫는 영어로 쓰인 최초의 로마식 운문 희극(Roman Comedy)으로 평가받고 있다. 교장이었던 우달은 학생들의 학습용으로 이 작품을 집필했던 것으로 추정된다.

3) 대학의 재주꾼들

유랑극단에 대한 활동 단속령이 1572년에 내려지자 귀족들의 후원을 받은 일부 극단들은 런던 외곽에 극장을 열고 공연하였다. 처음에는 이야기 구성을 가진 연극의 형태가 아닌 즉흥적인 웃기는 장면의 연출에 치중한 소극(farce)이 주를 이루었지만 차츰 정규극의 공연이 인기를 얻게 되었다. 이때 대학을 중심으로 공연된 연극이 대중적 인기를 구가하면서 대학에서 공부하고 있거나 대학 출신인 작가들이 극작활동에 참여하게 되었다. 이들 작가들이 주로 옥스퍼드나 케임브리지 출신이었기 때문에 이들을 "대학의 재주꾼들"(University Wits)라고 불렀다. "대학의 재주꾼"들 중에서 특히 활발히 활동했던 극작가로는 토마스 키드(Thomas Kyd), 조지 필(George Peele), 로버트 그린(Robert Greene), 크리스토퍼 말로우(Christopher Marlowe)가 있었다.

(1) 토마스 키드

The Spainish Tragedy[20]

토마스 키드(Thomas Kyd, 1558－1594)는 영국이 스페인의 무적함대를 물리친 1589년에 그의 대표작 ≪스페인의 비극≫(*The Spanish Tragedy*)을 공연하여 대중적 인기를 누렸다. 키드에 의해 "스페인 비극"(Spanish Tragedy)라는 유행이 생겼을 정도로 그의 극은 당시 큰 대중적 호응을 얻었다. 키드는 ≪스페인의 비극≫에서 세네카적 비극보다 훨씬 고양된 형태의 비극 양식을 구현했는데, 잔혹한 장면과 주제는 그대로이지만 심리적 비극성을 연극에 도입

20) Title page published in 1615. http://www.enotes.com/topic/The_Spanish_Tragedy

함으로써 훨씬 문학성이 높은 비극을 탄생시켰다. 키드의 ≪스페인의 비극≫은 이후 셰익스피어에게도 직접적으로 영향을 끼쳤다.

(2) 크리스토퍼 말로우

Christopher Marlow [21]

크리스토퍼 말로우(Christopher Marlowe, 1564－1593)는 셰익스피어에게 가장 큰 영향을 준 극작가이다. 말로우는 런던 근교의 한 술집에서 싸움 끝에 요절하였는데, 그는 당시의 작가들 중에서 유일하게 셰익스피어와 쌍벽을 이룰 수 있었던 천재성을 지녔었다. ≪탬벌레인 대왕≫(*Tamburlaine the Great*, 1587)은 스키타인족의 대왕인 탬벌레인의 정복과 파괴를 내용으로 하는 웅대한 스케일의 작품이다. ≪포스터스 박사의 비극적 역사≫(*The Tragical Hisotry of Doctor Faustus*, 1588)는 중세로부터 전해 내려 온 포스터스 박사에 관한 내용을 극화한 것이다. 지옥의 왕 루시퍼에게 영혼을 판 포스터스 박사는 그 대가로 24년간 자신이 꿈꿔 온 모든 쾌락과 욕망을 맛보지만 시간이 끝나자 공포에 절규하며 지옥으로 간다는 내용이다. 인간의 무한한 지식욕과 탐욕을 주제로 하고 있으며 비록 비극으로 끝나기는 하지만 새로운 지식과 경계를 넘어서는 새로운 세계에 대한 인간적 갈망을 담은 르네상스적 인간을 작품은 잘 표현하고 있다. ≪말타의 유대인≫(*The Jew of Malta*, 1590)은 말로우의 작가적 특성을 보여 주는 대표작이며 당시 대단한 대중적 인기를 누렸다. 말타 섬의 탐욕적인 유대인 바라바스(Barabas)는 자신의 금전적 욕망을 위해 사랑하는 딸을 살해하고 스스로의 탐욕의 함정에 빠져 죽게 되는 내용이다.

■ 크리스토퍼 말로의 주요 극작품

Tamburlaine, part 1 (c.1587)
Tamburlaine, part 2 (c.1587－1588)

---

21) Corpus Christi College, Cambridge에 소장하고 있는 초상화로서 마로우의 것으로 추정됨. http://en.wikipedia.org/wiki/Christopher_Marlowe

The Jew of Malta (c.1589)
Doctor Faustus (c.1589, or, c.1593)
Edward II (c.1592)
The Massacre at Paris (c.1593)

4) 윌리엄 셰익스피어

윌리엄 셰익스피어(William Shakespeare, 1564－1616)는 워릭셔(Warwickshire)의 인구 2천 정도의 작은 읍인 스트래트포드-온-에이븐(Stratford-on-Avon)에서 1564년 4월 23일 탄생했다. 아버지 존 셰익스피어(John Shakespeare)와 어머니 메리(Mary)의 장남으로 태어나서 그곳에서 문법학교를 다녔지만 이후 대학에 입학하지는 못했다. 1582년에 그는 8살 연상의 앤 해서웨이(Anne Hathaway)와 결혼해서 장녀 수잔나(Susanna)를 낳고 이후에 장남 햄넷(Hamnet)과 차녀 쥬디스(Judith)를 쌍둥이로 낳았다. 그 이후 정확히 언제인지는 알려지지 않았지만 런던으로 가서 극단과 관련된 일을 했다. 셰익스피어는 약 20여 년 동안 작품 활동을 하면서 총 37편의 극작품을 썼으며, 소네트에도 능해 154편의 소네트가 실린 ≪소네트집≫(*The Sonnets*)을 내면서

William Shakespeare [22]

셰익스피어가 출생한 집 [23]

시인으로서의 그의 탁월한 천재성을 보이기도 했다.[22]

① 제 1기: 1592년－1594년

셰익스피어의 런던에서의 활동기간 중 제 1기는 그가 런던에 와서 체임벌린 극단

22) Chandos 초상화. 화가와 초상화의 원래 인물이 셰익스피어라고 추정할 뿐임. National Portrait Gallery, London. http://en.wikipedia.org/wiki/William_Shakespeare
23) 스트래트포드-온-에이븐에 소재한 셰익스피어가 탄생한 집.
http://en.wikipedia.org/wiki/File:William_Shakespeares_birthplace,_Stratford-upon-Avon_26l2007.jpg

(Lord Chamberlain's Men)에 참여하기 전까지 기간에 해당된다. 셰익스피어는 이 시기에 대중적 호응과 국가적 관심에 부응하는 작품을 집필했는데, 그의 이러한 작품 성향은 그가 흥행작가로서 런던 연극계에 성공적인 출발을 하게 만들었다.

≪타이터스 앤드로니커스≫(*Titus Andronicus*, 1594)는 로마의 장군 타이터스 앤드로니커스와 포로가 되었다가 로마의 황비가 된 테모라 사이의 끔찍한 복수와 살육에 관한 내용이다. 이 작품은 세네카적 비극과 스페인 비극이 유행시켰던 잔혹한 장면과 충격적인 내용을 좀 더 대중적 흥미에 부합하는 이야기 구성으로 풀어나갔기 때문에 대단한 흥행적 성공을 이루었다.

≪리처드 3세≫(*Richard III*)는 조카 에드워드 5세를 살해하고 왕위를 찬탈한 리처드 3세의 이야기를 다루고 있다. 리처드 3세의 잔혹성과 그의 왕위 승계 부당성을 내용으로 주로 다룸으로써, 보스워스 전투에서 헨리 7세가 이러한 리처드 3세를 물리치고 튜더 왕조를 시작하게 되는 튜더 왕조의 정치적 정당성을 그 이면에 감추고 있다. 이외에도 ≪사랑의 헛수고≫(*Love's Labour's Lost*), ≪존 왕≫(*King John*) 등을 이 시기에 집필했다.

② 제2기: 1594년 – 1599년

제2기는 셰익스피어가 체임벌린 극단에서 활동을 시작할 때부터 1599년 글로버 극장(the Globe)을 개관하기까지의 활동기간에 해당된다. 이 시기는 셰익스피어가 주로 희극과 사극을 집필한 시기로 그의 흥행성과 천재성이 본격적으로 빛을 발한 시기이기도 하다. 제2기를 대표하는 작품으로는 ≪베니스 상인≫(*The Merchant of Venice*), ≪한여름 밤의 꿈≫(*A Midsummer Night's Dream*), ≪헛소동≫(*Much Ado About Nothing*), ≪헨리 5세≫(*Henry V*) 등이 있다.

Blackfriars[24)]

③ 제3기: 1599년 – 1608년

글로버 극장을 중심으로 실내 극장이었던 블랙프라이어즈(Blackfriars)를 인수한 기간을 통상 제3기로 잡는다. 이 시기는 셰익스피어가 인생과 인간에 대한 통찰력이 가장 깊어졌던 시기였는데, 그의 위대한 비극 작품들

24) Private theater. 실내 극장.
http://hudsonshakespeare.org/Shakespeare%20Library/blackfriars.htm

이 주로 이 시기에 쓰였다. ≪햄릿≫(*Hamlet*), ≪오델로≫(*Othello*), ≪리어왕≫(*King Lear*), ≪맥베스≫(*Macbeth*)와 같이 그의 대표적인 비극 작품들은 그의 활동 제3기에 쓰인 것이다.

the Globe theater [25)]

the second Globe [26)]

④ 제4기: 1608년－1612년

블랙프라이어즈 극장을 인수해서 활동을 시작한 시기부터 글로버 극장이 화재로 소실된 1613년까지를 일반적으로 셰익스피어의 활동 4기로 잡는다. 제4기에 쓰인 작품은 희극과 비극이 어우러지면서도 사랑의 이야기가 가미된 특징이 있으며 이 시기는 희비극과 낭만극의 시대이다. 제4기의 작품들에서 셰익스피어는 인생의 다양한 굴곡을 모두 작품 속에 포함시키고 있다. 이 시기를 대표하는 작품으로는 ≪심벌린≫(*Cymbeline*), ≪겨울 이야기≫(*The Winter's Tale*), 그리고 그의 마지막 작품인 ≪태풍≫(*The Tempest*)이 있다.

3. 영국 르네상스기의 소설

엘리자베스 여왕 통치 말기에 이르러서 사실적 내용을 상당히 포함한 소설형식의 산문문학이 등장하기 시작했다. 이 시기에 등장한 소설문학은 이전의 로망스 문학과는 형식과 내용 면에서 차별되었다. 로망스 문학은 비록 주로 산문으로 구성되어 있지만 여전히 낭독을 위한 운문 형식이 강하게 남아 있는 데 비해, 16세기 후반의 산문문학은 운문형식이 거의 사라지고 오늘날의 소설과 같은 일상 언어가 중심인 사실적인 문체를 주로 사용하였다. 그 내용면에서도 로망스 문학이 주로 기사들의 무용담과 같은 허황된 가공적 내용을 담고 있던 것에 반해 이 시기

25) Public theater. http://shakespeare.palomar.edu/theatre.htm
26) Hollar's 1638 Long View of Southwark. http://en.wikipedia.org/wiki/Globe_Theatre

의 소설문학은 좀 더 현실적인 문제나 일상의 삶을 배경으로 하고 있다. 이러한 소설문학의 등장은 작품의 수요가 귀족 중심에서 평민 중심으로 이동한 결과로 해석될 수 있다. 16세기 후반 통화불안과 생산의 축이 토지에서 상업으로 이동된 결과 전통적 귀족계층의 부가 몰락하기 시작했고, 이에 대응하여 새롭게 부상하는 중상계급이 부를 축적하고 중앙정부로 진출하게 된다. 이들 중상계급들은 젠트리(gentry)라고 불렸는데, 이들 젠트리 계층은 상인, 법률가, 대토지를 소유한 자영농민들로 주로 구성되었다. 그 결과 문학적 관심의 분야도 귀족 중심이 아닌 이들 중상계층의 활동영역으로 넓혀졌으며, 이러한 성향은 16세기말의 산문문학의 내용과 형식에 영향을 미치게 되었다.

1) 토마스 내시

토마스 내시(Thomas Nashe, 1567－1601)는 당시 유럽 대륙에서 유행했던 에피소드 연작식 악행소설인 피카레스크 소설(picaresque novel) 형식을 주로 사용하여 사회의 악행과 일상적인 삶의 어두운 내용을 소재로 하여 글을 썼다. 그의 대표작은 ≪불행한 여행자≫(*The Unfortunate Traveller, or The Life of Jack Wilton,* 1594)인데, 이 소설에서 내쉬는 살인범의 이야기를 중심으로 살인, 복수, 강간 등의 사회적 사건을 흥미롭게 다루어서 대중적 인기를 누렸다.

2) 토마스 딜로니

토마스 딜로니(Thomas Deloney, 1543－1607)는 내시 보다 훨씬 더 일상적인 리얼리즘을 소설로 구현했다. 그의 대표작인 ≪뉴버리의 잭≫(*Jacke of Newbury,* 1597)은 수습공인 주인공이 자신이 모시던 주인의 미망인과 결혼하여 성공하게 된다는 내용으로 당시의 사회적 배경을 소설 속에 사실감 있게 담아내고 있다. 딜로니의 소설은 비록 허구적이기는 하지만 당시의 직업, 사회적 구성, 인간관계 등을 사실성 있게 소재로 사용하고 있기 때문에 공인된 역사적 사료에서 부족했던 서민들의 삶을 연구하는데 중요한 자료가 되기도 한다.

V

스튜어트 왕조

James I[27]

엘리자베스 여왕이 자손이 없이 죽자 스코틀랜드의 제임스 6세(James 6)를 모셔와 영국 왕으로 삼아서 그를 제임스 1세(James 1)라 불렀고, 제임스 1세는 스튜어트 왕조(The House of Stuart)를 열었다. 엘리자베스의 아버지인 헨리 8세는 누이를 스코틀랜드의 제임스 4세와 결혼시켰는데 이들 사이에서 아들이 태어나고 그 아들이 스코틀랜드의 제임스 5세가 되었다. 제임스 5세가 메리(Mary)라는 딸 하나를 남기고 죽자, 그 딸이 스코틀랜드의 여왕 메리(Mary Queen of Scots)가 되었다. 스코틀랜드의 메리 여왕은 엘리자베스의 신하였던 귀족 단리(Danley) 경과 결혼하여 아들을 낳게 되는데, 이 아들이 후일 스코틀랜드의 제임스 6세가 되었고, 이후에 영국의 엘리자베스 여왕이 죽자 영국왕으로 추대되어 제임스 1세가 되었던 것이다.

제임스 1세는 왕권신수설을 신봉하면서 왕권 강화정책을 강력히 추진했지만 영국의 사정에 어두웠던 그는 국민들에게서 인기를 얻지 못했다. 더구나 그는 영국과 적

27) 1621년 다니엘 마이턴스(Daniel Mytens)가 그린 제임스 1세의 초상화.
http://commons.wikimedia.org/wiki/File:James_I_of_England_by_Daniel_Mytens.jpg

Charles I[28)]

대적 관계에 있었던 스페인과 친교를 단행함으로써 국민적 정서와 국내의 정치적 기류를 전혀 이해하지 못하는 정치적 행보를 계속했다.

제임스 1세의 뒤를 이은 것은 그의 차남이었데, 그가 찰스 1(Charles I)세가 되었다. 제임스 1세에게는 원래 헨리라는 장남이 있었지만 18세의 나이로 요절하게 되자 차남이 왕위를 이어받게 되었던 것이다. 찰스 1세는 자신의 낭비벽과 스코틀랜드 정벌 등에 지나치게 국고를 탕진했으므로 세금을 통해 이를 채우려 했다. 그러나 의회는 왕의 세금정책에 동의하지 않았고 급기야는 왕당파와 의회파의 내란이 일어났고, 그 결과 패배한 찰스 1세는 처형당했으며, 의회파의 지도자였던 올리버 크롬웰(Oliver Cromwell, 1599 – 1658)에 의해 공화정이 실시되었다.

크롬웰의 청교도적 공화정은 엄격한 청교도적 율법에 의거하여 국가를 경영하였기 때문에 영국의 문화는 커다란 변혁을 맞이하였다. 이 공화정의 시기에 극장이 폐쇄되었고, 배우들은 공연을 금지 당하였으며, 음주와 가무를 금했다. 따라서 이 기간에 발표된 문학작품들 역시 청교도적 엄숙함이나 형이상학적인 철학을 주제로 하는 것이 많았다.

Oliver Cromwell[29)]

크롬웰이 죽자 그의 청교도적 통치에 대한 반발로 영국은 다시 왕정을 택하게 되는데, 프랑스에 망명해 있던 찰스 1세의 아들이 다시 돌아와 왕으로 추대되는데 그가 바로 찰스 2세이다. 프랑스에 오랫동안 망명했던 찰스 2세는 즉위하자마자 프랑스식 유흥문화를 복원했다. 그는 폐쇄되었던 극장을 다시 열고 프랑스식 오페라를 공연하게 했다. 그의 이러한 프랑스식

28) http://www.englishmonarchs.co.uk/stuart_2.htm
29) Robert Walker가 그린 올리버 크롬웰의 초상화. National Portrait Gallery, London: NPG 536 http://commons.wikimedia.org/wiki/File:Oliver_Cromwell_by_Robert_Walker.jpg

유흥취향은 문학에도 영향을 미쳐 바람둥이가 등장하는 코미디류가 극작품의 주류를 이루었다. 찰스 2세는 왕권을 강화하면서도 가톨릭에 우호적인 입장을 취했으므로 영국교회와 민족주의자들에게 미움을 받았다.

Charles II [30)]

Nell Gwynn [31)]

찰스 2세가 후손이 없이 죽자 그의 동생이 왕이 되었는데 그가 제임스 2세이다. 제임스 2세는 의회와 반목하며 독재정치를 펼쳤으며 가톨릭을 공공연히 옹호하는 바람에 의회와 국민들에게 지탄을 받았다. 의회는 제임스 2세를 몰아낼 계획을 꾸몄다. 제임스 2세에게는 메리(Mary)와 앤(Anne)이라는 두 딸이 있었는데, 그중 메리가 착실한 영국성공회 교도로서 네덜란드 총독인 윌리엄 공에게 시집을 가 있는 상태였다. 제임스 2세가 포르투갈 공주 사이에서 갑자기 아들이 태어나자 제임스 2세는 그 아들로 하여금 왕위를 승계시키려 했다. 그 아들의 성향이 가톨릭일 것을 확신한 의회는 영국성공회 교인인 메리로 하여금 제임스 2세의 왕위를 잇게 할 계획을 세웠다. 메리의 남편인 윌리엄 공도 신교를 믿고 있었기 때문에 영국이 구교로 회귀하는 것을 우려하여 군대를 이끌고 영국으로 침공했다. 의회와의 불화로 군대를 유지하지 못했던 제임스 2세는 싸워보지도 못하고 프랑스로 도망쳐 버린다. 메리는 남편인 윌리엄 공과 함께 공동으로 왕위를 승계했다.

메리와 윌리엄이 왕이 되자 의회는 왕이 임의로 독재를 행하지 못하도록 왕의 권

30) http://commons.wikimedia.org/wiki/File:Charles_II_1680_Edward_Hawker.jpg
31) Nell Gwynn. 영국 최초의 여배우이자 찰스 2세의 정부.
http://en.wikipedia.org/wiki/Nell_Gwyn

한과 의무를 제한하는 법률을 제정하였는데, 이 법률이 권리장전이며 이 법률로 인해 영국은 입헌군주국의 토대를 마련했다. 자식이 없이 메리가 먼저 죽고 혼자 윌리엄이 왕이 되어 남게 되자 영국은 또다시 왕위승계에 대한 걱정을 하게 되었다. 이에 왕위승계에 대한 것을 법으로 제정하게 되는데 그 법의 골자는 가톨릭 교도가 아닌 왕족 중에서 혈통상 가장 가까운 사람이 다음 왕이 될 수 있다는 것이었다. 윌리엄 공이 죽자 법률에 따라 메리의 여동생인 앤(Anne)이 여왕으로 등극하게 되었다.

앤 여왕은 약 12년 동안 통치를 하였는데 이 기간 중 가장 주목할 업적은 영국과 스코틀랜드가 통합한 사건이었다. 영국과 스코틀랜드는 하나의 국왕아래 하나의 국가로 합병하지만 스코틀랜드의 정치적 자치권은 인정하는 형태의 통합이 이루어졌다. 앤 여왕이 후손이 없었기 때문에 앤 여왕을 끝으로 스튜어트 왕가는 끝이 났다.

VI

스튜어트 왕조기의 문학과 작가들

1. 스튜어트 왕조기의 시

1) 존 단

존 단(John Donne, 1572-1631)은 시대적으로 르네상스 말기와 새로운 혁명의 기운이 감도는 17세기의 정치적 문화적 격동기에 활동했던 시인이다. 그는 대단히 지적이면서도 형이상학적인 내용으로 난해한 시를 창작했다. 그의 시에 자리 잡고 있는 난해한 내용의 근거는 존 단의 독특한 기상(conceit, 기이한 비유)에 있다. 역설적인 표현과 지적인 위트를 풍부하게 사용하여 그만의 독특한 시풍을 창시했다. 그의 이러한 기상을 보여주는 대표작으로는 남녀 간의 관능적 사랑을 벼룩을 통해 표현한 <벼룩>(*The Flea*)이 있다.

젊은 시절의 John Donne [32]

32) the collection of the National Portrait Gallery, London. http://en.wikipedia.org/wiki/John_Donne

The Flea (by John Donne)

Mark but this flea, and mark in this
How little that which thou deny'st me is;
It sucked me first, and now sucks thee,
And in this flea out two bloodsmingled be;
Thou know'st that this cannot be saud
A sin, nor shame, nor loss of maidenhead,
Yet this enjoys before it woo,
And pampered swells with one blood made of two,
And this, alas, is more than we would do. (1연)

단지 이 벼룩을 보시오, 이 벼룩에서
그대가 나를 거절한 것이 얼마나 하찮은 것인지 보시오.
벼룩은 나를 먼저 빨았고, 이제 그대를 빨았소.
그리고 이 벼룩 안에 우리 둘의 피가 섞였소.
당신은 아십니다. 이것이 죄도 아니며, 수치도 아니고
그대의 처녀성 잃은 것도 아니라는 것을,
그러나 이 벼룩은 구애도 하기 전에 즐기고,
우리 둘의 피에서 만든 하나의 피로 부풀대로 부풀었으니,
애통하구려, 이 벼룩이 우리보다 낫네.

2) 조지 허버트

George Herbert[33]

조지 허버트(George Herbert, 1593－1633)는 존 단과 같이 형이상학적 시를 썼으며, 그의 시는 존 단의 시에 비해 종교적 경건함을 많이 담고 있다. 그의 시의 특징은 시행을 특정한 형상을 갖게 배치하여 시각적으로 시적인 의미를 형

33) 1674년 Robert White가 그린 George Herbert의 초상화. National Portrait Gallery. http://en.wikipedia.org/wiki/George_Herbert

상화하고 있는 "시각운"(eye rhyme)을 자주 사용한데 있다. 예를 들어 그의 시 <제단>(*The Altar*)은 시행의 배치가 제단의 모양이 나게 되어 있으며, <부활절의 날개>(*Easter Wings*)에서는 시행의 배열이 날개의 모습이 되도록 하고 있다.

Easter Wings

(by George Herbert)

Lord, Who createdst man in wealth and store,
Though foolishly he lost the same,
Decaying more and more,
Till he became
Most poore:
With Thee
O let me rise,
As larks, harmoniously,
And sing this day Thy victories:
Then shall the fall further the flight in me.
My tender age in sorrow did beginne;
And still with sicknesses and shame
Thou didst so punish sinne,
That I became
Most thinne.
With Thee
Let me combine,
And feel this day Thy victorie;
For, if I imp my wing on Thine,
Affliction shall advance the flight in me.

인간을 풍요롭고 넉넉하게 창조하신 주여
비록 인간이 그 풍요와 넉넉함을 잃어버리고
점점 더 타락해 가면서
가장 가난해질 때까지
당신과 함께
오 나를 일어나게 하소서
종달새들이 조화롭게
오늘날 당신의 승리를 노래하는 것처럼
그러면 이 타락이 나를 더욱 비상시킬 것입니다.
나의 여린 시절은 슬픔에 잠겨 시작 되었고
그리고 여전히 병과 수치로
당신은 죄를 벌하셨으므로
나는 되었습니다.

가장 여위게.
당신과 함께
제가 하나 되게 하소서.
그리고 오늘날 당신의 승리를 느끼게 하소서.
왜냐하면 만일 내 날개를 당신의 날개에 붙이면,
고뇌가 내 내면의 비상을 더욱 부추기게 될 것입니다.

3) 앤드루 마블

Andrew Marvell [34]

앤드루 마블(Andrew Marvell, 1621－1678)은 존단과 같은 형이상학파 시인이었으며, 그의 시는 자연이나 연애를 주제로 하고 있는 것처럼 보이지만 그 내면에는 타락한 시대와 청교도 혁명기의 정치적 상황을 난해하게 비유하여 노래하고 있다. 그는 페어펙스(Thomas Fairfax) 경의 딸의 가정교사로서 일하면서 본격적으로 시를 발표했는데 요크셔 지방의 자연 속에서 자신의 정치적 신념을 형이상학적인 시로 표현했다. 이때 발표한 대표적인 시가 <정원>(*The Garden*)이다.

그는 이후 존 밀턴(John Milton)의 비서로 활동하면서도 공화정이 가진 엄격한 청교도주의를 비판하는 태도를 시로 표현했다. 엄숙함과 금욕만을 강조했던 청교도들의 공화정은 문학가와 예술가들에게 억압적인 문화적 분위기를 조성했고, 이에 항거하여 마블은 “순간을 즐기자”(Carpe Diem)는 내용의 청교도 시대를 풍자적으로 비판하는 그의 대표작 <내 수줍은 연인에게>(*To My Coy Mistress*)를 썼다. 시의 내용은 처녀성에 대한 강박관념 때문에 청춘의 날을 즐기지 못하는 연인에게 세월의 무상함과 순간의 즐거움이 주는 소중함을 담고 있다.

To My Coy Mistress (by Andrew Marvell)

Had we but world enough, and time,

34) http://www.luminarium.org/sevenlit/marvell/

This coyness, lady, were no crime.
We would sit down, and think which way
To walk, and pass our long love`s day. (첫 4행)

우리가 다만 충분한 세계와 시간만 가진다면
연인이여, 이 수줍음은 죄가 아닙니다.
우리는 앉아서 어느 길로 걸어갈까 생각하고
우리의 긴 사랑의 날들을 보낼 수도 있겠죠.

4) 존 밀턴

John Milton[35)]

존 밀턴(John Milton, 1608－1674)은 런던의 부유한 집안에서 태어나 케임브리지 대학을 졸업했다. 부친의 영향으로 독실한 청교도적 세계관을 가졌으며 영국국교회 성직자들의 탐욕을 비난하는 시를 쓰기도 했다. 크롬웰의 외국어 담당 비서관으로 활동하면서 공화정과 인연을 맺었으며, 그 죄로 인하여 찰스 2세가 왕위에 복귀하는 왕정복고기에는 투옥되기도 하였다. 1652년에 양쪽 눈이 실명하게 되었지만 구술을 통해 그의 위대한 서사시 ≪실낙원≫(*Paradise Lost*)을 집필했다.

≪실낙원≫은 1667년 출판되었으며, 밀턴 스스로가 "인간에 대한 신의 섭리를 정당화하기 위해"(to justify the ways of God to men) 이 서사시를 썼다고 밝히고 있다. ≪실낙원≫은 구약성서에 바탕을 두었으며 "창세기" 1장부터 인간의 추방에 관한 이야기를 담고 있다. 밀턴은 만년에 ≪복락원≫(*Paradise Regained*)과 ≪투사 삼손≫(*Samson Agnoristes*)을 집필하였으며, 이 두 작품은 1771년에 합본으로 발간되었다.

35) National Portrait Gallery, London c. 1629. http://en.wikipedia.org/wiki/John_Milton

Paradise Lost, Book I(1－20)
(by John Milton)

Of Mans First Disobedience, and the Fruit
Of that Forbidden Tree, whose mortal tast
Brought Death into the World, and all our woe,
With loss of Eden, till one greater Man
Restore us, and regain the blissful Seat,
Sing Heav'nly Muse, that on the secret top
Of Oreb, or of Sinai, didst inspire
That Shepherd, who first taught the chosen Seed,
In the Beginning how the Heav'ns and Earth
Rose out of Chaos: Or if Sion Hill
Delight thee more, and Siloa's Brook that flow'd
Fast by the Oracle of God; I thence
Invoke thy aid to my adventrous Song,
That with no middle flight intends to soar
Above th' Aonian Mount, while it pursues
Things unattempted yet in Prose or Rhime.
And chiefly Thou O Spirit, that dost prefer
Before all Temples th' upright heart and pure,
Instruct me, for Thou know'st; Thou from the first
Wast present, and with mighty wings outspread

■ 존 밀턴의 주요 작품

Lycidas (1638)
Paradise Lost (1667)
Paradise Regained (1671)
Samson Agonistes (1671)

5) 존 드라이든

John Dryden [36]

존 드라이든(John Dryden, 1631－1700)은 청교도 가정에서 출생하여 케임브리지 대학에서 공부했으며, 공화정 기간 동안에는 공화정을 위해 일했다. 그는 시인이자 극작가로서 처음에는 크롬웰을 위해 시를 썼지만, 왕정복고기가 되자 찰스 2세를 위해 시를 쓰는 변절을 하기도 했다. 그는 특히 영웅대구(horoic couplet)를 활용한 시작에 능했는데, 대표작으로는 ≪압사롬과 아키토펠≫(*Absalom and Achitophel*, 1681)이 있다. ≪압사롬과 아키토펠≫은 정치적 풍자시로서 찰스 2세 이후의 왕위 승계를 둘러싼 정치적 상황을 구약성서의 내용을 빌어 풍자하고 있다.

Absalom and Achitophel (1－10)
(by John Dryden)

In pious times, ere priestcraft did begin,
Before polygamy was made a sin;
When man on many multiplied his kind,
Ere one to one was cursedly confined;
When nature prompted, and no law denied,
Promiscuous use of concubine and bride;
Then Israel's monarch 1 after heaven's own heart,
His vigorous warmth did variously impart
To wives and slaves; and, wide as his command,
Scattered his Maker's image through the land.

36) 1698년 Godfrey Kneller가 그린 John Dryden의 초상화.
http://en.wikipedia.org/wiki/John_Dryden

■ 존 드라이든의 주요 작품

The Indian Emperour (tragedy) (1665)
An Essay of Dramatick Poesie (1668)
The Conquest of Granada (1670)
Marriage à la mode (1672)
Aureng-zebe (1675)
All for Love (1678)
Absalom and Achitophel (1681)

2. 스튜어트 왕조기의 소설

1) 존 번연

존 번연(John Bunyan, 1628－1688)은 작은 마을 베드포드셔에서 태어나 교육을 제대로 받지는 못했지만 청교도 혁명 당시 의회군에 가담하기도 했다. 이후 무면허 설교활동으로 감옥에 갇히기도 했으나 후일 그의 독실한 종교적 신앙을 문학작품으로 탄생시켰다. 그가 옥중에서 집필한 ≪천로역정≫(*The Pilgrim's Progress*)은 우화적인 인물들을 등장시켜 인간의 기독교적 삶의 여정을 담아내고 있다. ≪천로역정≫은 작가가 꿈속에서 우화적인 인물을 등장시켜 하늘의 문에 이르는 순례의 길을 이야기하고 있다. 주인공 크리스천(Christian)이 천국의 문에 이르기까지 거치는 장소들 또한 관념을 형상화하는 상징적인 이름을 가지고 있는데 "멸망의 도시"(City of Destruction), "고난의 언덕"(Hill of Difficulty), "죽음의 그림자 계곡"(Valley of the Shadow of Death) 등이 그러한 것들이다.

John Bunyan [37)]

≪천로역정≫을 통해서 번연은 자신의 기독교관과 성서적 내용을 우화적인 이야기를 흥미롭고 알기 쉽게 전달하고 있는데, 이러한 의도는 번연 자신이 설교가로서 대중에게 기독교적인 삶이 어떠한 것인지를 쉽게 전달하고자 한 것이었다. 이와 같은 맥락에서 번연의 다른 작품인 ≪성전≫(*The Holy War*, 1682), ≪악인의 삶과 죽음≫(*The Life and*

37) http://en.wikipedia.org/wiki/John_Bunyan

Death of Mr. Badman, 1680)도 번연의 설교적 태도를 그대로 반영하고 있다.

2) 다니엘 디포

Daniel Defoe [38]

다니엘 디포(Daniel Defoe, 1660－1731)는 상인으로 인생을 출발해 수많은 소책자를 집필했으며 그의 정치적인 관심으로 인해 정부의 관리가 되기도 했다. 디포는 당시의 사회, 경제, 정치에 대한 사실적인 내용을 자신의 작품에 반영했다. 이러한 경향은 당시의 리얼리즘을 추구했던 영국의 사회적 성향과 맞아서 대중적인 관심을 이끌어 내는 데 중요한 요인이 되기도 했다. 그의 대표작 ≪로빈슨 크루소의 모험≫(*The Life and Strange Surprising Adventures of Robinson Crusoe*, 1704)은 그의 리얼리즘적 성향을 잘 보여주고 있다. 영국인 로빈슨 크루소는 무인도에서 30년 동안 살게 되는데, 아주 사소한 일까지 세세히 설명함으로써 사실성을 더하고 있다. 로빈슨 크루소는 대단한 대중적 인기를 누렸는데 그 이유는 사실성을 추구한 당시 영국인의 성향에 부합되었을 뿐만 아니라 철두철미한 사실주의적 수법은 근대 소설의 형성에도 영향을 미쳤다.

■ 다니엘 디포의 주요 작품
Robinson Crusoe (1719)
A Journal of the Plague Year (1722)
Moll Flanders (1722)
Roxana: The Fortunate Mistress (1724)

3) 아프라 벤

아프라 벤(Mrs. Aphra Behn, 1640－1689)은 존 번연과 같은 시대를 살았지만 작품의 주제와 관심은 상당히 달랐다. 어렸을 때 영국령 가이아나(Guiana)에서 출생하여 지금의 수리남(Surinam)에서 살았다. 영국으로 귀국하여 네덜란드 출신의

38) http://en.wikipedia.org/wiki/Daniel_Defoe

Aphra Behn[39)]

부유한 상인과 결혼했지만 남편이 일찍 죽어 과부가 되었다. 정치적 문제와 사회적 활동에 상당한 관심이 있어서 당시의 여성으로서는 대단히 파격적인 사상과 행보를 보였다. 찰스 2세의 스파이가 되어 네덜란드에 보내지기도 했고, 자신의 어렸을 때 경험을 토대로 노예제도의 잔혹함과 비인간성을 공공연하게 성토하기도 했다. 아프라 벤은 노예제도의 잔인함과 부당함을 알리기 위해 당시로서는 문제 소설에 해당되는 작품 ≪오루노코, 혹은 왕족 노예의 역사≫(*Oroonoko, or the History of the Royal Slave*, 1678)를 집필했는데, 이 작품으로 인해 그녀는 영문학사에서 최초의 여류 작가로 인정받았다.

≪오루노코≫의 주인공 오루노코(Oroonoko)는 납치되어 노예로 팔린 왕족인데, 그는 다른 노예들과는 달리 자신에 대한 자존심과 백인에 대한 도덕적 우월감을 버리지 않는다. 그는 노예로 납치되기 전에 사랑했던 이모인다(Imoinda)를 만나게 된다. 오루노코는 백인들의 비인간적인 처우에 항거하여 노예들을 선동하여 반란을 일으키고, 결국에는 백인에게 굴욕적인 삶을 사느니 이모인다를 죽이고 자신도 자살을 한다. ≪오루노코≫는 당시의 노예제도와 식민주의적 문화에 대해 놀라울 정도로 사실적으로 묘사하고 있어서 당시의 소설에서는 찾아보기 힘든 사회문제소설로 여겨진다.

- 아프라 벤 주요 소설작품
  Love-Letters Between a Nobleman and His Sister (1684)
  Oroonoko (1688)

3. 스튜어드 왕조기의 연극

1) 자코비안 캐롤라인 연극

자코비안과 캐롤라인(Jacobean and Caroline)이란 이름은 스튜어트 왕조를 열었던 제임스 1세의 라틴어 이름인 자코버스(Jacobus)와 그 뒤를 이은 찰스 1세의 라틴어 이름 캐롤러스(Carolus)에서 유래된 것이다. 제임스 1세가 재위를 시작한 1603년부터

39) 영국 최초의 전업 여류작가. http://en.wikipedia.org/wiki/Aphra_Behn

의회파와의 내전으로 인해 실질적으로 왕권을 행사할 수 없었던 찰스 1세가 크롬웰의 의회파에 의해 참수된 1649년까지의 기간을 자코비안 캐롤라인 시대라고 한다. 셰익스피어가 대표작가로 활동했던 엘리자베스 1세 시기에 이은 이 시기의 극작품들을 자코비안 캐롤라인 연극이라고 한다. 이 시기에 활동했던 대표적인 극작가로는 기질희극(comedy of humours)을 창시했던 벤 존슨(Ben Jonson, 1572－1637)과 우울하고 비관적인 자코비안 비극으로 뛰어났던 존 웹스터(John Webster, 1580－1625)가 있다.

2) 벤 존슨과 기질연극

(1) 벤 존슨

엘리자베스 여왕 재위기간인 1572년에 출생한 벤 존슨(Ben Jonson, 1572－1637)은 셰익스피어의 연극을 고스란히 경험했으며 셰익스피어에 대한 존경심과 도전의식을 동시에 가지고 있었던 위대한 극작가로 평가받고 있다. 그의 아버지는 그가 태어나기도 전에 사망했으며, 그의 양아버지는 가난한 벽돌공이었다. 양아버지를 도와 벽돌 쌓는 일을 하기도 했고, 군대에 입대하여 네덜란드 원정대에 참가하기도 했다. 군대 생활을 청산하고 런던으로 돌아와 순회극단에서 배우 겸 극작가로 활동을 시작했다. 엘리자베스 정권말기에 정권을 풍자한 연극에 가담한 죄로 투옥되기도 했으며, 개인적인 이유로 결투를 벌여 동료배우를 죽여서 죽음직전까지 갔지만 가까스로 목숨을 구하기도 했다. 1598년 체임벌린 극단에서 공연한 ≪십인십색≫(*Every Man In His Humour*)이 성공함으로써 존슨은 인기 극작가의 길을 걷게 되었다.

Ben Jonson[40)]

제임스 1세 즉위 후 가면극 ≪어둠의 가면≫(*The Masque of Blackness*)을 1605년에 궁정에서 공연하여 왕의 환심을 샀고 그 결과 그는 왕에게서 연금을 받는 극작가가 되었다. 존슨은 비록 정규교육을 충분히 받지 못했지만 독학으로 고전을 공부하여 그 시대의 사회적 현상과 인간사를 지적이면서도 풍자적인 필치로 연극으로 그려내

40) National Portrait Gallery, London. http://www.luminarium.org/sevenlit/jonson/

었다. 벤 존슨은 엘리자베스 1세 시기와 제임스 1세 재위기에 걸쳐 활동을 하였으며, 생전에 셰익스피어와 재능을 겨루었고, 셰익스피어의 사후 그의 뒤를 잇는 대표적인 극작가로 평가받고 있다. 제임스 1세가 죽은 후 궁정을 떠났으며, 그 이후 불우한 삶을 살았다. 1637년 사망하여 웨스트민스터 사원에 묻혔다. 그의 묘비에는 "오 뛰어났던 벤 존슨"(O rare Ben Jonson)이라고 적혀있다.

■ 벤 존슨의 주요 극작품

Every Man in His Humour (comedy) (1601)
Volpone (1607)
The Alchemist (1612)
Bartholomew Fair (1631)

(2) 기질희극

벤 존슨의 천재성은 인간의 행동과 기질을 예리하게 관찰하여 그 시대의 사회악과 위선을 연극을 통해 풍자적으로 표현한데 있다. 존슨은 중세의 의학자들이 인간의 체질을 체액(humor)의 상태에 따라 쾌활한(sanguine), 성마른(choleric), 무기력한(phlegmatic), 우울한(melancholic)의 네 가지로 구분한 것을 자신의 작품에 등장하는 인물들을 성격화하는데 활용했다. 존슨의 인간의 어리석음과 사회악을 각 개인의 기질적 특성에 기인하여 해학적으로 극화했기 때문에 그의 연극을 기질희극(Comedy of Humors)라고 부른다.

≪십인십색≫(*Every Man In His Humour*)은 엘리자베스 여왕 재위 말기인 1591년에 공연되어 극작가로서 존슨의 명성을 알렸다. 그리스 로마의 고전희극의 형식에 그의 기질희극 특징을 섞어서 만든 이 연극은 각 기질을 대변하는 전형적 인물들을 등장시켜 당시의 도시의 삶과 인간유형들을 풍자적으로 그려냈다. 기성세대를 대표하는 주인공의 아버지 노웰(Kno'well)은 모험적인 아들 에드워드(Edward)를 감시하고, 하인인 브레인웜(Brainworm)은 갖은 계략으로 주인인 노웰을 속인다. 등장인물들의 이름이 그들의 성격과 극중 역할을 짐작케 하는 유형적 인물들(typical characters)을 등장시켜 인간의 본성과 어리석은 행동을 냉소적으로 풍자한다.

3) 자코비안 비극

셰익스피어로 대표되는 엘리자베스조의 비극작가들은 죽음이나 복수와 같은 내용으로 다양한 비극작품을 쓰기는 했지만 이들의 작품을 관통하는 세상을 보는 시각에는 근본적으로 낙관주의가 깔려있다. 엘리자베스조의 대표적인 비극인 셰익스피어의 ≪햄릿≫(*Hamlet*)은 복수의 비극이기는 하지만 인간의 본질적인 결함에 대한 통찰과 세상에 대한 정의를 갈망하는 이야기로 이루어져 있다.

자코비안 비극(Jacobean Tragedy)은 엘리자베스조의 비극에 비해 대단히 비관적이고 음울하다. 이러한 비관적인 분위기의 이면에는 인간의 존재와 신의 질서에 대한 우울한 회의감이 자리 잡고 있다. 존 캘빈(John Calvin, 1509－1564)과 니콜로 마키아벨리(Niccolo Machiavelli)는 자코비안 시대를 사상적으로 이해하는데 중요한 영향을 끼쳤다. 존 캘빈은 스위스 제네바에서 개신교를 대표하는 학자로서 명성을 떨쳤으며, 후일 캘빈의 신교이론은 영국의 청교주의에 영향을 끼치게 되었다. 캘빈의 신교사상은 인간의 원죄와 속죄에 대해 로마교회와 이론을 달리했는데 가장 큰 차이는 캘빈의 신교가 오직 성경만이 권위를 가진다고 믿는 반면 로마교회는 교회가 권위를 가진다고 했다. 캘빈의 사상은 원죄론에 근거하고 있으며 인간의 본질적으로 타락한 영혼을 가지고 있어서 악에 물들기 쉬우므로 항상 경계하고 회개하는 삶을 살 것을 주장했다. 마키아벨리는 인간이 원래 이성적이지 못하고 타락하였기 때문에 군주는 백성들을 여우처럼 간교하고 사자처럼 사납게 통치해야 한다고 주장했다. 캘빈과 마키아벨리의 사상은 쟈코비안 시대의 인간을 바라보는 음울한 시선을 형성하는데 결정적인 영향을 미쳤고 이러한 인간의 모습들은 쟈코비안 비극의 인물로 형상화 되었다. 쟈코비안 비극은 엘리자베스기의 비극에 비해 훨씬 더 잔혹한 인물과 잔인한 사건들이 등장하며 인간의 어두운 욕정과 사악한 탐욕이 종종 작품의 주제가 되었다.

(1) 벤 존슨의 ≪볼포네≫

벤 존슨의 ≪볼포네≫(*Volpone or the Fox*, 1606)는 존슨의 대표적인 쟈코비안 비극으로 돈에 눈이 먼 인간의 사악한 본성과 탐욕을 주제로 하고 있다. ≪볼포네≫의 등장인물들은 각각 극중 성격과 역할에 맞는 동물의 이름을 가지고 있다. 주인공 볼포네(Volpone)은 이탈리아어로 큰 여우를 뜻하며 대단히 탐욕적인 성격을 가지고 있다. 볼포네는 모스카(Mosca)를 시켜 자신이 죽어가고 있다는 소문을 퍼뜨린다. 모스카는 이탈리아어로 기생파리(gadfly)를 뜻하는데, 그는 볼포네에 붙어서 이익을 취하는 역할을 한다. 볼포네의 유산을 상속받고 싶어 하는 탐욕스런 무리들이 볼포네에게 접근해 선물공세를 통해 애정을 과시한다. 시체를 먹어치우는 대머리 독수리를 의미하는 볼토레(Voltore, vulture), 썩은 고기를 먹는 까마귀를 의미하는 코바치오(Corbaccio, carrion crow), 시커먼 갈가마귀를 의미하는 코르비노(Corvino, raven) 등은 각자의 탐욕에 눈이 멀어 볼포네에게 선물을 바치지만 결국 더욱 악독하고 탐욕스런 볼포네 일당에게 모든 것을 빼앗겨 버린다. 볼포네와 모스카의 악행이 마침내 탄로 나고 볼포네는 여우가 우리에 갇히듯 철장에 구금되고, 모스카는 파리가 파리채에 맞듯이 매질을 당하게 된다. 존슨은 이 작품을 통해 인간의 탐욕스런 속성과 사회에 만연한 악행들을 풍자하고 조롱하고 있다.

(2) 존 웹스터의 ≪말피의 공작부인≫

존 웹스터(John Webster, c. 1580－1634)는 마차를 만드는 가난한 아버지에게서 태어나 독학으로 극작을 공부했다. 그의 대표작 ≪말피의 공작부인≫(*The Duchess of Malfi*, 1614)은 당시 유행했던 여주인공을 비극적 주인공으로 했던 자코비안 "여성비극"(she-tragedy)을 대표하는 최고의 걸작으로 평가받고 있다. 과부가 된 말피의 공작부인은 두 명의 오빠가 있는데, 칼라브리아의 공작인 퍼디난드(Ferdinand)와 추기경인 카디널(the Cardinal)이 그들이다. 이 두 오빠들은 여동생의 재산에 눈이 멀어 여동생인 말피의 공작부인이 재혼하는 것을 반대한다. 이들은 하인인 보솔라(Bosola)를 염탐꾼으로 고용하여 공장부인의 거동을 감시한다. 공작부인은 집사인 안토니오(Antonio)와 비밀결혼을 하여 몇 명의 자식을 낳게 된다. 공작부인은 속임수를 써서 오빠들로부터 탈출하려 하지만, 이 사실은 보솔라에 의해 두 오빠에게 전해진다. 결국 안토니오만 큰 아들을 데리고 탈출하고 두 아이와 공작부인은 탈출에 실패한다. 결국 공작부인과 두 아이는 두 오빠에 의해 살해된다. 보솔라는 양심의 가책을 받던 중 퍼디난드와 카디널 형제가 자신을 죽여 진실을 영원히 은폐하려하는 계획을 알게 된다. 보솔라는 커디널을 죽이려다 실수로 안토니오를 죽인다. 보솔라는 커디널을 죽이고 자신도 결국 죽게 된다.

4) 존 드라이든과 영웅비극

영웅비극(Heroic Tragedy)은 크롬웰의 공화정기간 동안 금지되었던 극장활동이 찰스 2세의 왕정복고기에 다시 시작되면서 유행했던 연극의 형식이다. 공화정 기간 동안 금지되었던 연극 활동이 왕정복고와 함께 다시 시작되기는 했지만 공화정 이전의 극양식은 찰스 2세의 프랑스적인 극적 취양과는 맞지 않았다. 찰스 2세의 프랑스적 취향에 부합하는 새로운 극양식이 필요했으므로, 화려한 볼거리와 과장된 사랑의 수사로 가득찬 영웅비극은 프랑스 망명생활로부터 왕위로 복귀한 국왕의 취향에 맞는 극형식이었고 국왕의 비호아래 왕정복고기동안 인기를 누렸다. 화려한 무대장치와 여배우의 무대등장, 비현실적으로 과장된 감정, 그리고 지나치게 수사적인 대사와 비극적 개연성이 부족한 줄거리로 이루어진 영웅비극(Heroic Tragedy)은 볼거리가 풍부한 연극임에는 틀림없었지만 작품자체가 가진 문학적 수준이나 삶에 대한 진지한 고민은 많이 부족했다.

John Dryden[41]

존 드라이든(John Dryden, 1631－1700)은 당대의 대표적인 영웅비극작가였으며, 그의 대표적인 영웅비극은 ≪모든 것은 사랑을 위하여≫(*All for Love*, 1677)라는 작품으로 셰익스피어의 ≪안토니와 클레오파트라≫(*Antony and Cleopatra*)를 영웅비극에 맞는 형식과 내용으로 개작한 것으로 평가받고 있다. 드라이든의 ≪모든 것은 사랑을 위하여≫는 로마의 황제 옥타비우스(Octavius)의 이집트 정복과 그에 대항하는 안토니와 클레오파트라 연합세력의 대결을 배경으로 하고 있지만 궁극적으론 두 사람의 격렬한 사랑과 질투를 지나치게 과장되게 그려 보임으로써 철학적 깊이나 문학적 완성도라는 측면에서는 부족함을 보인다.

■ 존 드라이든의 주요 극작품

The Wild Gallant (1663)
The Indian Emperour (1665)
Tyrannick Love (1669)
The Conquest of Granada (1670)
Aureng-zebe (1675)
All for Love (1678)

41) http://www.luminarium.org/eightlit/dryden/

5) 윌리엄 콩그리브와 풍습희극

William Congreve[42)]

자유분방한 프랑스적 문화를 선호했던 찰스 2세의 왕정복귀는 공화정기간동안의 억압된 사회적 문화적 욕구가 일시에 분출되는 시발점이 되었다. 국왕 찰스 2세 스스로가 성적으로 개방적이었으며, 궁정은 국왕의 취향에 맞추어 화려하고 퇴폐적인 문화풍토가 팽배했다. 왕정복고기의 자유분방한 문화는 영국문화전반에 전에 없던 자유롭고, 유쾌하고, 화려한 기운을 불어넣기도 했지만 부도덕하고, 위선적이고, 물질중심적인 풍토가 사회전반을 휩쓰는데 일조를 했다.

풍습희극(Comedy of Manners)은 왕정복고기의 위선적이고 타락한 사회상과 귀족들의 위선, 탐욕스런 기득계층, 타락한 여성 등 당시의 풍습과 문화, 인물상을 정형화해서 보여주고, 이를 통해 그 사회가 가진 문제점을 해학적으로 풍자하고자 했다. 풍습희극의 형식을 최초로 개발한 작가는 조지 에서리지(George Etherege)였다. 그의 대표작 ≪유행의 남자≫(*The Man of Mode, or Sir Fopling Flutter*, 1676)는 부도덕한 귀족, 바람둥이, 순진한 처녀, 질투에 찬 부인 등 그 시대의 전형적인 문제적 인물상들과 그들이 벌이는 일련의 어리석은 이야기들을 통해 사회적 갈등과 악의 문제를 해학적으로 풀어내고 있다. 에서리지의 ≪유행의 남자≫는 이후 유행하게 되었던 풍습희극의 모델이 되었다.

조지 에서리지가 풍습희극의 형식을 개발했다면, 윌리엄 콩그리브(William Congreve, 1670－1729)는 풍습희극을 완성한 작가로 평가받고 있다. 콩그리브는 당대의 대표적인 문인들과 교류하면서 지적인 통찰과 세련된 필치로 그 시대의 사회적 풍습과 문제인물들을 세련되면서도 지적인 해학성을 담아 그의 극작품속에서 묘사해냈다. 그의 대표적인 풍습희극 ≪세상사는 방식≫(*The Way of the World*, 1700)는 풍습희극의 걸작으로 꼽힌다. 재치 있는 남자 주인공 미라벨(Mirabell)과 아름다운 처녀 밀라만트(Millamant)는 서로 사랑한다. 그러나 밀라만트의 후견인이면서 그녀의 상속재산을 관리하는 위시포트(Lady Wishfort) 부인은 미라벨이 자신을 배신했다고 생각해서 이 둘의 사랑을 반대한다. 밀라만트가 위시포트 부인의 허락을 얻지 못하면

---

42) http://www.imagi-nation.com/moonstruck/clsc58.html

그녀는 상속받을 재산을 잃게 된다. 미라벨은 자신의 하인을 멋쟁이 귀족으로 꾸며 위시포트 부인에게 보내 자신에게로 향한 부인의 마음을 바꾸어 놓으려고 한다. 이런 미라벨의 계획을 지켜보던 페인올(Fainall)은 미라벨의 계획을 방해하려 하는데, 만일 밀라만트가 유산을 상속받지 못하면 그 유산은 자신의 부인에게 상속될 것이기 때문이다. 그러나 페인올 부인(Mrs. Fainall)은 밀라만트의 유산상속 승계권리를 밀라만트에게 이미 저당 잡혀 넘겨버린 상태에 있다. 결국 미라벨은 밀라만트와 결혼하면서 아름다운 처녀와 재산 모두를 얻게 된다. 이처럼 ≪세상사는 방식≫은 절대적인 정의나 가치가 지배하는 세상이 아닌 그 시대의 처세술과 전형적인 인물상들을 보여줌으로써 시대의 사회상과 문제점들을 해학적으로 통찰하고 있다.

■ 윌리엄 콩그리브의 주요 극작품

The Old Bachelor (1693)
The Double Dealer (1693)
Love for Love (1695)
The Way of the World (1700)

VII

하노버 왕조와 18－19세기 영국 문학

스튜어트 왕조의 마지막 왕이었던 앤 여왕(Queen Anne, 1702－1714 재위)은 4명의 자녀가 있었지만 모두 그녀보다 먼저 사망했기 때문에 직계자손으로 후사를 이을 수 없었다. 가톨릭교도가 아니면서 혈통이 가장 가까운 후손을 찾은 결과 스튜어트 왕조를 열었던 제임스 1세의 친손녀인 소피아(Sophia)가 독일 하노버 선제후(Electress of Hanover)[43]였는데, 소피아 선제후의 아들이 영국의 왕으로 추대되어 조지 1세(George I, 1714－1727 재위)가 되어 하노버 왕조를 열었다. 하노버 왕조는 그 이전의 왕조와는 달리 입헌군주제의 시기였다. 왕조의 여섯 번째 왕이었던 빅토리아 여왕(Victoria, 1837－1901 재위)의 통치기간에 영국은 역사상 가장 강력한 제국주의 국가가 되어 전 세계에 정치적, 경제적, 문화적의 영향력을 과시했다. 조지 5세(George V, 1910－1936 재위) 통치기간 중 제 1차 세계대전(1914－1918)이 발발하자 영국은 적국인 독일과 연관이 있는 하노버라는 이름 대신에 윈저(Windsor) 왕조로 개명했다. 1952년부터 현재까지 재위중인 여왕 엘리자베스 2세는 윈저(하노버) 왕조의 열한 번째 왕이다.

영국의 하노버 왕조는 이전의 왕조와는 달리 절대 왕권의 시대가 아닌 왕은 헌법으로 그 존재를 인정하나 통치하지 않는 입헌군주제의 시대로 실질적인 통치는 수상

43) 중세 독일에서 황제 선거권을 가진 제후를 말함.

과 의회를 통해 이루어졌다. 왕의 정치적 권력 독점의 시대가 마감되고 그 권력의 자리는 의회를 중심으로 하는 양당정치(Tory, Whig)로 메워졌다. 이러한 정치적 변화는 권력의 기반이 좀 더 대중화되었다는 것을 의미하는데, 즉 대중의 욕구와 사회적 관심이 사회문화적 변화에 그 이전 시대보다 훨씬 긴밀하게 반영되었다. 18세기 영국은 신흥중산층이 급격히 증가했고, 이들 신흥중산층의 교육과 문화욕구는 자연스럽게 독서인구의 증가로 이어졌다. 사회적 부와 독서인구의 증가는 문학의 소비층이 대중으로 확산되면서 문학적 내용과 주제가 대중적 관심과 취향을 그 어느 때보다도 밀도 있게 반영하게 되었다.

18세기는 인간의 이성을 중시하는 계몽주의로 설명된다. 절대왕정의 몰락과 중산층의 증가로 인한 대중적 자아의식의 발달은 이성과 보편적 질서에 의해 인간과 사회가 유지되어야 한다는 계몽사상의 등장을 부추겼다. 이러한 사상은 문학의 발달에도 영향을 미치게 되는데, 르네상스 이후의 자유분방한 감성을 좀 더 절제된 규칙과 양식에 의해 표현하고자 하는 신고전주의가 18세기 문학의 주류 양식으로 등장하게 되었다. 신고전주의는 그리스나 로마의 고전문학을 모델로 객관적으로 어울리는 문체와 어법형식을 통해 논리적 합리성에 부합되는 내용을 문학작품으로 표현하고자 했다.

18세기가 계몽사상과 신고전주의로 설명되는 시대라면, 19세기는 18세기 후반부터 신고전주의 형식에 반기를 들어 좀 더 자유로운 감성과 상상력을 중시하는 낭만주의 시대라고 말할 수 있다. 문학에서 영국의 낭만주의의 시작을 일반적으로 1798년 워즈워스(William Wordsworth, 1770－1850)와 콜리지(Samuel Taylor Coleridge, 1772－1834)가 함께 ≪리리칼 발라드≫(*Lyrical Ballads*)라는 시집을 발간한 시점으로 보고 있다. 낭만주의는 신고전주의의 이성과 합리성에서 탈피하여 직관과 상상력을 통해 개인의 느낌과 직관적 본능을 중시했다. 낭만주의는 특히 인간과 자연과의 관계에 대한 회복을 중요한 개념으로 인식했다. 낭만주의는 직관, 상상력, 감성을 중시했기 때문에 문학의 여러 장르 가운데 특히 시에 지대한 영향을 미쳤다.

1. 18－19세기 영시

1) 알렉산더 포프

알렉산더 포프(Alexander Pope, 1688－1744)는 18세기 신고전주의 시를 대표하는 위대한 시인으로 평가받고 있다. 포프는 부유한 상인의 아들로 태어났지만 가톨릭 신자였기 때문에 대학교육을 받을 수 없었다. 그의 아버지는 가정교사를 초빙하여 그에게 고전과 외국어를 배우게 했다. 이때부터 포프는 고전작품의 정밀한 언어와 형식을 배웠으며, 12살 때부터 시를 직접 쓰면서 자신의 언어적 천재성을 보여줬다. 포프는 존 드라이든(John Dryden)을 흠모하였으며, 드라이든의 영웅시풍을 추종하여 거친 표현을 최대한 절제하고 시어의 규칙성과 세련된 표현을 잃지 않으면서도 “대구”(couplet)라는 시형을 즐겨 구사했다.

Alexander Pope [44)]

포프는 20살 무렵에 고전적 취향의 ≪전원시≫(*Pastorals*, 1709)와 고전의 형식을 아름답게 재현한 ≪비평론≫(*Essays on Criticism*, 1711)을 써서 영국 시단에서 이름을 날렸다. 그의 대표작은 ≪머리채 겁탈≫(*The Rape of the Lock*, 1712)인데, 이 작품은 당시 한 귀족 청년인 피터 경(Sir. Peter)이 도도한 귀족 여성인 알라벨라 퍼모어(Mrs. Arabella Fermor)의 머리채를 자른 사건으로 인해 두 집안이 싸웠던 실제 사건을 내용으로 한 것이다. ≪머리채 겁탈≫은 영웅적 서사시의 형식과 기풍으로 표현했지만 실제 내용은 18세기 영국 귀족의 허영과 자만에 찬 사교계의 사소한 원인을 두고 벌이는 싸움을 다루고 있다. 이런 이유로 ≪머리채 겁탈≫은 영문학 역사상 가장 대표적인 의사영웅서사시(mock-heroic epic)로 꼽힌다. 이 시의 여주인공 벨린다(Belinda)는 마치 고전의 여전사처럼 자신의 아름다움을 무기로 남성들을 굴복시킨다.

The Rape of the Lock

What dire Offence from am’rous Causes springs,

44) http://jacketmagazine.com/15/sutherland-bathos.html

What mighty Contests rise from trivial Things,
I sing-This verse to CARYL, Muse! is due;
This, ev'n Belinda may vouchsafe to view:
Slight is the Subject, but not so the Praise,
If She inspire, and He approve, my Lays.

Say what strange Motive, Goddess! cou'd compel
A well-bred Lord t'assault a gentle Belle?
Oh say what stranger Cause, yet unexplor'd,
Cou'd make a gentle Belle reject a Lord?
In tasks so bold, can little Men engage,
And in soft Bosoms, dwell such mighty Rage?[45)]

2) 로버트 번스

Robert Burns [46)]

로버트 번스(Robert Burns, 1759－1796)는 스코틀랜드의 작은 시골마을에서 태어나 어려서부터 농촌의 노동을 경험하였다. 정규 학교 교육을 제대로 받지는 못했지만 독학으로 문학작품을 공부했다. 그는 스코틀랜드를 사랑하였으며, 스코틀랜드의 방언과 정서를 자신의 작품에 담고자 했다. 그는 ≪주로 스코틀랜드 방언으로 된 시들≫(*Poems, Chiefly in the Scottish Dialect*, 1786)이라는 시집을 발표하여 스코틀랜드에서 많은 사랑을 받았다. 이후 그는 가난했지만 스코틀랜드 민요와 방언을 수집하는 일을 계속하다 37살의 젊은 나이로 아깝게 요절했다.

번스는 스코틀랜드 방언을 시어로 활용했으며, 민중들이 일상적으로 사용하는 소박한 언어를 자신의 시속에서 그대로 살려내고자 했다. 번스는 소박한 삶과 스코틀랜드 자연에 대한 깊은 애정을 가진 서정적인 기풍의 시를 즐겨 썼기 때문에 지금도 스

45) Canto I, *The Rape of the Lock*, 제1장 시작부분.
46) http://en.wikipedia.org/wiki/Robert_Burns

코틀랜드의 국민시인으로 추앙받고 있다. 그의 작품 중 대표적으로 잘 알려진 시는 <올드 랭 사인>(*Auld Lang Syne*), <붉고, 붉은 장미>(*A Red, Red Rose*)가 있다.

A Red, Red Rose

O my Luve's like a red, red rose
That's newly sprung in June;
O my Luve's like the melodie
That's sweetly play'd in tune.
As fair art thou, my bonnie lass,
So deep in luve am I:
And I will luve thee still, my dear,
Till a' the seas gang dry:

Till a' the seas gang dry, my dear,
And the rocks melt wi' the sun:
I will luve thee still, my dear,
While the sands o' life shall run.

And fare thee weel, my only Luve
And fare thee weel, a while!
And I will come again, my Luve,
Tho' it were ten thousand mile.

3) 윌리엄 블레이크

윌리엄 블레이크(William Blake, 1757－1827)는 1757년 런던에서 출생했다. 그의 아버지는 양말이나 내복을 파는 상인이었다. 어렸을 때 그는 정규 학교 교육을 받지는 못했기 때문에 집에서 그의 어머니가 그를 교육시켰다. 블레이크는 시인이자 조각가, 화가로도 활동을 했는데, 당시로서는 파격적인 내용과 형식으로

William Blake[47]

인해 미치광이로 취급받기도 했다. 그는 이해하기 난해한 예언적인 작품을 통해 인간과 신, 선과 악에 대한 독특한 상징과 묵시적 내용을 전달하고 있다. 블레이크는 그 이전까지 볼 수 없었던 파격적인 감성과 내용으로 워즈워스와 콜리지로부터 시작된 낭만주의 운동의 길을 열었다는 평가를 받고 있다.

블레이크의 대표작으로는 서정시를 모아서 1789년 출판한 ≪순수의 노래≫(*Songs of Innocence*)가 있고, 1794년 출간한 ≪경험의 노래≫(*Songs of Experience*)가 있다. ≪순수의 노래≫는 순수함을 간직하고 있는 어린 아이의 눈으로 세상의 아름다움을 바라보는 감정을 노래한 시들로 이루어져 있다. <양>(*The Lamb*)은 ≪순수의 노래≫에 실린 대표적인 시인데, 시의 제목이 의미하는 것처럼 <양>은 어린아이의 순수함을 상징하기도 하고 아기 예수를 의미하기도 한다. ≪경험의 노래≫는 ≪순수의 노래≫와 상대적 개념에 해당되는 시집인데 시인은 더 이상 세상을 순수하게만 바라보지 않고 세상의 죄악을 인식하고 경험하게 된다. ≪경험의 노래≫에서 신은 더 이상 "양"과 같은 순수한 아기 예수의 존재가 아니라 인간의 타락에 대해 준엄한 벌을 내릴 수 있는 "호랑이"같은 존재로 인식되고 있다. ≪경험의 노래≫에 실린 대표적인 시로는 <호랑이>(*Tyger*)가 있다.

Tyger

Tyger! Tyger! burning bright
in the forests of the night,
What immortal hand or eye
Could frame thy fearful symmetry?

---

47) 1807년 Thomas Phillips가 그린 블레이크의 초상화.
http://en.wikipedia.org/wiki/William_Blake

In what distant deeps or skies
Burnt the fire of thine eyes?
On what wings dare he aspire?
What the hand dare seize the fire?

And what shoulder, and what art,
Could twist the sinews of thy heart?
And when thy heart began to beat,
What dread hand? and what dread feet?

What the hammer? what the chain?
In what furnace was thy brain?
What the anvil? what dead grasp
Dare its deadly terrors clasp?

When the stars threw down their spears,
And water'd heaved with their tears,
Did he smile his work to see?
Did he who made the Lamb make thee?

Tyger! Tyger! burning bright
In the forests of the night,
What immortal hand or eye
Dare frame thy fearful symmetry?

4) 윌리엄 워즈워스

윌리엄 워즈워스(William Wordsworth, 1770- 1850)는 영국의 낭만시를 대표하는 시인이다. 그는 1770년 코크마우스(Cockermouth)라는 시골에서 태어나 어려서부터 자연 속에서 성장했다. 케임브리지 대학을 졸업한 후 프랑스로 건너가

William Wordsworth[48)]

프랑스 혁명을 경험했으며, 혁명의 열렬한 지지자로 정치활동에 가담하게 되었다. 프랑스 혁명이후 공포정치에 환멸을 느끼고 회의와 절망에 빠지기도 했지만 자연과의 교감을 통해 정신적 방황에서 벗어날 수 있었다.

워즈워스는 콜리지(Samuel Taylor Coleridge)와 교류하면서 많은 시적 영감과 자극을 받았다. 이후 그는 콜리지와 함께 공동으로 ≪리리칼 발라드≫(*Lyrical Ballads*, 1798)라는 시집을 출간했는데, 바로 이 시집은 18세기 낭만시의 출발점이 되었다. 워즈워스는 평범하고, 일상적이며, 순박한 언어로 자연에 대한 경외심과 순박한 보통사람들의 삶을 시를 통해 나타내려 했다. 워즈워스의 대부분의 시는 누구나 쉽게 접할 수 있을 정도로 쉬운 언어로 자연과 인간의 일상적인 모습을 노래하고 있지만, 그 평이함 이면에 숨어 있는 시인의 순수성은 독자들에게 오랜 여운을 남긴다.

The Rainbow

My heart leaps up when I behold
A Rainbow in the sky:

So was it when my life began;
So is it now I am a man;
So be it when I shall grow old,
Or let me die!

The Child is father of the man;
And I could wish my days to be
Bound each to each by natural piety.

---

48) http://www.thefamouspeople.com/profiles/william-wordsworth-37.php

5) 사뮤엘 태일러 콜리지

Samuel Taylor Coleridge[49)]

콜리지(Samuel Taylor Coleridge, 1772-1834)는 워즈워스와 함께 ≪리리칼 발라드≫(*Lyrical Ballads*, 1798)라는 시집을 출간하면서 18세기 낭만시의 시대를 열었다. 콜리지는 어려서부터 대단히 감성적이고 충동적인 성격의 소유자였다. 케임브리지 대학 재학 중에도 그의 충동적인 행동은 많은 문제를 야기했으며 급기야 학교를 마치지 못하게 되었다. 1795년에 콜리지는 워즈워스를 만나면서 그의 충동적인 감성은 예술적으로 발휘하기 시작했다. 콜리지와 워즈워스의 만남은 두 사람 모두가 가진 결점을 상쇄하고 서로에게 예술적인 자극을 제공했던 유익한 것이었다.

콜리지는 자연에서 감수성을 찾았던 워즈워스와는 달리 멀고먼 미지의 세계나 고대의 영웅, 혹은 초현실적인 상상의 세계 등을 시의 소재로 즐겨 다루었다. 그의 이러한 경향은 18세기 낭만주의 시의 한 특징을 형성하는 데 중요한 기여를 했다. 그는 신비롭고 기이한 환상을 시를 통해 즐겨 묘사했는데, 어쩌면 그는 현실의 불행한 삶으로부터 벗어나서 시를 통해 정신적인 환희와 무한한 자유를 누리고자 했는지도 모른다. 콜리지는 그의 충동적인 성격으로 인해 결혼생활과 경제적으로 순탄치 못했을 뿐만 아니라 건강도 여의치 않아서 관절염으로 고통받았다. 그는 이러한 결핍과 고통으로 벗어나기 위해 아편을 자주 복용하다 중독되었으며, 종종 약에 중독된 상태에서 그의 시에 등장하는 쿠블라 칸(Kubla Khan)이나 멀고 이국적인 세계를 보았다고 한다. 그의 이러한 성향을 가장 잘 보여주는 대표작으로는 <쿠블라 칸>(*Kubla Khan*)과 <늙은 선원의 노래>(*The Rime of the Ancient Mariner*)가 있다.

Kubla Khan

---

49) Library of Congress.
http://www.notablebiographies.com/Co-Da/Coleridge-Samuel-Taylor.html

In Xanadu did Kubla Khan
A stately pleasure-dome decree :
Where Alph, the sacred river, ran
Through caverns measureless to man
Down to a sunless sea.
So twice five miles of fertile ground
With walls and towers were girdled round :
And there were gardens bright with sinuous rills,
Where blossomed many an incense-bearing tree ;
And here were forests ancient as the hills,
Enfolding sunny spots of greenery.

6) 조지 고든 바이런

George Gordon Byron [50)]

바이런(George Gordon Byron, 1788－1824)은 런던에서 태어나 후일 바이런 남작의 작위를 물려받았다. 선천적으로 신체적인 장애가 있었지만 일찍이 비상한 글재주로 주위를 놀라게 했다. 케임브리지 대학에서 역사와 문학을 공부하면서 활발한 사교활동과 문학적 재능으로 사교계의 주목을 받았다. 영국인 특유의 냉소적 유머가 넘쳐나는 글을 통해 자신에 대한 긍지와 타인과 세상에 대한 냉소적인 태도를 나타냈기 때문에 많은 적들이 있었지만 동시에 그를 흠모하는 사람들도 많았다.

바이런의 지적이면서 냉소적인 태도가 가장 잘 드러난 작품이 ≪영국 시인과 스코틀랜드 비평가≫(*English Bards and Scotch Reviewers*, 1809)인데, 이 작품은 당대의 문인, 비평가 등에 대해 신랄한 조롱과 비판을 담고 있다. 이 작품은 당시 영국의 문학계와 사교계에 상당한 논란과 흥밋거리를 제공했는데, 결과적으로 바이런은 이 작품을 통해 그의 이름을 널리 알리게 되었다. 이후 출간한 그의 대표작 ≪차일드 해럴드의 순례≫(*Childe Harold's Pilgrimage*, 1812)는 후기 낭만주의 최고의 작품으로 평가받는데, 이 작품으로 인해 그의 명성은 최고조에 달했다. "어느 날 자고 일어났더니 유명해져 있더라"(I awoke one morning and found myself famous)라는 그의 유명한 감회는 ≪차일드 해럴드의 순례≫가 대중적 인기를 끈 후에 그가 한 말이다.

매력적인 외모와 냉소적이면서도 지적인 그의 태도로 인해 그는 런던의 사교계의 관심의 대상이었을 뿐만 아니라 그를 흠모하는 많은 여성들이 있었다. 바이런이 이복동생과 불륜의 관계라는 소문이 사교계에 파다했고, 그로 인해 그의 아내와는 별거하게 되었다. 자존심에 상처를 입은 바이런은 영국을 떠났고 유럽에 머물면서 영국사회의 천박한 일면에 분노했다. 바이런은 1823년 그리스 전쟁에 참여했고, 이듬해 1824년 말라리아로 죽었다고 한다. 바이런은 후기 낭만주의 시인들 가운데 가장 자유분방했으며 시인으로서의 능력뿐만 아니라 인간적인 매력으로도 지금도 그 인기를 누리고 있는 시인으로 알려져 있다.

She Walks In Beauty

She walks in beauty, like the night
Of cloudless climes and starry skies;
And all that's best of dark and bright
Meet in her aspect and her eyes:
Thus mellow'd to that tender light
Which heaven to gaudy day denies.

One shade the more, one ray the less,
Had half impair'd the nameless grace
Which waves in every raven tress,
Or softly lightens o'er her face;
Where thoughts serenely sweet express
How pure, how dear their dwelling－place.

And on that cheek, and o'er that brow,

50) http://upload.wikimedia.org/wikipedia/commons/0/0a/Lord_Byron.jpg

So soft, so calm, yet eloquent,
The smiles that win, the tints that glow,
But tell of days in goodness spent,
A mind at peace with all below,
A heart whose love is innocent!

7) 퍼시 비쉬 셸리

Percy Bysshe Shelley [51)]

셸리(Percy Bysshe Shelley, 1792－1822)는 부유한 귀족가문에서 출생했지만 이상주의자적 성격의 소유자였다. 그는 인간을 억압하는 모든 악과 기득권적 관습에 대해 반항적이었으며, 선과 순수한 것에 대한 무한한 동경과 동정을 지녔다. 셸리의 이러한 성품은 때론 예기치 못한 불행으로 이어지기도 했다. 그는 권력화 되어가는 기독교에 대해 거부감을 보이면서 스스로를 무신론자라고 주장하는 바람에 재학 중이었던 옥스퍼드 대학에서 퇴학당하기도 했다. 또한 그는 부모에게 학대받는 어린 소녀 해리엣(Harriet Westbrook)을 동정해서 그녀와 결혼을 하기도 했지만, 결혼 후 곧 자신의 선택이 잘못된 것을 깨닫고 스승으로 여겼던 윌리엄 고드윈(William Godwin, 1756－1836)의 딸 메리(Mary)와 다시 정식으로 결혼함으로써 해리엣을 자살로 내몰았다. 이러한 일련의 스캔들로 셸리는 영국을 떠나 이탈리아에서 머물며 창작작업을 계속했으며 29살 때 바다에서 보트가 전복되면서 익사했다.

Ode to the West Wind

I

O wild West Wind, thou breath of Autumn's being,
Thou, from whose unseen presence the leaves dead
Are driven, like ghosts from an enchanter fleeing,

---

51) http://famouspoetsandpoems.com/poets/percy_bysshe_shelley/photo

Yellow, and black, and pale, and hectic red,
Pestilence－stricken multitudes: O thou,
Who chariotest to their dark wintry bed

The wingèd seeds, where they lie cold and low,
Each like a corpse within its grave, until
Thine azure sister of the spring shall blow

Her clarion o'er the dreaming earth, and fill
(Driving sweet buds like flocks to feed in air)
With living hues and odors plain and hill:

Wild Spirit, which art moving everywhere;
Destroyer and preserver; hear, oh, hear!

8) 존 키츠

John Keats [52]

키츠(John Keats, 1795－1821)는 같은 시대를 살았던 바이런이나 셸리와는 너무나 다른 환경에서 성장했고, 시풍도 그들과는 대단히 달랐다. 키츠는 런던의 보잘것 없는 집안에서 출생하였고, 그나마 어린 시절에 양친을 모두 여의고 고아가 되었다. 독학으로 고전을 공부했으며, 가정교사로 생계를 해결하기도 했다. 이후 키츠는 의사면허증을 취득하여 의사가 되었다. 키츠는 의사로서 병원에 근무하기는 했지만 시에 대한 그의 열정을 버릴 수 없어 결국 의사의 길을 포기하고 시작에 전념했다.

키츠는 아름다움을 그리스나 로마의 고전과 예술에서 찾으려했다. 이러한 그의 태도는 바이런이나 셸리와는 달리 격정적이거나 반항적이지 않고, 그리스나 로마의 고전적 아름다움에서 이상적인 미를 재발견하려고 했다. 이러한 키츠의 미적 성향은 그

52) http://www.keatscottage.co.uk/about-keats.php

가 죽기 직전에 발표한 시집에 수록된 5편의 송시(ode)[53]에서 가장 잘 나타난다. 그의 대표적인 송시로는 <나이팅게일에 보내는 송시>(*Ode to a Nightingale*), <그리스 항아리에 대한 송시>(*Ode to on a Grecian Urn*), <가을에게>(*To Autumn*) 등이 있다.

Ode to a Nightingale[54]

My heart aches, and a drowsy numbness pains
My sense, as though of hemlock I had drunk,
Or emptied some dull opiate to the drains
One minute past, and Lethe-wards had sunk:
'Tis not through envy of thy happy lot,
But being too happy in thine happiness,—
That thou, light-winged Dryad of the trees
In some melodious plot
Of beechen green, and shadows numberless,
Singest of summer in full-throated ease. (the 1st stanza)

2. 18－19세기 소설

1) 조나단 스위프트

조나단 스위프트(Jonathan Swift, 1667－1745)는 아일랜드 더블린에서 유복자로 출생하여 큰아버지에 의해 교육을 받았으며, 후일 영국교회의 목사가 되어 설교를 하기도 했다. 앤 여왕 시절 정치 논객으로 활동하면서 그는 현실정치에 대한 비판과 인간의 본성에 대한 냉소적 태도를 키우게 되었다. 만년에 정신착란 증세

53) ode는 “송가” 혹은 “부”(賦)라고 번역된다. 그리스어 “노래”에서 연유된 용어로 원래는 악기에 맞추어 부르는 노래를 의미했다. 낭만주의 시에서는 주로 운율을 지닌 서정시를 ode라고 보통 부른다.

54) “Ode to a Nightingale”은 10행(line)이 1연(stanza)으로 이루어져 있고, 총 8연으로 이루어져 있다.

Jonathan Swift[55)]

로 광란 상태에 빠지기도 했다. 무엇보다 그를 영문학사에 있어 위대한 작가로 만든 것은 그의 독특하고도 인간사에 대한 깊은 고찰을 담은 기발한 풍자와 아이러니 때문이었다. 그의 대표작 ≪걸리버 여행기≫(*Gulliver's Travel*, 1726)는 그만의 풍자와 아이러니를 엿볼 수 있는 걸작이다.

≪걸리버 여행기≫는 일견 아동문학처럼 보이지만 그 내면에는 스위프트의 인간에 대한 혐오와 영국사회에 대한 풍자를 가득 담고 있다. 총 4부작으로 구성되어 있으며 제1부는 "소인국 여행"(*The Voyage to Lilliput*)으로 인간에 대한 왜소함을 풍자하고 있으며, 제2부는 "대인국 여행"(*The Voyage to Brobdingnag*)으로 소인국에 보여주었던 풍자의 시각을 뒤집어서 소개하고 있다. 제3부는 "라퓨타 여행"(*The Voyage to Laputa*)으로 그 시대의 철학과 과학에 대한 냉소적 태도를 담고 있다. 제 4부는 "후이늠 나라 여행"(*The Voyage to the Country of the Houyhnhnm*)인데 여기서는 말들이 하등동물인 "야후"(Yahoo)라고 불리는 인간들을 지배한다는 내용을 담고 있는데 특히 4부에서 인간에 대한 냉혹한 비판이 최고조에 달하고 있다.

2) 사무엘 리처드슨

Samuel Richardson[56)]

사무엘 리처드슨(Samuel Richardson, 1689－1761)은 근대소설의 시조로 평가받고 있다. 그는 일상적인 사건에서 배경묘사와 함께 인물의 성격묘사에 탁월했으며, 사건의 진행이 전체적으로 통일성을 가지게끔 했다. 그는 인쇄소 수습공으로 일하면서 대륙과 영국의 많은 작품들을 접할 기회를 가졌고, 후일 인쇄소 딸과 결혼하여 런던의 중산층이 되어 당시의 시대적 경향을 작품 속에 사실감 있게 담아 넣었다.

55) http://www.ourcivilisation.com/smartboard/shop/swift/about.htm
56) http://academic.brooklyn.cuny.edu/english/melani/novel_18c/richardson/index.html

리처드슨이 51세에 집필한 ≪파멜라≫(*Pamela, or Virtue Rewarded*, 1740)는 서간체 1인칭 소설로 근대소설의 효시로 평가받고 있다. 여주인공 파멜라 앤드류스(Pamela Andrews)는 부잣집 미망인의 하녀로 일한다. 미망인에게는 방탕한 아들인 Mr. B가 있었는데 파멜라를 호시탐탐 유혹한다. 미망인이 죽자 파멜라는 Mr. B의 노골적인 유혹을 받기도 하고 위험한 순간을 맞기도 하지만 그때마다 유혹을 물리치고 모시는 주인에게 진실로 예의를 다한다. 마침내 파멜라는 Mr. B를 개심시켜 결국 결혼에 이르게 된다.

≪파멜라≫는 1인칭 서간체 소설로서 이전에 볼 수 없었던 여성심리의 섬세하고도 사실적인 묘사를 통해 대중적인 인기를 누렸다. 이 소설이 근대소설의 시조가 될 수 있었던 것은 첫째, 플롯(Plot)이 단일한 행동을 중심으로 전개되었으며 둘째, 당시에는 획기적인 방법이었던 젊은 여성의 섬세한 심리적 변화를 상세하게 표현하고 있었다. 그러나 일인칭 소설로 섬세한 심리묘사에는 탁월했지만 너무 상세해서 이야기의 전개가 지루했다. 특히 주제 면에서 파멜라를 결국 값싼 도덕적 여주인공 이상으로 이해하기는 어렵다.

3) 헨리 필딩

Henry Fielding[57)]

사무엘 리처드슨의 섬세한 필체에 비해 헨리 필딩(Henry Fielding, 1707－1754)은 호방하고 직설적이었다. 필딩은 리처드슨의 ≪파멜라≫가 보여준 감상적인 도덕적 위선에 분개하여 자신의 방식대로 세상에 대한 시각과 해결책을 설파하고자 소설을 썼다. 필딩은 리처드슨과는 대조적으로 귀족으로 이튼(Eton) 스쿨에서 수학했고 변호사와 사법관을 지낸 다양한 경력을 가지고 있었다. 그는 리처드슨의 ≪파멜라≫를 패러디한 ≪조셉 앤드루스≫(*Joseph Andrews*)라는 작품을 통해 리처드슨의 도덕적 무능함을 조롱했다. 그의 대표작으로는 ≪톰 존스≫(*The History of Tom Jones, a Foundling*, 1749)가 있다.

≪톰 존스≫는 3부로 구성된 필딩의 걸작이다. 제 1부는 톰이 성장한 시골이

57) http://en.wikipedia.org/wiki/Henry_Fielding

야기이고, 제2부는 시골을 떠나 런던으로 가는 도중에 만나는 사건을 다루고 있으며, 제3부는 런던에서의 톰의 생활을 이야기 하고 있다. 필딩은 플롯의 전개를 대단히 치밀하게 계산하여 작품을 구성했는데 1부, 2부, 3부의 분량이 균등하게 배분되어 있으며, 각 인물의 묘사와 전체적인 플롯의 진행이 유기적인 관계를 긴밀하게 만들었다.

4) 호러스 월폴

Horace Walpole[58)]

호러스 월폴(Horace Walpole, 1717－1797)은 영국의 초대 수상인 로버트 월폴(Robert Walpole)의 아들로 태어나 아버지의 후광으로 어려서부터 엘리트 교육을 받았으며, 후일 국회의원이 되기도 했다. 그러나 호러스 월폴은 정치에 야심이 없었고, 일찍이 낭만주의 문학에 심취했다. 그는 18세기 이성적 계몽주의의 한계를 뛰어넘는 낭만주의의 기이한 상상력과 초자연적인 현상 등을 소설의 내용으로 도입하여 고딕소설(Gothic novel)이라는 새로운 장르를 개척했다.

호러스 월폴의 대표작이면서 고딕소설의 효시로 평가받은 ≪오트란토의 성≫(*The Castle of Otranto*, 1764)은 월폴의 독특한 고딕적 성향을 가장 잘 반영한 작품이다. 오트란토의 성주 맨프레드(Manfred)는 자신의 조부가 원래 성주를 독살하고 성을 차지했다는 것을 알고 괴로워한다. 맨프레드는 자신의 가문에서 성을 물려받을 적자가 끊어지면 오트란토 성의 원래 주인의 후계자가 나타나 성을 그에게 물려주어야 한다는 예언을 듣는다. 맨프레드는 자신의 외아들을 이사벨라(Isabella)라는 처녀와 결혼시켜 성을 물려 줄 자손을 얻으려 하지만 갑자기 그 외아들이 횡사해 버린다. 맨프레드는 후사를 얻기 위해 자기가 늙은 아내와 이혼하고 이사벨라와 결혼하려 하지만 실패하고 결국 성은 예언대로 원래 성주의 후손에게 물려지게 된다. 고딕소설의 출발점이 되었던 월폴의 ≪오트란토의 성≫은 이후 등장하는 고딕소설들의 하나의 모델이 되었으며, 18세기와 19세기에 걸쳐 유행했던 영국과 미국의 고딕소설 작가들에게 많은 영향을 끼쳤다.

---

58) 1756년 Joshua Reynolds가 그린 Horace Walpole의 초상. National Portrait Gallery, collection

5) 월터 스콧

Walter Scott[59]

월터 스콧(Sir Walter Scott, 1771－1832)은 스코틀랜드에서 출생하여 아버지를 이어 법률가가 되었으나 문학에 관심을 가지고 처음에는 시인으로 시작하여 후일 소설가로서 성공을 이루었다. 월터 스콧은 당시 유행했던 고딕소설이나 비현실적인 낭만주의적 문학 경향에서 벗어나 더욱 사실적인 소재인 역사에서 소설의 소재를 찾았다. 그는 역사소설은 스케일이 웅장하였으며, 특히 역사적 인물을 자신의 역사소설 속에서 자신의 역사관을 담은 인물로 흥미롭게 창조해 냈다. 그의 역사소설은 역사적 사건과 인물 창조에는 대단히 탁월한 수준을 보였으나, 소설의 기교나 플롯의 통일성이 다소 부족하여 예술적 완성도가 그리 높지 않다는 비판도 받고 있다.

≪웨이벌리≫(*Waverley*, 1814)는 월터 스콧의 대표적인 역사소설인데, 이 소설로 인하여 그는 소설가로서 명성과 성공을 누리게 되었다. ≪웨이벌리≫는 1745년에 실제로 있었던 제커바이트(Jacobite)[60]들의 반란을 소재로 했다. 월터 스콧은 스코틀랜드 출신으로서 제커바이트들의 입장을 충분히 이해하고 공감하지만 역사와 현실이라는 이성적 관점에서 제커바이트들의 문제점과 사회적 질서를 소설에서 균형감 있게 다루고 있다.

≪아이반호≫(*Ivanhoe*, 1819)는 월터 스콧 역사소설의 걸작으로 평가받고 있다. 12세기 영국을 배경으로 주인공 아이반호의 사랑과 기사도 정신을 웅장한 필치로 그려냈다. 아이반호는 최초로 영국을 통일한 알프레드 대왕의 후손인 로웨나(Rowena) 공주와 결혼하기 위해 자신이 색슨의 전통과 노르만적 기사도를 모두 겸비하고 있다는 것을 증명하고자 한다. 이 소설을 통해 월터 스콧은 색슨 문화와 노르만 문화가 서로 충돌하거나 서로를 받아들이는 문화적 수용상황을 역사소설의 형식으로 사실적으로 풀어가고 있다.

London. http://en.wikipedia.org/wiki/Horace_Walpole,_4th_Earl_of_Orford

59) http://en.wikipedia.org/wiki/Walter_Scott

60) 제임스 2세를 축출하고 윌리엄과 메리가 영국의 왕으로 추대된 명예혁명 후, 프랑스로 망명한 제임스 2세를 영국의 정통 군주로 다시 옹립하고자 한 정치세력들을 통칭해서 "제커바이트"(Jacobite)라고 한다.

■ 월터 스콧의 주요 작품

Waverley (1814)

Rob Roy (1817)

Ivanhoe (1819)

Kenilworth (1821)

The Pirate (1822)

The Fortunes of Nigel (1822)

Quentin Durward (1823)

St. Ronan's Well (1824)

6) 제인 오스틴

Jane Austen[61)]

제인 오스틴(Jane Austen, 1775－1817)은 월터 스콧과 같은 시대를 살면서 작품 활동을 했지만 전혀 다른 내용과 형식의 소설을 썼다. 월터 스콧이 방대한 소재의 역사소설을 쓰면서 플롯의 통일성이라는 부분에서는 부족함이 많았다면, 제인 오스틴은 중산층의 가정생활을 소재로 작은 일상의 범위 내에서 일어나는 일들을 대단히 정교하고 세밀한 사실성을 가지고 자신의 소설 속에 표현했다. 제인 오스틴은 그녀가 여성이었기 때문에 여성으로서 경험하는 남성과는 다른 세계, 즉 가정이라는 제한된 세계를 벗어날 수 없는 입장이었기 때문에 다른 남성작가들과는 다른 좁고 제한된 세상을 여성의 관점에서 대단히 세밀하게 관찰하여 그려냈다.

제인 오스틴은 햄프셔 주 스티븐톤(Steventon)에서 출생하여 그곳에서 유년기를 보낸 후, 목사인 아버지와 고향 근처인 차우튼 커티지(Chawton Cottage)로 이사해서 그곳에서 그녀의 대표작 대부분을 집필했다. 제인 오스틴은 시골에서 평생 평탄하고 평범한 삶을 살았으며, 그 좁은 사회에서 벌이지는 시골 향사들, 귀부인, 처녀들의 이야기를 생기 있는 회화체를 사용하여 생생하게 그려냈을 뿐만 아니라 섬세한 심리적

61) Jane Austen의 언니 Cassandra가 그린 것으로 추정됨.
http://en.wikipedia.org/wiki/Jane_Austen

인 갈등과 변화를 소설 속에서 잘 살려내고 있다. 비록 출판은 나중에 되었지만 그녀의 처녀작에 해당되는 ≪이성과 감성≫(*Sense and Sensibility*, 1811) 그리고 가장 많이 알려진 대표작 ≪오만과 편견≫(*Pride and Prejudice*, 1813) 역시 그녀의 이러한 환경과 문학적 특성을 잘 반영하고 있다.

≪오만과 편견≫은 결혼 적령기에 이른 딸들의 결혼에 온 관심을 집중하고 있는 다소 단순하고 현실적인 어머니와 유머와 사랑이 넘치는 아버지, 그리고 결혼이라는 인생의 큰 사건을 두고 가슴 두근거리고 고민하는 딸들의 이야기를 담은 작품이다. 속마음은 착하고 따뜻하지만 귀족의 사회적 품위 때문에 자신을 오만하게 포장하고 있는 달시(Mr. Darcy)와 그의 오만함을 경멸하는 엘리자베스(Elizabeth)가 서로에 대한 오해를 풀고 서로의 본 모습을 알아가는 과정을 소설은 심리적 섬세함을 잃지 않고 그려내고 있다. 극중의 사소한 사건도 그냥 존재하는 것이 아니라 그것들이 나중에 다른 플롯과 이어지는 대단히 긴밀하고 잘 짜인 플롯의 구성을 소설은 보여주고 있기 때문에 제인 오스틴의 소설은 20세기에 와서도 그 예술적 가치를 높게 평가 받고 있다.

■ 제인 오스틴의 주요 작품
Sense and Sensibility (1811)
Pride and Prejudice (1813)
Mansfield Park (1814)
Emma (1815)

7) 찰스 디킨스

Charles Dickens[62)]

찰스 디킨스(Charles Dickens, 1812－1870)는 빅토리아 시대의 사회적 음영을 소설 속에 사실적으로 반영시킨 작가로 유명하다. 빅토리아 여왕시대는 영국이 세계적인 강국으로 정치적 군사적 번영을 누렸던 시기이기도 했지만 내부적으로 도덕적, 사회적 부패가 횡횡했던 시기였다. 화려한 외적 번영만큼 상대적으로 어두운 그림자는 빅토리아 시대의 번영과 불안이라는 독특한 문

62) http://en.wikipedia.org/wiki/Charles_Dickens

화적 현상을 만들어 냈다. 이 시기를 대표하는 작가로 찰스 디킨스는 스스로의 경험을 바탕으로 당시의 영국사회가 가진 번지르르한 외면과 제도 뒤에 감춰진 추악한 일면을 여과 없이 폭로했다. 찰스 디킨스는 아버지가 부채를 갚지 못해 감옥에 수용되었고, 생계를 해결하기 위해 구두약 공장에서 일하면서 일찍이 가난과 사회적 부조리를 경험했다. 이후 그의 가족은 경제적으로 다시 안정을 찾게 되었고, 그는 법률사무소에 취직했으며, 기자 생활을 하기도 했다. 이러한 디킨스의 이력은 후일 그가 영국 사회가 가진 문제점들을 생생하게 소설로 탄생시키는데 대단히 중요한 배경이 되었다.

≪올리버 트위스트≫(*Oliver Twist*, 1837)는 디킨스가 어린 시절 겪었던 하층민들의 비참한 생활과 중산층들의 부도덕한 탐욕을 다루고 있다. 고아인 주인공 올리버는 고아원에서 야만적인 폭력과 배고픔에 시달린다. 그는 어쩔 수 없이 나쁜 길로 빠지지만 자신의 선한 품성을 잃지 않는다. 올리버는 선한 중산층 신사에 의해 구출되지만 다시 나쁜 무리들에게 납치당하여 소매치기 일을 하게 된다. 올리버는 결국 가난과 악의 구렁텅이에서 구출되지만 자신의 노력에 의해서가 아니라 중산층의 도움에 의해서 그 구원이 이루어진다.

≪데이비드 코퍼필드≫(*David Copperfield*, 1850)는 찰스 디킨스의 어린 시절 그의 눈에 비친 어른들의 세계가 가장 잘 반영된 작품으로 알려져 있다. 데이비드 코퍼필드는 유복자로 태어나서 재혼한 어머니마저 돌아가시자 고아가 된다. 학교에 입학하지만 야만적인 학교환경에 시달리다 런던으로 가서 비참한 생활을 하게 된다. 데이비드는 위크필드(Mr. Wickfield)씨의 집에 기거하면서 공부를 계속하는데, 거기서 위크필드의 딸 아그네스(Agnes)를 만나 좋은 감정을 가진다. 그러나 데이비드는 도라(Dora)와 결혼을 하고, 몇 년 후 도라가 죽자 자신의 사랑이 아그네스라는 것을 깨닫는다. 한편, 아그네스의 아버지 위크필드는 간악한 우리아 힙(Uriah Heep)의 간계에 빠져 파산할 지경에 이른다. 우리아는 위크필드의 재산과 아그네스를 노리지만, 그의 악행이 탄로나서 감옥으로 가게 된다. 마침내 데이비드는 아그네스와 결혼을 하게 된다.

■ 찰스 디킨스의 주요 작품

The Adventures of Oliver Twist (1837)

The Life and Adventures of Nicholas Nickleby (1838)

A Christmas Carol (1843)
The Chimes (1844)
David Copperfield (1849)
Bleak House (1852)
Great Expectations (1860)

8) 브론테 자매들

Anne, Emily, and Charlotte Brontë [63]

브론테 자매들(Bront ë Sisters)은 샬럿 브론테, 에밀리 브론테, 앤 브론테인데, 이들 중 샬럿과 에밀리가 영국 문학사에 길이 남는 위대한 걸작을 남겼다. 이들 세 자매는 목사의 딸로 태어나 아버지와 함께 황무지에 둘러싸인 목사관에 살면서 단조로운 유년을 보냈다. 이들 자매들은 어려서부터 함께 생활하면서 공상과 상상의 세계에 종종 빠져 살았다. 후일 이들은 자신들의 일상과도 같은 공상의 세계를 소설로 승화시켜 세계적인 고전의 반열에 오른 불후의 명작을 남겼다.

샬럿 브론테(Charlotte Brontë, 1816－1855)는 브론테 자매들 중 맏언니로서 빅토리아 시대의 여성의 사회적 정체성과 결혼과 가정의 문제를 문학적으로 완성도 있게 그려낸 ≪제인 에어≫(*Jane Eyre*, 1847)를 썼다. 고아인 제인은 불행한 성장기를 보내지만 꿋꿋이 학업을 이어간다. 그녀는 로체스터(Mr. Rochester)라는 우울하고 냉정한 신사의 집에 가정교사로 채용되어 일한다. 제인의 영리하고 억척스런 성격에 반한 로체스터는 마침내 마음을 열고 그녀를 사랑하게 된다. 그러나 로체스터에게 정신병에 걸린 아내가 있다는 것을 알고 제인은 실망해서 그 집을 나오게 된다. 이후 로체스터의 집을 다시 찾은 제인은 그 집이 불타 없어져 버렸고, 로체스터는 화재에서 아내를 구하려다 장님에다 불구의 몸이 되었다는

63) 앤, 에밀리, 샬럿 브론테. 형제였던 Branwell이 1834년 즈음에 그린 것으로 여겨짐. 처음 그림에는 Branwell 자신의 모습도 그림에 있었으나 후일 자신의 모습은 지웠음.
http://en.wikipedia.org/wiki/Bront%C3%AB_family

사실을 알게 된다. 제인은 절망에 빠진 로체스터에게 다가가 그를 다시 사랑하고 그와 결혼을 하게 된다.

에밀리 브론테(Emily Brontë, 1818－1848)는 브론테 자매들 중 둘째였지만 결핵으로 언니 샬럿보다 일찍 죽었다. 에밀리 브론테는 다른 자매들과 마찬가지로 인생의 대부분의 시간을 황무지와 묘지가 바라보이는 목사관에서 살았다. 목사관 너머로 보이는 황무지 언덕과 황량한 풍경은 그녀가 남긴 불후의 명작 ≪폭풍의 언덕≫(*Wuthering Heights*, 1847)의 주요한 배경이 되고 있다. ≪폭풍의 언덕≫은 영문학사를 통틀어 가장 지독한 사랑의 이야기를 다룬 걸작으로 평가받고 있다. 워더링 하이츠(Wuthering Heights)에 살고 있는 언쇼(Earnshaw)씨는 힌들리(Hindley)와 캐서린(Catherine)이라는 자녀가 있다. 어느 날 언쇼씨가 고아를 집으로 데려와서 히스클리프(Heathcliff)라는 이름을 지어준다. 힌들리는 히스클리프를 미워하지만, 캐서린은 그를 좋아한다. 언쇼씨가 죽자 집안을 물려받은 힌들리는 히스클리프를 하인으로 만들어 버린다. 히스클리프가 좋아했던 캐서린이 린튼(Linton) 가문의 에드가(Edgar)와 결혼을 하게 되자 그는 집을 떠나 자취를 감추어 버린다. 여러 해 뒤에 히스클리프는 부유한 신사가 되어 다시 돌아온다. 캐서린은 히스클리프를 여전히 사랑하지만 이미 결혼한 상황이라 괴로워한다. 그러다 캐서린은 딸을 낳고 죽는다. 히스클리프는 힌들리를 술과 도박으로 타락시켜 워더링 하이츠를 차지한다. 히스클리프는 힌들리의 아들을 자신의 하인으로 삼고, 에드가의 누이 이사벨라(Isabella)와 결혼해서 아들을 낳는다. 히스클리프는 그 아들을 캐서린의 딸과 결혼을 시킨다. 이러한 히스클리프의 복수와 사랑은 세대를 초월해서 이루어지는 잔인하고 집요하다 못해 괴기스럽기까지 하다.

9) 토마스 하디

토마스 하디(Thomas Hardy, 1849－1928)는 영국의 남부 도체스터(Dorchester) 지역에서 태어났다. 아버지가 석공이었기 때문에 그는 건축가가 되고 싶어 했다. 그는 런던에서 건축을 공부한 후 다시 고향으로 돌아와 평생 도체스터에서 살았다. 하디는 산업화와 근대화의 격변기를 경험하면서 인간의 존재에 대한 우울한 시선을 키웠다. 하디는 인간의 운명이 성격과 환경에 의해 결정되는 자연주의적

64) http://en.wikipedia.org/wiki/Thomas_Hardy

작품을 통해 인간의 삶과 운명에 대한 그의 비관적 태도를 나타내 보이고 있다. 하디의 대표작 ≪테스≫(*Tess of the D'Urbervilles*, 1891)는 한 순진한 시골처녀의 피할 수 없는 타락과 종말을 통해 인간의 운명이 유전과 환경으로부터 벗어날 수 없다는 자연주의적 주제를 잘 나타내고 있다.

≪테스≫의 여주인공 테스(Tess)는 무지하고 궁핍한 가정에서 출생한 시골처녀다. 부유하고 방탕한 알렉(Alec)은 가난한 테스를 유혹해서 그녀를 성적으로 착취한 후 그녀가 임신하여 아이를 낳자 그녀를 버린다. 이후 테스는 과거를 숨긴 채 자신을 사모하는 앤젤(Angel)과 결혼한다. 그러나 테스의 고백을 들은 앤젤은 태도를 바꾸어서 그녀를 경멸하고 버린다. 테스를 농락했던 알렉은 자신의 죄를 뉘우치고 다시 테스를 찾아와 구애하자 테스는 다시 알렉과 동거를 시작한다. 앤젤이 다시 돌아와 잘못을 뉘우치자 테스는 앤젤을 받아들인다. 알렉이 테스에게 집착하자 그녀는 알렉을 살해하고 앤젤과 함께 도망친다. 마침내 붙잡힌 테스는 사형을 언도받고 교수형에 처해진다.

■ 토마스 하디의 주요 작품

Under the Greenwood Tree (1872)
The Return of the Native (1878)
The Woodlanders (1887)
Tess of the d'Urbervilles (1891)
Jude the Obscure (1895

3. 18－19세기 연극

1) 감상희극과 리처드 스틸

Thomas Hardy [64)]

감상희극(Sentimental Comedy)은 18세기에 유행했던 연극의 형식인데, 연극의 전체적인 장르는 해피엔딩으로 이루어진 희극(comedy)이지만 그 과정에 주인공의 불행이 있고 그 불행에 대해 관객들의 동정을 불러일으키는 이야기 구조를 가지고 있다. 감상희극에서는 셰익스피어의 연극처럼 철학적인 질문도 없고 풍습희극처럼 사회적 문제점을 지적하고 조롱하는 문제의식도 찾아보기 힘들다. 단지 감성적인 눈물샘을 자극하여 관객의 동정과 감상적 몰입을 유도할 뿐 궁극적으론 희극적 해피엔딩으로 끝맺음으로써 관객들이 지적 감성적 부담이 없이 연극을 가볍게 즐길 수 있게 했다.

리처드 스틸(Richard Steel, 1672－1729)은 18세기 초를 대표하는 감상 희극 작가이다. 그의 ≪지각 있는 연인들≫(*The Conscious Lovers*, 1722)은 스틸의 대표적인 감상희극이다. 주인공 비빌 주니어(Bevil Junior)는 거상 씨랜드(Sealand)의 딸 루신다(Lucinda)와 약혼한 어느 날 인디아나(Indiana)라는 아가씨와 사랑에 빠진다. 비빌은 인디아나와 결혼하고 싶지만 아버지의 동의를 얻을 수 없다. 그렇다고 그는 인디아나와 헤어질 수도 없어서 괴로워한다. 그러다 씨랜드가 나타나 인디아나가 어렸을 때 잃어버린 자신의 딸이라고 주장한다. 연극은 갑자기 비극에서 해피엔딩으로 바뀌면서 모두가 만족한 결말로 끝이 난다.

2) 반감상주의 연극과 리처드 셰리든

18세기 초엽을 풍미했던 감상희극은 오랫동안 사랑을 받기엔 그 내용이 작위적이었으며 깊이가 없었다. 자연히 18세기 중후반부터 희극의 전통적 형식에 충실해서 풍자와 해학이 만들어 내는 웃음이 가득한 원래의 희극을 만들고자 하는 반감상주의 연극(Anti-Sentimental Play)이 있었다. 이러한 움직임을 대표했던 작가로는 올리버 골드스미스(Oliver Goldsmith, 1730－1774)와 리처드 셰리든(Richard Sheridan, 1751－1816)이 있는데, 특히 셰리든은 풍습희극(Comedy of Manners)의 대가 윌리엄 콩그리브를 잇는 희극작가로 평가받고 있다.

셰리단의 대표적인 작품으로는 ≪스캔들 학교≫(*The School for Scandal*, 1777)이 있는데, 이 작품은 콩그리브가 보여줬던 풍습희극의 다양한 특징들을 잘 보여주고 있다. 순진한 젊은 시골처녀를 아내로 얻은 늙은 귀족 피터 티즐(Sir Peter Teazle)은 자신의 아내가 찰스(Charles)와 부정한 관계에 있다는 소문을 듣는다. 그러나 이 소문은 찰스를 시기한 찰스의 형 조셉(Joseph)과 찰스의 사랑을 갈구하는 레이디 스니어웰(Lady Sneerwell)이 만든 가짜 소문이다. 엎치락뒤치락 대는 사랑과 오해의 시간이 지나고 이 모든 내막이 결국 밝혀진다. 찰스는 숙부 올리버의 재산을 상속받고, 티즐이 후원하는 마리아와 결혼한다.

VIII

20세기 영국 문학

빅토리아 여왕(재위기간: 1837－1901)의 60여년에 걸친 통치가 끝나고 영국은 20세기에 접어들었다. 빅토리아 여왕기의 제국주의 영국의 팽창과 번영은 여왕의 통치가 끝나가면서 점점 쇠퇴해 갔고, 20세기의 시작은 영국에게 그 이전에는 겪어보지 못한 정신적, 문화적, 정치적 혼란을 경험하게 했다.

19세기 후반에 출판된 찰스 다윈(Charles Darwin, 1809－1882)의 ≪종의 기원≫(*On the Origin of Species*, 1859)은 인간의 존재에 대한 종교적 믿음을 송두리째 흔들어 놓았다. 칼 마르크스(Karl Marx, 1818－1883)의 마르크스주의(Marxism)는 전통적인 서구의 정치, 경제 및 산업철학 전반에 대한 대변혁을 가져왔다. 프로이드(Sigmund Freud, 1856－1939)의 정신분석학은 인간내면의 세계에 대한 관심을 불러일으키면서 예술과 문학에 지대한 영향을 미쳤다.

1914년부터 1918년까지 5년에 걸쳐 일어났던 1차 세계대전은 과학이 인류에게 낙원을 가져다 준 것이 아니라 대량살상이라는 끔찍한 지옥을 경험하게 했다. 1차 세계대전은 단순히 전쟁의 차원을 넘어서 서구의 정신문화에 엄청난 충격과 상처를 남겼다. 1939년부터 1945년까지 7년간 지속되었던 2차 세계대전은 1차 세계대전에서 보여줬던 악몽이 더욱 끔찍한 형태로 심화 되었다. 유대인 학살과 원자폭탄의 경험은 전쟁이 끝난 후에도 지식인들에게 인류의 미래와 인간 자체에 대한 혐오와 정신적 공황상태를 가져왔다.

20세기의 혼란스런 시대적 상황은 문학에 고스란히 반영되었다. 성, 종교, 도덕,

사회체제 등 그동안 금기시되었던 주제들이 문학적 재료로 빈번하게 사용되었다. 작가들은 20세기의 새로운 기술적, 문화적, 역사적 환경 속에서 인간에 대한 본질적인 존재적 회의와 인간성과 도덕의 문제, 혹은 사회적 제도의 부조리에 대한 문제를 저마다의 시선으로 문학작품을 통해 제기했다.

1. 20세기 영국 시

1) 제라드 맨리 홉킨스

Gerald Manley Hopkins [65)]

제라드 맨리 홉킨스(Gerard Manley Hopkins, 1844-1889)는 빅토리아 여왕 재위기에 태어나서 활동했지만 그의 시집이 20세기 초에 출간되어 비평가들로부터 주목을 받았기 때문에 종종 20세기 시인 그룹에 포함시켜 논의되고 있다. 홉킨스는 로마 가톨릭으로 개종하였으며, 이후 예수회(Jesuit) 교단의 신부가 되었다. Oxford 재학시절부터 그는 시를 썼으며, 그의 시는 독실한 종교적 신앙심과 독특한 시적 기법으로 유명했다. 스프렁 리듬(sprung rhythm)은 홉킨스가 처음으로 소개한 기법으로 시행의 강음절에 약음절을 자유롭게 구사하여 강음절 수를 중심으로 시행의 리듬을 구사하는 방식을 말한다.

홉킨스는 예수회 교단에 심취하면서 세상의 모든 것이 인간 내면의 본성으로부터 정의된다는 깨달음을 통해 자연의 아름다움은 자연자체가 아니라 주님의 아름다움이 자연을 통해 구체화된 것이라고 주장했다. 그는 주님의 아름다움으로 만들어진 자연을 좀 더 신선하게 표현하기 위해 구어나 방언 같은 그 이전의 시에서는 잘 쓰지 않는 언어들을 시어로 선택해서 사용하기도 했다.

God's Grandeur

The world is charged with the grandeur of God.

65) http://en.wikipedia.org/wiki/Gerard_Manley_Hopkins

It will flame out, like shining from shook foil;
It gathers to a greatness, like the ooze of oil
Crushed. Why do men then now not reck his rod?
Generations have trod, have trod, have trod;
And all is seared with trade; bleared, smeared with toil;
And wears man's smudge and shares man's smell: the soil
Is bare now, nor can foot feel, being shod.
And for all this, nature is never spent;
There lives the dearest freshness deep down things;
And though the last lights off the black West went
Oh, morning, at the brown brink eastward, springs —
Because the Holy Ghost over the bent
World broods with warm breast and with ah! bright wings.

2) 윌리엄 버틀러 예이츠

William Butler Yeats [66)]

예이츠(William Butler Yeats, 1865 - 1939)는 아일랜드 더블린에서 출생하여 일찍부터 아일랜드의 토속적인 민요와 신비적인 전설에 매료되었다. 예이츠는 미술을 공부하기도 했으며, 철학, 산문, 연극 등 다양한 예술분야에서도 활동했다. 그는 아일랜드 독립 및 예술 운동에도 지대한 영향을 미쳤는데, 특히 1885년경에 있었던 아일랜드의 민족문화예술운동이었던 켈트문예부흥운동을 주도했던 사람들 중의 한 사람이었다. 예이츠는 아일랜드의 자연, 민속예술, 토속적인 신비주의를 자신의 예술세계에 접목시켜 영국의 영문학과 차별화를 시도했다.

예이츠는 1923년 노벨문학상을 수상하였으며, 이후 그는 극단운영과 정치참여 등을 통해 자신의 예술적인 가치와 목표를 현실에 반영시키려고 했다. 20세기 초에 있었던 아일랜드 독립운동을 둘러싼 일련의 정치적 사건과 유혈사태는 예이츠로 하여

---

66) 1911년의 사진. http://en.wikipedia.org/wiki/William_Butler_Yeats

금 좀 더 현실참여적인 예술을 하도록 만들었다. 이후 그의 시는 더욱 직설적이고 사회적 문제를 냉정하게 바라보고 분석하는 경향을 보이기도 했다. 예이츠의 후기 시들은 기존의 종교, 미학, 제도에 대한 깊은 명상과 철학적 의문을 제시했다. 그러나 예이츠 자신은 그러한 의문들에 대한 갈증을 풀지 못하고 생을 마감한 듯하다. 그의 비문에는 그러한 아쉬움이 그대로 드러나고 있다. "Cast a cold eye / On life, on death. / Horseman, pass by."

The Lake Isle of Innisfree

I will arise now, and go to Innisfree,
And a small cabin build there, of clay and wattles made:
Nine bean-rows will I have there, a hive for the honey-bee,
And live alone in the bee-loud glade.

And I shall have some peace there, for peace comes dropping slow,
Dropping from the veils of the morning to where the cricket sings;
There midnight's all glimmer, and noon a purple glow,
And evening full of the linnet's wings.

I will arise and go now, for always night and day
I hear lake water lapping with low sounds by the shore;
While I stand on the roadway, or on he pavements grey.
I hear it in the deep heart's core.

The Second Coming

Turning and turning in the widening grye
The falcon cannot hear the falconer;
Things fall apart; the centre cannot hold;
Mere anarchy is loosed upon the world,

The blood-dimmed tide is loosed, and everywhere
The ceremony of innocence is drowned;
The best lack all conviction, while the worst
Are full of passionate intensity.

Surely some revelation is at hand;
Surely the Second Coming is at hand.
The Second coming! hardly are those words out
When a vast image out of Spiritus Mundi
Troubles my sight: somewhere in sands of the desert
A shape with lion body and the head of a man
A gaze blank and pitiless as the sun,
Is moving its slow thighs, while all about it
Reel shadows of the indignant desert birds.
The darkness drops again; but now I know
That twenty centuries of stony sleep
Were vexed to nightmare by a rocking cradle,
And what rough beast, its hour come round at last,
Slouches towards Bethlehem to be born?

2. 20세기 영국 소설

1) 조셉 콘래드

조셉 콘래드(Joseph Conrad, 1857－1924)는 몰락한 폴란드 지주 가문의 후손으로 태어났다. 아버지가 폴란드 독립운동에 참가했다 체포되어 러시아로 유형을 가게 되어 그곳에서 사망하자 친척의 손에서 길러졌다. 이후 학교를 다니기도 했고 여러 곳을 전전하다 1874년 마르세유에서 선원으로 취직하여 선장이 되었다. 1894년 선장을 그만두고 그는 영국에 정착하여 그동안의 경험을 바탕으로 소설가가 되었다.

콘래드의 모국어는 영어가 아니었다. 그가 선원으로서 영국을 방문했던 무렵만 하

Joseph Conrad[67]

더라도 그는 겨우 영어를 몇 마디 정도밖에 할 줄 몰랐다. 그 후 그는 영국에 정착하면서 본격적으로 영어를 익혔으며, 소설가가 되기 위해서 그는 많은 노력을 했다. 실제 그가 쓴 작품의 영어 문장을 보면 오랫동안 공을 들인 흔적을 발견할 수 있으며, 오히려 이런 점 때문의 그의 문장은 다른 작가의 문장에 비해 독특한 느낌을 준다. 내용면에서 그의 소설은 그가 경험한 20년간의 선원생활을 생생하게 반영하고 있는 경우가 많아서 그를 대표적인 해양소설작가로 부르기도 한다. 1902년에 출판한 ≪로드 짐≫(*Lord Jim*, 1900)은 해난사고를 소재로 한 작품이며, 그의 대표작 ≪암흑의 핵심≫(*Heart of Darkness*, 1899)은 그가 아프리카 콩고를 여행한 경험을 작품화한 것이다.

≪암흑의 핵심≫은 주인공 말로우(Marlow)가 콩고의 밀림 속에서 원주민들 사이에서 신격화된 커츠(Kurtz)라는 백인을 만나기 위해 암흑의 대륙 깊숙이 강을 거슬러 올라가는 이야기다. 말로우는 아프리카라는 암흑의 대륙이 가진 문명의 가치와 질서를 뒤흔드는 원초적인 힘을 서서히 경험하면서 자신이 찾고 있는 커츠라는 인물 또한 암흑의 대륙이 가진 원초적 힘에 완전히 빠져들어 간 사람이라는 것을 느끼게 된다. 원주민들 사이에서 신의 존재 혹은 미치광이가 된 커츠를 보면서 말로우는 무서움과 동정심을 동시에 느낀다. 커츠는 무자비한 폭력으로 원주민들 위에 절대적인 존재로 군림하면서 자신의 힘을 이용해 자신의 사적인 욕망을 충족시키지만 결국 그 역시 공허한 존재로 두려움에 떨면서 죽어간다.

■ 조셉 콘래드의 주요 작품

The Nigger of the 'Narcissus' (1897)
Lord Jim (1900)
Typhoon (1902)
The Secret Agent (1907)
The Shadow Line (1917)
The Arrow of Gold (1919)
The Rover (1923)

---

67) http://en.wikipedia.org/wiki/Joseph_Conrad

2) 제임스 조이스

제임스 조이스(James Joyce, 1882－1941)는 아일랜드 더블린에서 출생했다. 예수회 교단에서 운영하는 학교에서 수학했으나 이후 가톨릭 신앙을 버렸다. 예이츠가 참여한 아일랜드 문예부흥운동 시기에 그는 예술의 정치성에 거부감을 느끼고 아일랜드를 떠나 프랑스, 이탈리아, 스위스를 전전하며 37년간 국외를 방랑하였다. 그는 아일랜드라는 정신적 유산을 사랑했으면서도 동시에 하나의 속박으로 여겼다. 그러한 아일랜드를 바라보는 그의 이중적인 시선은 그가 아일랜드 문예부흥을 반대하여 1904년 아일랜드를 떠나 스스로 자발적 망명자로서 국외자 생활을 하면서도 그의 작품에서 아일랜드는 항상 중심적인 가치와 주제를 형성했다.

James Joyce [68]

37년간의 국외자로 떠돌면서 제임스 조이스는 늘 가난과 질병에 시달렸으며, 그런 중에도 문학에 대한 열정을 거두지 않았다. 1914년에 단편집 ≪더블린 사람들≫(*Dubliners*, 1914)를 출판했고, 1916년에 조이스 자신의 분신과도 같은 주인공 디달루스(Dedalus)의 예술가적 방황과 이상을 소재로 한 ≪젊은 예술가의 초상≫(*A Portrait of the Artist as a Young Man*, 1916)을 출간했다. 1922년 그의 대표작이자 현대영문학사상 가장 많은 찬사와 비난을 동시에 불러일으킨 ≪율리시즈≫(*Ulysses*, 1922)를 출간했다. ≪율리시즈≫는 영문학사상 가장 난해한 소설로 명성에 비해 가장 덜 읽힌 소설로 악명이 높은데, 이 작품의 난해함은 조이스가 인간의 의식과 잠재의식의 흐름을 추적하는 "의식의 흐름"(stream of consciousness)이라는 기법과 이전의 소설에서는 찾아볼 수 없었던 다양한 기교와 양식을 도입했기 때문이다. "의식의 흐름"을 통해 시간과 공간의 진행이 전통적인 방식과 다르게 구성되었기 때문에 ≪율리시즈≫는 독자가 이해하기에 대단히 난해한 작품이기는 하지만 조이스 이후에 등장하는 작가들에게 엄청난 영향을 주었다.

≪율리시즈≫는 조이스의 고향인 더블린을 배경으로 1904년 6월 16일 아침 8시부터 그 다음날 오전 2시까지 대략 하루 동안 일어난 일을 734페이지의 소설로 완성한 것이다. 그래서 이 작품을 좋아하는 독자들은 1904년 6월 16일을 블룸의 날

68) http://famouspoetsandpoems.com/poets/james_joyce/photo

(Bloom's Day)로 정하여 축하하고 있다.≪율리시즈≫는 호머(Homer)의 ≪오디세이≫(*Odyssey*)의 내용과 틀을 긴밀하게 차용하고 있다. 총 18개의 에피소드로 구성되어 있으며, 각 에피소드의 제목은 호머의 ≪오디세이≫에 나오는 내용을 활용하고 있다. 광고업자 레오폴드 블룸(Leopold Bloom), 그의 부인 몰리 블룸(Molly Bloom), 그리고 스티븐 디달루스(Stephen Dedalus)가 소설에 등장하는 3명의 주요인물들이다. 긴 소설에 비해 소설의 플롯은 사소하고 일상적이며 단순하기까지 하다. 하루 동안에 벌어진 사소한 일들의 연속과 그 일들과 연계된 기억의 흐름들로 소설은 혼돈스러워 보인다. 소설은 등장인물들의 외적 시간이나 상황이 그들의 내면 상황이나 잠재의식과 주관적으로 연결되거나, 개개의 독백이나 기억을 통해 인간의 내적 정체성과 상황을 그려내고자 했다.

■ 제임스 조이스의 주요 작품
Dubliners (1914)
A Portrait of the Artist as a Young Man (1916)
Ulysses (1922)
Finnegans Wake (1939)

3) D. H. 로렌스

D. H. Lawrence[69)]

D. H. 로렌스(David Herbert Lawrence, 1885－1930)는 노팅엄셔의 탄광촌 이스트우드에서 출생했다. 로렌스의 아버지 집안은 대대로 탄광 일에 종사한 광부의 집안이었고, 어머니는 문학과 독서를 좋아하는 중산층 집안 출신이었다. 문화적으로 무지했고 거칠었던 아버지와 문학과 예술을 좋아했던 어머니 사이의 갈등은 고스란히 성장기 로렌스의 마음에 깊은 상처로 남았다. 어머니의 남편에 대한 혐오와 아들에 대한 집착으로 인해 로렌스는 어머니가 원하는 삶을 유년기에 살았다. 노팅엄 고등학교를 졸업한 후 초등학교 교사가 되기도 했고, 노팅엄대학에 진학하여 졸업한 뒤 고등학교 교사로도 재직했다. 로렌스는 문학적 기질이 가슴속에서 불탔지

69) http://www.library.ualberta.ca/specialcollections/major/lawrence/audio/index.cfm

만 어머니가 원하는 반듯한 삶을 살려고 노력했다.

로렌스의 문학적 삶에서 결정적인 시기는 그가 프리다 위클리(Frieda Weekly)를 만나고 나서부터였다. 프리다는 로렌스를 가르친 노팅엄대학 교수의 부인이었지만 그들은 사랑에 빠졌고 1914년 결혼했다. 그들이 사랑에 빠져있던 동안 로렌스는 어머니와 아버지 그리고 자신의 성장해가는 자아적 욕구를 소재로 한 ≪아들과 연인≫(*Sons and Lovers*, 1913)을 발표했다. 1차 세계대전 동안 독일인 아내와 결혼한 이유로 인해 그는 고초를 겪었으며, 그 후 영국을 떠나 미국과 멕시코 등지를 여행하면서 여러 작품을 썼다. 그의 마지막 작품이자 로렌스의 문학사적 발자국을 가장 잘 보여주는 작품이 ≪채털리 부인의 연인≫(*Lady Chatterley's Lover*, 1929)이다.

≪채털리 부인의 연인≫은 그 이전의 소설에서는 찾아볼 수 없는 노골적인 성적 묘사로 인해 외설논란을 불러 일으켰으며, 그로 인해 이 소설은 여러 나라에서 출판이 금지되기도 했다. 클리포드(Sir Clifford Chatterley)와 그의 아내 채털리 부인은 결혼하자 곧 1차 대전이 발발하고, 클리포드는 전쟁에 참전한다. 그 후 전쟁에서 부상당한 클리포드는 하반신을 쓰지 못하는 성불구자가 되어 돌아온다. 클리포드는 아내에게 정신적 사랑을 주장하기도 하고 다른 남자를 사귀라는 말까지 하게 된다. 젊은 채털리 부인은 육체적 외로움과 공허함으로 인해 우울한 날을 보낸다. 그러다 남편이 고용한 사냥꾼이자 닭 사육자인 멜러즈(Oliver Mellors)가 목욕하는 장면을 우연히 보게 되고 그의 남성적 육체에 끌리게 된다. 그러다 두 사람은 육체적 관계를 갖게 된다. 클리포드는 아내와 멜러즈를 의심하기 시작한다. 클리포드는 아내에게 멜러즈와 헤어지라고 하지만, 채털리 부인은 거절한다. 클리포드는 아내를 멀리 보내고 그 사이에 멜러즈를 쫓아내 버린다. 남편이 멜러즈를 쫓아낸 것을 알게 된 채털리 부인은 분개하고 남편을 떠나 결국 멜러즈와 함께 살게 된다.

■ D. H. 로렌스의 주요 작품

The White Peacock (1911)
Sons and Lovers (1913)
Women in Love (1920)
Aaron's Rod (1922)
The Boy in the Bush (1924)
The Plumed Serpent (1926)
Lady Chatterley's Lover (1928)

4) 조지 오웰

George Orwell[70)]

조지 오웰(George Orwell, 1903~1950)은 필명으로 본명은 에릭 아서 블레어(Eric Arthur Blair)이다. 아버지가 식민공무원이었기 때문에 1903년 인도에서 출생하였다. 두 살 때 어머니와 함께 영국으로 돌아와 이후 영국에서 교육을 받았다. 이튼(Eaton)스쿨에 입학했으나 성적은 뛰어나지 않았다. 결국 옥스퍼드대학에 입학할 수 없었던 그는 식민지 간부로 임용되어 버마에서 근무했다. 이튼스쿨에서 공부할 동안 그는 자신의 능력이 아니라 외모 때문에 차별받았다는 생각을 가지고 있었고, 식민지에서 경찰간부로 재직하면서 인간에 대한 지배와 피지배의 역학에 대한 깊은 통찰을 경험했다.

1927년 공무원으로서 보장된 미래를 버리고 그는 작가의 길을 선택했다. 이 시기 그는 영국의 제국주의에 반감을 느끼면서 영국 내 좌파활동가들의 사회주의에 관심을 가지기 시작했다. 파리에서 잠깐 생활했다가 영국으로 돌아와 빈민가의 삶을 경험했다. 파리와 런던에서 밑바닥 인생을 경험했던 것을 밑천으로 그는 1933년 ≪파리와 런던에서의 밑바닥 생활≫(*Down and Out in Paris and London*, 1933)이란 작품을 발표하면서 조지 오웰이란 필명을 처음 사용했다. 그가 서포크의 오웰 강을 좋아했고, 또 조지라는 이름이 보통사람들의 평범한 이름이었기 때문에 조지 오웰을 필명으로 사용했다고 한다.

오웰은 좌파적이라기보다는 권력을 가진 집단의 전횡과 그에 관련된 폭력적인 메커니즘을 경계했다. 사실 1937년 발표한 ≪위건 부두로 가는 길≫(*The Road to Wigen Pier*, 1937)은 당시 좌파문학 운동을 했던 좌파독서클럽(Left Book Club)의 의뢰에 의해 집필되었지만 그 내용은 권력의 폭력적 속성을 다루고 있었기 때문에 좌우파 모두에 불편했다. 오웰의 이러한 민중지향적인 성향은 그의 대표작이라고 할 수 있는 ≪동물 농장≫(*Animal Farm*, 1945)으로까지 지속되었다.

나치즘과 파시즘이 일으킨 2차 세계대전은 오웰이 그동안 그토록 경계했던 권력의 대중선동과 통제의 결정판이었다. 오웰은 2차 세계대전 중에 ≪동물 농장≫을 집필

70) http://en.wikipedia.org/wiki/George_Orwell

하기 시작했고 1945년에 탈고했다. ≪동물 농장≫은 폭정의 상징인 인간이 주인인 농장에서 인간을 몰아내고 난 이후 동물들 간에 벌어지는 권력투쟁과 그 과정을 다루고 있을 뿐만 아니라 어떻게 권력이 구조화되어 대중을 장악해 가는 가의 과정을 동물들을 등장시켜 우화적으로 표현하고 있기는 하지만 그 내용은 놀랍도록 사실적이고 이론으로도 튼튼한 성찰에 근거하고 있다. 농장주 인간을 몰아내는데 주도적 역할을 했던 돼지 나폴레옹(Napoleon)과 스노우볼(Snowball)은 인간이 축출된 농장에서 다시 권력을 차지하기 위한 암투를 벌인다. 결국 나폴레옹이 스노우볼을 몰아내고 권력을 장악하는데 그 과정과 그 이후의 권력정착 과정이 놀라울 정도로 소련의 혁명이나 히틀러의 권력장악 방법 등과 닮아 있다. 오웰은 ≪동물 농장≫을 통해서 권력이 가지는 속성과 권력에 이용당할 뿐 결국 권력유지의 수단으로 전락하는 대중의 모습을 날카롭지만 쉽게 풍자하고 있다.

■ 조지 오웰의 주요 작품

Burmese Days (1934)
A Clergyman's Daughter (1935)
Coming Up for Air (1939)
Animal Farm (1945)
Nineteen Eighty-Four (1949)

3. 20세기 영국 연극

1) 버나드 쇼

버나드 쇼(George Bernard Shaw, 1856－1950)는 아일랜드의 더블린에서 출생했다. 집안이 가난하여 초등학교를 마친 후 사환으로 일하면서 음악과 미술을 배우기도 했고 소설을 쓰기도 했다. 이후 토지중개소에서 근무하면서 자신의 글을 투고하기도 했지만 이렇다 할 호평을 받지는 못했다. 쇼의 어머니가 런던으로 이주하자 자신도 어머니를 따라 런던으로 갔다. 런던에서 잠시 직업을 가지고 일을 했지만 이후에는 직업이 없이 예술가들과 어울리며 생활했다. 런던에서 몇 편의 소설을 써서 출판사에 보냈지만 모두 거절당했다.

쇼는 런던에서 좌파 단체인 파비안 소사이어티(The Fabian Society)에 가입하

George Bernard Shaw[71)]

면서 당대의 좌파 사상가들과 교류하게 된다. 이때 쇼가 파비안 소사이어티에서 활동하면서 받은 영감과 사회적 비전은 이후 그의 작품 속에서 사회성 짙은 주제로 다루어졌다. 극작가로서 쇼는 당대의 그 누구보다도 풍자와 지적인 유머로 가득 찬 문제극을 많이 썼다. 쇼는 일찍부터 소설이나 산문을 써서 기고하곤 했지만 극작은 거의 30살이 되어서야 시작했다. 1885년에 발표한 ≪홀아비들의 집≫(*Widowers' Houses*, 1885)이 그의 첫 극작품이었으며 이후 그는 대단히 의욕적으로 많은 극작품들을 발표했다. 그의 대부분의 작품들이 가진 특징은 작품 속에 사회적 문제를 제기하고 그 문제를 둘러싼 토론을 포함하고 있다. 종종 그가 제시하는 사회적 문제들은 명백한 해결책이 없거나 사회가 가진 구조적인 문제점을 드러내기도 한다. 1898년에 초연된 ≪워렌 부인의 직업≫(*Mrs. Warren's Profession*, 1902 출간)은 가난한 여성이 매춘을 통해 가난을 극복하고 자신의 딸을 훌륭히 키워낸 이야기를 다루면서 어머니와 딸의 관계에서, 또 사회적 관점에서 매춘과 사회적으로 기회를 박탈당한 여성의 문제를 함께 다루고 있다. ≪무기와 사람≫(*Arms and the Man*, 1894)에서는 전쟁에 대한 허구적인 낭만성과 애국을 가장한 폭력을 신랄하게 공격한다.

≪피그말리온≫(*Pygmalion*, 1913)은 쇼의 대중적 흥미와 지적인 유머를 잃지 않으면서도 사회적 문제에 대한 날카로운 통찰력을 제공하는 그의 후기 작품의 특징을 잘 보여주는 예가 된다. 사회적 계급에 대한 대단히 엄격한 구분을 고수하고 있는 영국사회의 사회적 관습에 대해 음성학자 히긴스(Higgins)교수는 하나의 실험을 한다. 교육받지 못하고 심한 사투리를 쓰면서 문화적으로 세련되지 못한 런던의 꽃 파는 아가씨인 엘리자(Eliza)를 교육시켜 런던의 사교계에 공작부인으로 등장시키고자 한다. 이 이야기는 고대 그리스의 조각가 피그말리온과 그가 상아로 조각해 만든 미녀 갈라테이아(Galatea)의 이야기에서 끌어 온 것으로 쇼는 사회적 계급이란 인위적인 것이어서 언제든지 교육되어 만들어 질 수 있는 것이라는 것을 주장한다. 쇼는 영국 사회의 뿌리 깊은 계급주의 전통도 결국 하나의 허상에 불과한 것이라

---

71) 1925년 노벨문학상을 받을 당시의 모습. http://en.wikipedia.org/wiki/George_Bernard_Shaw

고 연극을 통해 주장하고 있는 것이다.

■ 조지 버나드 쇼의 주요 극작품
Widowers' Houses (1892)
The Philanderer (1898)
Mrs Warren's Profession (1893)
Arms and the Man (1894)
Candida (1894)
The Devil's Disciple (1897)
Man and Superman (1902-03)
Major Barbara (1905)
Pygmalion (1912-13)
Heartbreak House (1919)

2) 존 오스본

John Osborne [72]

존 오스본(John Osborne, 1929 - 1994)은 1929년 런던에서 출생했다. 아버지는 광고 카피업을 하는 상업예술가였으며, 오스본은 아버지를 좋아했지만 어머니에 대해서는 거의 증오에 가까운 감정을 보였다. 아버지가 돌아가시면서 남긴 보험금으로 오스본은 사립학교에 입학했다. 오스본은 금지된 방송을 청취한 이유로 자신을 때리는 교장 선생님을 폭행했기 때문에 학교에서 퇴학을 당하였다. 런던으로 돌아온 오스본은 우연히 순회 극단의 배우를 가르치는 일을 맡게 되었고, 그로 인해 연극에 관심을 가지게 되었다. 순회극단에 참여하면서 오스본은 무대매니저, 배우를 거쳐 극작에 관심을 가졌다. 1956년 오스본은 창작극 공모에 ≪성난 얼굴로 돌아보라≫(*Look Back in Anger*)를 출품하여 당선되면서 오스본은 일약 영국의 "성난 젊은이"(Angry Young Man) 운동을 대변하는 극작가로 인기를 얻게 되었다. 오스본이 형상화한 극중 주인공인 지미 포터(Jimmy Porter)는 2차 세계대전 후 가치관의 상실과 미래에 대한 불안 등으로 인해 까닭 없이 분노하고 불안정한 젊은 세대들의 모습으로 그려졌다.

---

72) http://pods.binghamton.edu/~ccarpen/major%20dramatists.htm

≪성난 얼굴로 돌아보라≫의 주인공 지미 포터는 1950년대 전후 젊은이의 특성을 상징하는 인물이다. 그는 신경질적이고 격렬하며 미래에 대한 기대가 없고, 삶의 긍정적인 가치를 확신하지 못한다. 그는 주변과 세상 전부에 대해 짜증스럽고 분노에 차 있다. 그의 아내 앨리슨(Alison)의 아버지는 에드워드 시대의 신사로 기성세대를 상징한다. 포터는 아내를 괴롭히는 것으로 기성세대에 대한 불만을 해소하려 한다. 앨리슨이 아기를 잃고 괴로워하면서 지미는 아내에게서 연민을 느끼고, 둘은 자신들만의 세계 속에서 화해하고 다정하게 살아가게 된다.

■ 존 오스본의 주요 극작품

Look Back in Anger (1956)
Luther (1961)
Plays for England (1962)
A Patriot for Me (1965)
West Of Suez (1971)
A Sense Of Detachment (1972)
The End Of Me Old Cigar (1975)
Watch It Come Down (1976)

제 2 부

미국 문학의 역사

I

미국 식민지 역사와 식민지 문학

1. 미국 식민지 역사와 청교도

유럽인에 의한 미국의 역사는 크리스토퍼 콜럼버스(Christopher Columbus, 1451 – 1506)로부터 시작된다. 1492년 콜럼버스의 아메리카 신대륙의 발견은 신대륙이 유럽의 역사에 편입되는 사건이었다. 이후 신대륙의 주인은 유럽의 판도에 따라 영향을 받았는데 초기에는 스페인의 지배가 우세했으나 1588년 영국이 스페인의 무적함대를 무찌르고 해양권을 장악하자 자연스럽게 신대륙에 대한 식민 활동이나 지배력도 영국으로 기울게 되었다.

1603년 엘리자베스 여왕이 서거하고 뒤를 이어 제임스 1세가 영국의 왕이 되면서 스튜어트(Stuart) 왕조가 시작되었다. 1607년 영국의 군인이자 탐험가인 존 스미스(John Smith, 1580 – 1631)가 버지니아 주에 제임스 1세의 이름을 따서 제임스타운(Jamestown)이란 최초의 영국식민지를 건설했다. 이후 제임스타운을 중심으로 서서히 영국에서 인구가 유입되었다. 초기에는 인디언들과의 교역이나 새로운 교역로를 개척하기 위해 영국에서 건너온 사람들로 이들은 문학적 활동과는 다소 거리가 멀었던 사람들이었다.

아메리카 식민지에서 문학 혹은 최소한 문자를 통한 정신적 활동이 시작된 것은 1620년 메이플라워(Mayflower)호를 타고 종교적 이상을 찾아 신대륙으로 건너갔던 102명의 청교도들(Puritans)로부터 시작되었다고 보는 견해가 일반적이다. "퓨리탄"이라고 불리던 청교도들은 1559년 엘리자베스 여왕의 통일령을 따르지 않고 좀 더 엄격하게 칼뱅주의에 의거한 신교를 믿었다. 청교도들은 제임스 1세 때부터 시작된 비국교도에 대한 탄압을 피해 영국을 벗어나고자 했다. 일부는 칼뱅신교주의가 행해졌던 네덜란드로 가기도 했고, 또 일부는 종교적 이상향을 꿈꾸며 신대륙으로 가고자 했다. 메이플라워호를 탔던 청교도들은 신앙의 자유와 종교적 공동체의 건설을 위해 신대륙으로 건너간 최초의 청교도들이었다. 메이플라워호의 청교도들은 1620년 12월 지금의 매사추세츠 주의 플리머스(Plymouth)에 도착했다. 이들 플리머스의 청교도들은 종교라는 정신적 활동의 자유를 갈구하여 신세계에 왔기 때문에 그들의 도착은 자연스럽게 종교와 관련된 문학의 시작으로 이어졌다.

메이플라워 청교도들은 미국 식민지에 도착하기 전에 이미 배안에서 새로운 세상을 위한 서약식을 함으로써 문학 혹은 문자 활동을 시작했다. 이들은 배안에서 메이플라워협약을 만들었는데, (a) 영국 왕에 충성하고, (b) 신대륙에 식민지를 건설하고, (c) 자치사회를 만들어 질서와 안전을 지키고, (d) 평등한 법률을 만들어 지킬 것을 맹세했다. 혹독한 겨울이 지나고 이듬해 봄이 왔을 때 이들 청교도들의 반수 이상이 추위와 괴혈병으로 사망했다. 그러나 주변 인디언들의 도움을 받아 옥수수 재배를 시작해 첫 수확을 하였고, 이를 기념한 행사가 오늘날의 추수감사절(Thanksgiving Day)의 기원이 되었다.

2. 식민지 문학

초기 미국 식민지 시대는 청교도들에 의해 시작되었기 때문에 종교적인 색채가 대단히 강했다고 볼 수 있다. 이 시기를 미국 식민지의 청교주의 시대라고 부르기도 하는데, 그만큼 이 시기를 언급하는데 청교도라는 종교를 제외하고는 논하기가 어렵다. 교회를 중심으로 하는 설교문 같은 형태가 초기 식민지 문학의 가장 일반적인 형태였다. 식민지가 점차 정착되면서 영국에서 좀 더 다양한 배경을 가진 사람들이 미국으로 이주해 왔고 그중에는 교육받은 중산층들도 점차 늘어났다. 미국 식민지로 이주해 온 이들 교육받은 중산층들은 주로 청교주의 사상을 가진 사람들로 식민지의 전혀 새로운 자연환경과 문화적 환경에 놀라면서 자신의 청교도적 열정을 고수하는 삶을 살고자 했다.

1) 앤 브래드스트리트

앤 브래드스트리트(Anne Bradstreet, 1612－1672)는 영국 귀족이면서 매사추세츠 식민지 장관을 지낸 토마스 더들리(Thomas Dudley)의 딸로 태어났다. 16세에 케임브리지 대학 출신의 청교도 사이몬 브래드스트리트와 결혼했고, 18세에 남편과 함께 매사추세츠 주에 정착을 했다. 독실한 청교도 여성으로서 신세계에서 살면서 느끼는 종교적인 경건함과 생활 속의 신앙심, 그리고 가족에 대한 아내와 어머니로서의 삶을 시로써 표현했다. 그녀는 영국에서 수준 높은 교육을 받았고 또 영국 르네상스기의 시에도 익숙했기 때문에 그녀의 시는 식민지 생활의 단순함과 학문적 논리성을 동시에 갖추고 있다.

앤 브래드스트리트는 1650년 영국에서 그녀의 첫 시집 ≪최근 미국에서 솟아난 10번째 뮤즈≫(*The Tenth Muse Lately Sprung in America*, 1650)라는 시집을 출판해 호평을 받았다. 그녀는 미국 최초의 여류시인이라는 평이 있지만 그녀가 활동한 시기가 미국이라는 나라가 탄생하기 이전이라 이에 대한 이견은 있다. 그러나 그녀가 식민지에서 활동하면서 문학적 완성도가 높은 작품을 생산하고 현재까지 그 작품이 남아 있는 최초의 여류 시인이라는 점은 분명하다.

To My Dear and Loving Husband

If ever two were one, then surely we.
If ever man were loved by wife, then thee;
If ever wife was happy in a man,
Compare with me ye women if you can.
I prize thy love more than whole mines of gold,
Or all the riches that the East doth hold.
My love is such that rivers cannot quench,
Nor ought but love from thee give recompense.
Thy love is such i can no way repay;
The heavens reward thee manifold, i pray.
Then while we live, in love let's so persevere,

That when we live no more we may live ever.

2) 에드워드 테일러

에드워드 테일러(Edward Taylor, 1645－1729)는 영국에서 출생했지만 영국 국교를 반대하는 청교도였기 때문에 그는 영국에서 종교와 학문을 계속할 수 없었다. 그는 미국으로 건너와 하버드 대학을 졸업했으며, 이후에는 목사로서 활동했다. 테일러의 시는 그가 활동했던 당시 발표하지 않았는데, 20세기 초반에 그의 시가 예일 대학 도서관에서 발견되면서 그의 시가 미국 문학계에 알려졌다. 1939년 토마스 존슨(Thomas Johnson)이 테일러의 시를 편집해서 ≪에드워드 테일러 시집≫(*The Poetical Works of Edward Taylor*, 1939)을 발간했다.

에드워드 테일러의 시는 그의 개인적인 아픔과 종교적 비전을 반영하고 있을 뿐만 아니라 그의 깊은 학식과 명상을 통해 그러한 내용들이 형이상학으로 표현되어 있다. 에드워드 테일러는 많은 자식들의 상실을 경험했는데, 그의 첫 번째 결혼에서 그는 일곱 명의 자녀를 두었지만 모두 아버지보다 먼저 죽었다. 테일러는 자식을 잃어버린 슬픔과 그 슬픔을 넘어서는 본질적인 철학적 명상을 시를 통해 담아내고 있다. 그의 시는 기교면에선 존 단(John Donne)을, 내용면에서 존 밀턴(John Milton)을 닮아 있다. 명상적이고, 신비적이며, 때론 난해한 그의 시는 당시의 식민지 시에서는 찾아보기 힘든 현대성을 가지고 있다. 이러한 이유로 에드워드 테일러는 식민지 시대 아메리카의 최고 시인으로 평가 받고 있다.

Upon a Spider Catching a Fly

Thou sorrow, venom Elfe:
Is this thy play,
To spin a web out of thyselfe
To Catch a Fly?
For Why?

I saw a pettish wasp

Fall foule therein:
Whom yet thy Whorle pins did not clasp
Lest he should fling
His sting.

But as affraid, remote
Didst stand hereat,
And with thy little fingers stroke
And gently tap
His back.

Thus gently him didst treate
Lest he should pet,
And in a froppish, aspish heate
Should greatly fret
Thy net.

Whereas the silly Fly,
Caught by its leg
Thou by the throate tookst hastily
And 'hinde the head
Bite Dead.

This goes to pot, that not
Nature doth call.
Strive not above what strength hath got,
Lest in the brawle
Thou fall.

This Frey seems thus to us.

Hells Spider gets
His intrails spun to whip Cords thus
And wove to nets
And sets.

To tangle Adams race
In's stratigems
To their Destructions, spoil'd, made base
By venom things,
Damn'd Sins.

But mighty, Gracious Lord
Communicate
Thy Grace to breake the Cord, afford
Us Glorys Gate
And State.

We'l Nightingaile sing like
When pearcht on high
In Glories Cage, thy glory, bright,
And thankfully,
For joy.

3. 미국 독립혁명과 미국 문학

1) 미국의 독립혁명

1620년 메이플라워 이주자들의 플리머스 정착으로부터 본격화된 영국의 미국 식민지 역사는 이후 급격히 팽창해서 1730년대 무렵에는 무려 13개의 식민지역을 북아메리카 대륙의 대서양 연안에 건설했다. 그러나 18세기 중엽부터 독일계, 아일랜드계 등 다양한 국적의 유럽인들이 미국 땅에 몰려들어왔다. 미국 식민지에 정착하는 사람들의 국적구성이 다양해지면서 미국 식민지의 영국에 대한 정서적 종속성은 점점 약화되게 되었다.

18세기 중반부터 미국 식민지 거주자들은 영국의 정치적 경제적 지배로부터 벗어나려는 움직임이 점차 활발해 졌다. 영국은 18세기 중엽까지 전 세계에 걸쳐 식민지를 확장하느라 막대한 재정이 필요했다. 더구나 프랜치-인디언 전쟁(French-Indian War, 1754－1763)으로 프랑스를 북아메리카 지역으로부터 사실상 축출하는 데는 성공했지만 영국도 상당한 군사적 재정적 손실을 입게 되었다. 이를 만회하기 위해 영국의회는 미국 식민지에 세금을 증수할 것을 결정했다. 영국국회의 세금 증수 결정은 식민지에 거주하고 있는 사람들의 생활에 직접적인 영향을 미치는 것이어서 그 반발도 즉각적이었다. 식민지역 곳곳에서 저항의 데모가 일었고, 세금을 낸다면 미국 식민지 13개 주도 영국 국회의 의석과 발언권을 보장받아야 한다는 정치적 주장도 팽배했다. 영국의회가 미국 식민지에 부과한 인지세와 타운센드법을 결의했고 이는 1773년 보스턴 차 사건(Boston Tea Party)의 직접적인 원인이 되었다.

1774년 12개 미국 식민주의 대표 33명이 필라델피아에 모여 미국 식민지역에 대한 영국의회의 입법권을 부정했고, 모든 영국 상품을 배척하는 결정을 내렸다. 이 모임을 1차 대륙회의라고 하며, 이 1차 대륙회의의 결정사항은 미국의 사실상 독립을 선언한 것과 마찬가지였다. 그 다음해 1775년 매사추세츠 콩코드에서 영국군과 식민지 민병대가 충돌했고, 이 충돌은 미국독립전쟁의 시작을 의미했다. 1775년 5월에 미국 식민주는 2차 대륙회의를 개최했으며, 이 회의에서 조지 워싱턴을 미국연합군의 총사령관으로 임명했다. 1775년에 시작된 미국독립전쟁은 1783년 파리조약으로 영국은 미국의 독립을 공식적으로 인정하게 되었다.

2) 토마스 페인의 ≪상식≫

토마스 페인(Thomas Paine, 1737－1809)은 영국에서 출생하여 30대 중반까지 영국에서 살았다. 영국에서 사는 동안 페인은 불만스럽고 불행한 삶을 살았다. 13세 때 중학교를 졸업한 후 더 이상의 학교 교육을 받지 못했지만 타고난 명석함이 있었기에 독학으로 학교 교육의 부족함을 메웠다. 한때 세무서에서 일했고, 그 후 사업을 했지만 신통치 못했다. 첫 번째 아내는 결혼하자 곧 죽었고, 두 번

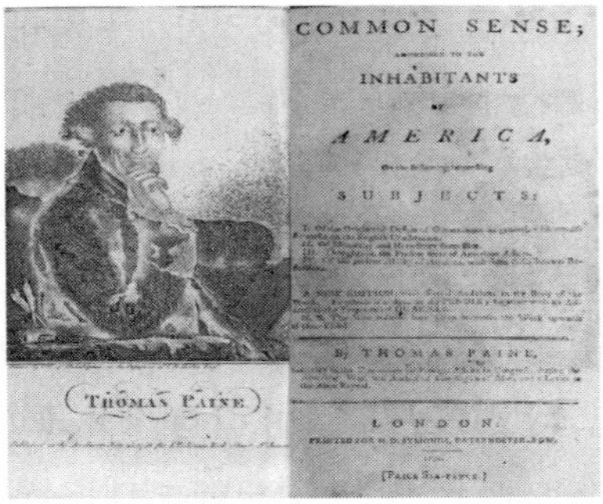

토마스 페인의 "상식(Common Sense)"이 실렸던 팸플릿[73]

째 아내와도 헤어졌다.

페인의 영국에서의 우울하고 절망적인 삶은 그가 벤저민 프랭클린을 만난 후 새로운 전기를 맞게 되었다. 페인의 정의의식과 열정에 감명을 받은 프랭클린은 그가 미국에서 필요한 인재임을 알아차리고 그에게 미국에서 일할 것을 권했다. 프랭클린의 추천서를 가지고 페인은 1774년 필라델피아에 도착하여 펜실베이니아 매거진(Pennsylvania Magazine)에서 기자로 일했다. 페인의 정의와 인권에 대한 열정은 당시 미국 사회가 가지고 있었던 여러 사회적 문제를 그냥 넘겨보지 않았다. 그는 즉시 노예제를 비판한 ≪미국에서의 아프리카 노예제≫(*African Slavery in America*, 1775)를 썼으며, 1775년 미국 독립전쟁이 시작되자 미국독립의 당위성을 역설한 <상식>(*Common Sense*, 1776)이란 제명의 팸플릿을 출판하여 미국 전역으로부터 뜨거운 반응을 불러일으켰다.

페인은 독립전쟁에 직접 참전했으며 참전 중에도 미국의 독립을 주장하는 글을 계속 발표했다. 1776년 독립전쟁 초기의 불리한 전황에 처해 미국인들의 결심과 분발을 촉구한 "미국의 위기 제 1호"(*The American Crisis, Number 1*)는 당시 미국 군인들에게 필독서가 될 정도였다. 독립전쟁이 미국의 승리로 끝난 후 페인은 프랑스로 건너가 프랑스 혁명(1789－1794)에 참가했으며, 이후 미국에 돌아왔지만 인권과 평등을 주장하는 페인은 기득권자들의 눈엔 곱게 보이지 않았다. 미국 독립에 대한 그의 헌신적인 공적에도 불구하고 가난과 무관심 속에 불행한 삶을 마쳤다.

MANKIND being originally equals in the order of creation, the equality could only be destroyed by some subsequent circumstance: the distinctions of rich and poor may in a great measure be accounted for, and that without having recourse to the harsh ill-sounding names of oppression and avarice. Oppression is often the CONSEQUENCE, but seldom or never the MEANS of riches; and tho' avarice will

73) http://teachnet.eu/tobrien/tag/thomas-paine/

preserve a man from being necessitously poor, it generally makes him too timorous to be wealthy. – "Of Monarchy and Hereditary Succession" in *Common Sense*

I have heard it asserted by some, that as America has flourished under her former connection with Great Britain, the same connection is necessary towards her future happiness, and will always have the same effect. Nothing can be more fallacious than this kind of argument. We may as well assert that because a child has thrived upon milk, that it is never to have meat, or that the first twenty years of our lives is to become a precedent for the next twenty. But even this is admitting more than is true; for I answer roundly that America would have flourished as much, and probably much more, had no European power taken any notice of her. The commerce by which she hath enriched herself are the necessaries of life, and will always have a market while eating is the custom of Europe.

– Thoughts on the Present State of American Affairs in *Common Sense*

3) 장 드 크레뵈쾨르의 ≪한 미국 농부의 편지≫

Jean De Crevecoeur [74]

장 드 크레뵈쾨르(Jean De Crevecoeur, 1735－1813)는 프랑스에서 출생하여 1755년 북미대륙의 프랑스 식민지로 이민을 와서 북미 식민지에서 영국과 프랑스 사이에 벌어졌던 프랜치-인디언 전쟁에서 프랑스군의 척후병으로 참전했다. 1759년 퀘벡이 함락되는 것으로 전쟁은 영국의 승리로 끝나자 그는 뉴욕으로 이주하여 정착한 후에 그곳에서 결혼을 했다. 그는 뉴욕 주에서 농지를 구입해 농사를 지었으며 그때부터 미국이란 곳과 미국사회에 대한 글을 쓰기 시작했다.

미국독립전쟁이 시작되자 그는 프랑스로 돌아가기 위해 영국 점령지를 지나다 스파이 혐의로 체포되어 약 3개월간 투옥된 후 영국으로 떠날 수 있었다. 1782년 장 드 크레뵈쾨르는 영국에서 그가 미국에 살면서 보고 느꼈던 것을 기록한 ≪한 미국 농

74) http://fr.academic.ru/dic.nsf/frwiki/837351

부의 편지≫(*Letters From an American Farmer,* 1782)를 런던에서 출간했는데, 이 책은 출간되자마자 인기를 얻었으며 이 책은 미국 작가가 쓴 책으로는 유럽에서 처음으로 대중적 인기를 얻은 책으로 기록되고 있다. 1783년 그는 프랑스로 돌아가 그곳에서 프랑스판 ≪한 미국 농부의 편지≫를 출간했는데, 이 프랑스판 책은 그가 영국에서 처음 출판했던 것에 비해 많은 내용이 더 첨가되어서 총 세 권으로 출간되었다. 그의 영어판과 불어판 ≪한 미국 농부의 편지≫는 다른 여러 언어로 번역되어 유럽 전역으로 퍼져나갔으며, 이 책으로 인해 미국에 대한 유럽 사람들의 관심이 이전에 비해 대단히 높아졌다.

장 드 크레뵈쾨르가 ≪한 미국 농부의 편지≫에서 묘사하고 있는 미국은 유럽이 가지고 있는 많은 문제들이 치유되는 신세계로 그려졌다. 유럽의 오랜 계급사회 전통에 비해 미국을 법치주의에 근거한 평등한 사회로 나타냈으며, 개인의 노력에 따라 누구든지 적절한 보상을 받는 새로운 약속의 땅으로 묘사했다. ≪한 미국 농부의 편지≫는 당시 유럽 사회의 보수적 전통과 보이지 않는 계급제도에 의해 고통받거나 불만을 가진 사람들에게 미국이 새로운 희망의 땅이라는 꿈을 주었다.

We have twice a year the pleasure of catching pigeons, whose numbers are sometimes so astonishing as to obscure the sun in their flight. Where is it that they hatch? for such multitudes must require an immense quantity of food. I fancy they breed toward the plains of Ohio, and those about lake Michigan, which abound in wild oats; though I have never killed any that had that grain in their craws. In one of them, last year, I found some undigested rice. Now the nearest rice fields from where I live must be at least 560 miles; and either their digestion must be suspended while they are flying, or else they must fly with the celerity of the wind. We catch them with a net extended on the ground, to which they are allured by what we call TAME WILD PIGEONS, made blind, and fastened to a long string; his short flights, and his repeated calls, never fail to bring them down. The greatest number I ever catched was fourteen dozen, though much larger quantities have often been trapped. I have frequently seen them at the market so cheap, that for a penny you might have as many as you could carry away; and yet from the extreme cheapness you must not conclude, that they are but an ordinary food; on the contrary, I think they are excellent. Every farmer has a tame wild pigeon in a cage at his door all the year round, in order to be ready whenever the season comes for catching them. – *Letters From an American Farmer*: Letter II – On The Situation, Feelings, and Pleasures, of an American Farmer

Europe contains hardly any other distinctions but lords and tenants; this fair country alone is settled by freeholders, the possessors of the soil they cultivate, members of the government they obey, and the framers of their own laws, by means of their representatives. This is a thought which you have taught me to cherish; our difference from Europe, far from diminishing, rather adds to our usefulness and consequence as men and subjects. Had our forefathers remained there, they would only have crowded it, and perhaps prolonged those convulsions which had shook it so long. Every industrious European who transports himself here, may be compared to a sprout growing at the foot of a great tree; it enjoys and draws but a little portion of sap; wrench it from the parent roots, transplant it, and it will become a tree bearing fruit also. Colonists are therefore entitled to the consideration due to the most useful subjects; a hundred families barely existing in some parts of Scotland, will here in six years, cause an annual exportation of 10,000 bushels of wheat: 100 bushels being but a common quantity for an industrious family to sell, if they cultivate good land. It is here then that the idle may be employed, the useless become useful, and the poor become rich; but by riches I do not mean gold and silver, we have but little of those metals; I mean a better sort of wealth, cleared lands, cattle, good houses, good clothes, and an increase of people to enjoy them. – *Letters From an American Farmer*: Letter III – What Is An American

3) 벤저민 프랭클린의 ≪자서전≫

벤저민 프랭클린(Benjamin Franklin, 1706–1790)은 1706년 비누와 양초를 제조하는 집안의 열다섯째 아이로 보스턴에서 출생했다. 10살 때 학교를 그만두고 형의 인쇄소에서 일을 시작했다. 학교에서 정규 교육을 제대로 받지는 못했지만 타고난 성실함과 명석함을 가졌던 프랭클린은 인쇄소에서 다양한 글들을 접하면서 지식과 글 쓰는 법을 독학했다. 형의 인쇄소를 나와 17살에 필라델피아로 가서 인쇄사업으로 성공을 하였다.

Benjamin Franklin [75)]

필라델피아에서 인쇄업에서 성공한 프랭클린은 ≪가난한 리처드의 연감≫(*Poor Richards Almanac*, 1732)을 발간하여 작가로서의 명성도 얻었다. 그는 자신의 성공을 사회에 환원하는 일에도 적극 참여했는데, 1731년 펜실베이니아 대학에 도서관을 건립하였다. 그는 정치에도 관심을 가졌는데 1736년에는 펜실베이니아의 하원의원으로 선출되기도 했고, 체신장관 대리직을 맡아 우편행정제도를 개선하기도 했다. 그는 미국 식민지 대표로 영국과 협상을 주도했으며 영국이 미국 식민지에 취한 인지조례의 철폐를 이끌어내는데 주도적인 역할을 했다. 그는 독립전쟁 당시 참전을 망설이던 프랑스를 설득해 미국을 돕게 만듦으로써 독립전쟁을 승리로 이끄는 데 결정적인 역할을 하기도 했다. 그는 미국 헌법을 초안을 만드는 데 참여했으며 토머스 제퍼슨과 함께 독립선언서를 작성하는 데 중요한 역할을 했다.

벤저민 프랭클린은 정치가이자 과학자이자 문학가로서 활동했다. 그는 미국의 대표적인 계몽주의자로서 유럽의 전통사회와 차별되는 실용주의 철학을 실천한 인물이었다. 그가 65세에 집필한 ≪자서전≫(*Autobiography*)은 그의 실용주의적 정신과 미국이라는 나라가 요구하는 성공을 위한 실용적인 덕목과 철학을 아주 쉽게 설명해내고 있다. 그는 건강, 성공, 행복을 이루기 위한 구체적인 실천사항들을 자서전에서 언급하고 있는데, 인간의 가치와 성공은 타고난 출신이나 배경과는 상관이 없으며 오직 개인의 건전한 습관과 노력을 통해서 이룩할 수 있다고 설명하고 있다. 그는 특별한 방법이 아니라 보통 사람들이 실천할 수 있는 일상적인 지혜의 소중함을 강조하고 있고, 이를 통해 누구나 성공을 이룰 수 있다는 희망을 사람들에게 주고 있다. 프랭클린 자신이 "미국의 꿈"(American Dream)을 상징하는 대표적인 인물이기 때문에 그의

75) Duplessis, Joseph-Siffrede의 작품. 1907. Prints and Photographs Division of the Library of Congress. http://www.americaslibrary.gov/aa/franklinb/aa_franklinb_subj_e.html

≪자서전≫은 이후 미국적 가치와 "미국의 꿈"을 이룩하고자 하는 이들의 실천서와 같은 역할을 하기도 했다.

In the various enumerations of the moral virtues I had met with in my reading, I found the catalogue more or less numerous, as different writers included more or fewer ideas under the same name. Temperance, for example, was by some confined to eating and drinking, while by others it was extended to mean the moderating every other pleasure, appetite, inclination, or passion, bodily or mental, even to our avarice and ambition. I propos'd to myself, for the sake of clearness, to use rather more names, with fewer ideas annex'd to each, than a few names with more ideas; and I included under thirteen names of virtues all that at that time occurr'd to me as necessary or desirable, and annexed to each a short precept, which fully express'd the extent I gave to its meaning.

These names of virtues, with their precepts, were

1. TEMPERANCE. Eat not to dullness; drink not to elevation.
2. SILENCE. Speak not but what may benefit others or yourself; avoid trifling conversation.
3. ORDER. Let all your things have their places; let each part of your business have its time.
4. RESOLUTION. Resolve to perform what you ought; perform without fail what you resolve.
5. FRUGALITY. Make no expense but to do good to others or yourself; i.e., waste nothing.
6. INDUSTRY. Lose no time; be always employ'd in something useful; cut off all unnecessary actions.
7. SINCERITY. Use no hurtful deceit; think innocently and justly, and, if you speak, speak accordingly.
8. JUSTICE. Wrong none by doing injuries, or omitting the benefits that are your duty.
9. MODERATION. Avoid extreams; forbear resenting injuries so much as you think they deserve.

10. CLEANLINESS. Tolerate no uncleanliness in body, cloaths, or habitation.
11. TRANQUILLITY. Be not disturbed at trifles, or at accidents common or unavoidable.
12. CHASTITY. Rarely use venery but for health or offspring, never to dulness, weakness, or the injury of your own or another's peace or reputation.
13. HUMILITY. Imitate Jesus and Socrates. － ≪자서전≫ 중 －

4) 독립혁명기를 전후한 미국 소설

미국 식민지 기간은 종교적 열정을 담은 시나 설교문과 같이 재미가 배제된 종교문학의 시대라고 할 수 있다. 독립전쟁을 거치면서 미국은 독립국가에 걸맞은 다양한 문화와 시장을 갖추게 되었다. 독립전쟁 이전의 미국은 대중문화가 확산될 수 있는 인프라가 마련되지 않은 상태였다. 식민지의 넓은 지역에 비해 도로망은 부실했고 교육받은 인구의 수도 그렇게 많지는 않았다. 시와는 달리 소설은 대중적인 소비를 전제로 하고 있기 때문에 미국 식민지의 이러한 열악한 상황에서 미국적인 특징을 담은 창의적인 소설문학이 탄생하기는 어려웠다. 이런 이유 이외에도 청교도적 가치관은 소설의 허구성과 쾌락적 요소를 반대했기 때문에 미국 땅에서 미국적인 소설의 탄생은 상당히 느리게 진행되었다. 이러한 상황에서 사람들의 읽는 즐거움을 충족시키는 빠르고 편리한 방법은 영국에서 유행한 인기 있는 소설을 개작하여 소개하는 것이었다. 18세기 후반 미국 소설 내용과 형식면에서 영국의 소설을 모방한 상태이기는 하지만 이후에 다가올 미국 소설의 개화기를 예비하고 있었다.

(1) 윌리엄 힐 브라운

윌리엄 힐 브라운(William Hill Brown, 1765－1793)은 1765년 보스턴에서 출생했다. 그의 인생행적에 대한 기록은 별로 남아 있는 것이 없지만 그가 1789년 집필한 ≪동정의 힘≫(*The Power of Sympathy*, 1789)이 미국 최초의 소설로 평가 받으면서 소설사적 관점에서 그와 그의 작품이 의미를 가진다. 최초의 미국 소설로 인정받는 ≪동정의 힘≫은 그 내용과 분위기가 근대소설의 효시로 평가받았던 사무엘 리처드슨(Samuel Richardson)의 ≪파멜라≫(*Pamela, or Virtue Rewarded*, 1740)를 모방하고 있다.

≪동정의 힘≫은 대표적인 감성소설로 분류되는데, 감성소설은 18세기의 냉철한 이성주의에 대한 반발로 타인의 슬픔에 대한 독자의 연민을 이끌어내는데 초점을 맞추어서 이야기의 내용과 분위기를 전개한 소설을 일컫는다. 소설의 남자 주인공인 부유한 방탕아 해링턴(Harrington)은 아버지의 반대에도 불구하고 청순한 해리엇(Harriot)을 유혹해서 자신의 정부로 만들고 싶어 한다. 해리엇은 해링턴의 불순한 의도를 알고 그것을 거부하지만 해링턴이 진심으로 그녀를 사랑하게 되자 그들은 약혼을 한다. 그러나 해리엇과 해링턴의 가족사의 비밀이 밝혀지기 시작하는데, 해링턴과 해리엇은 어머니가 다른 자매인 것이 드러난다. 이 사실을 알게 되자 이들은 절망한다. 해리엇은 회복할 수 없는 병에 걸려 죽게 되고, 해리엇이 죽자 해링턴 역시 자살한다.

(2) 찰스 브록든 브라운

Charles Brockden Brown[76)]

찰스 브록든 브라운(Charles Brockden Brown, 1771 – 1810)은 1771년 필라델피아에서 출생했다. 학창시절에 그는 지리와 역사를 특히 좋아했고 주위의 걱정을 끼칠 정도로 독서에 지나치게 몰입했다. 그의 부친은 그가 법률가가 되기를 원했기 때문에 그는 법률공부를 하기도 했지만 문학에 대한 열정을 거둘 수는 없었다. 그는 법률공부를 그만두고 잡지사 등에 원고를 팔아서 생계를 이어갔다. 이런 점에서 볼 때 찰스 브록든 브라운은 미국 최초의 직업작가라고 할 수 있다.

찰스 브록든 브라운은 영국의 고딕 소설들에 매료되었는데, 당시 고딕 소설의 선구자적 역할을 했던 앤 래드클리프(Ann Radcliffe, 1764 – 1823)나 윌리엄 고드윈(William Godwin, 1756 – 1836)의 영향을 많이 받았다. 이들의 영향으로 찰스 브록든 브라운은 미국적인 고딕 소설을 개발하려고 노력했다. 그는 영국 고딕 소설의 배경이나 내용을 차용하면서도 미국적인 배경과 어두운 감수성을 소설을 통해 구현하고자 했다. 그는 생계를 해결하기 위해 2년 동안 무려 4편의 고딕 공포소설을 썼다. 그가 집필한 ≪윌랜드≫(Wieland, 1798), ≪아서 머빈≫(Arthur Mervyn, 1799), ≪오먼

76) http://en.wikipedia.org/wiki/Charles_Brockden_Brown

드≫(Ormond, 1799), ≪에드가 헌틀리≫(Edgar Huntley, 1799)는 이후 미국의 "어둠의 힘"(Power of Blackness)을 탐색했던 허만 멜빌이나 나다니엘 호손과 같은 작가들에게 많은 영향을 끼쳤다.

≪월랜드≫는 종교적 광신과 정신분열적 상황을 다루고 있는데 실제 사건을 소재로 했다. 주인공 데오도르 월랜드(Theodore Wieland)는 캐서린 플레옐(Catherine Pleyel)과 결혼하여 월랜드 가문의 땅에 정착한다. 유럽에서 온 캐서린의 오빠인 헨리가 이들 부부를 방문한다. 월랜드와 헨리는 철학과 종교에 대해서로 논쟁을 한다. 이들의 논쟁은 곧 카윈(Carwin)이라는 정체불명의 남자와 또 사람의 실체가 없는 말소리의 등장으로 중단된다. 카윈은 헨리와 월랜드가 벌이는 토론에 참여하고 싶어 한다. 카윈과 함께 등장한 실체가 없는 목소리가 말하길 헨리의 약혼녀가 유럽에서 죽었다고 하는데 이는 사실로 밝혀진다. 그러자 월랜드는 이 소리를 신의 목소리 혹은 신성한 어떤 것이라 확신을 한다.

월랜드의 동생 클라라는 헨리와 사랑에 빠진다. 그런데 헨리는 클라라와 카윈이 대화하는 것을 엿듣게 되는데 그 내용이 클라라가 순결을 잃었다는 것이었다. 그러자 헨리는 클라라를 거부한다. 한편 월랜드는 그 목소리가 신의 음성이라는 것을 확신하고 신이 자신에게 자신의 여동생 클라라와 헨리를 죽이라고 명령한다고 믿는다. 이웃의 도움으로 클라라는 간신히 목숨을 구하게 되고, 월랜드는 붙잡혀 감옥에 갇힌다. 카윈은 자신이 복화술사이고 클라라의 가족이 들었던 목소리가 자신에게서 나온 것이라 고백한다. 카윈은 자신이 클라라에게 끌렸기 때문에 헨리가 그녀에게서 멀어지게 했다고 한다. 그러나 월랜드가 가족을 살해하고자 한 것과는 자신은 무관하다고 주장한다. 월랜드가 감옥에서 탈출해서 클라라를 죽이기 위해 다시 돌아왔을 때 카윈은 마치 신인 것처럼 월랜드에게 말함으로써 클라라를 구한다. 그리고 카윈이 월랜드에게 전말을 이야기하자 월랜드는 자신의 죄를 깨닫고 자살을 한다.

5) 독립혁명기를 전후한 미국의 드라마

미국 드라마의 탄생은 시사 소설에 비해 상대적으로 늦게 시작되었다. 시나 소설에 비해 드라마는 극장이라는 대규모의 시설과 공연을 가능하게 해 줄 어느 정도의 관객층도 필요했기 때문이었다. 18세기 후반에 이르러서야 비로소 동부의 도시를 중심으로 극장이 생겨나기 시작했기 때문에 이 시기를 미국 드라마의 탄생기로 보는 것이 타당할 듯하다.

(1) 토마스 고프리의 ≪파티아의 왕자≫

Thomas Godfrey[77)]

토마스 고프리(Thomas Godfrey, 1736－1763)는 필라델피아에서 활동했던 미국의 시인이자 극작가였다. 아버지가 일찍 돌아가신 후 시계공의 도제가 되기도 했다. 1767년에 그가 집필한 ≪파티아의 왕자≫(*The Prince of Parthia*)는 미국 최초의 드라마로 평가받고 있다. 이 작품은 셰익스피어와 크리스토퍼 말로의 작품을 따라 한 흔적이 많았지만, 미국인에 의해 작품이 집필되어 전문극단에 의해 극장에서 공연된 최초의 작품이라는 점에선 역사적 의의가 높다.

≪파티아의 왕자≫는 한 여자를 두고 고귀한 신분의 두 형제가 격돌하는 전형적인 애정영웅비극의 형식을 취하고 있다. 왕자 바르다네스(Vardanes)는 아버지 아르타바누스(Artabanus) 왕이 형제인 아르사세스(Arsaces)에게 등을 돌리도록 모략을 꾸민다. 그 이유는 아르사세스가 전쟁에서 이겨 사랑을 받는 것에 대한 질투이기도 했고, 아르사세스가 자신이 좋아하는 에반스(Evanthe)라는 처녀의 사랑을 얻은 것에 분노했기 때문이기도 했다. 바르다네스의 모략은 성공을 거두어 부왕은 아들인 아르사세스를 감옥에 가두어 버린다. 그러나 동생인 왕자 고타르제스(Gotarzes)가 군대를 이끌고 형 아르사세스를 구하기 위해 전쟁을 일으킨다. 전쟁이 계속되는 동안 에반스는 아르사세스가 죽었다는 소식을 듣고 독약을 마시고 자살을 한다. 그러나 그 소식은 한낱 소문일 뿐이었다. 아르사세스가 죽어가는 에반스에게 달려가지만 그녀는 숨을 거둔다. 그러자 아르사세스 역시 운명을 한탄하며 자살을 한다.

(2) 로열 타일러의 ≪대비≫

로열 타일러(Royall Tyler, 1757－1826)는 보스턴에서 출생했다. 하바드 대학에서 수학했고, 졸업 후에는 민병대에서 복무하기도 했다. 후일 변호사가 되어 사무실을 열기도 했다. 존 애덤스(John Adams)의 딸 애비(Abby)와 사랑에 빠져 약혼을 하기도 했으나, 천성적으로 활발하고 즉흥적인 애비는 어머니를 따라 유럽으로 가 버리고 나

---

77) http://famouspoetsandpoems.com/poets/thomas_godfrey/biography

Royall Tyler[78)]

중에 파혼을 통보했다. 한동안 절망에 빠져 있기도 했지만, 타일러는 자신을 위로하는 매리 팔머(Mary Palmer)와 결혼했다.

로열 타일러는 후일 뉴욕에서 영국의 풍습희극을 보았으며 이에 영감을 얻어 ≪대비≫(*The Contrast*, 1787)라는 작품을 썼으며, 이 작품은 전문 극단인 아메리칸 컴패니(American Company)에 의해 공연되었다. 더구나 ≪대비≫의 내용은 미국과 영국의 문화적 특징들을 비교함으로써 발생하는 희극적 상황을 다루었기 때문에 이전의 다른 연극보다도 미국적인 독창성이 풍부한 작품으로 평가받고 있다. 이런 이유로 ≪대비≫는 전문극단에 의해 공연된 사실상 제대로 된 최초의 미국 연극으로 여긴다.

≪대비≫의 여주인공인 마리아(Maria)는 아버지가 정해준 짝인 딤플(Dimple)과 결혼할 처지에 놓였다. 딤플은 마리아 아버지의 사업파트너 아들인데 과장된 격식으로 치장한 영국식 문화에 빠진 속물이면서 바람둥이다. 딤플은 마리아와 결혼을 양쪽 집안끼리 약속한 사이임을 인정하면서도 매력적인 샬로트(Charlotte)와 돈 많은 레티샤(Letitia)를 유혹한다.

한편, 샬로트의 오빠인 맨리(Manly)는 독립혁명 전쟁에 참전했다 돌아온다. 그는 당시의 대도시의 세련된 의상을 입고 있지 않고 촌스러운 군복을 입고 나타난다. 맨리는 세련되지는 못했지만 정직하고 자연스럽다. 마리아는 점차 딤플의 속물적인 근성과 바람기에 질리게 되면서 딤플과는 달리 담백한 성품의 맨리에게 마음을 빼앗긴다. 돈에 대한 집착이 강한 마리아의 아버지는 딸과 딤플의 정해진 결혼을 강력하게 주장하지만, 딤플이 도박으로 많은 돈을 잃었다는 소식을 듣자 그에게 딸을 줄 수 없다고 결심한다. 그러던 차에 마리아와 맨리가 서로 사랑한다는 소식을 듣게 되고 결국 이들의 결혼을 허락하게 된다.

---

78) http://www.csustan.edu/english/reuben/pal/chap8/tyler.html

≪대비≫의 표지[79)]

4. 19세기 미국 문학

1) 프론티어의 개척과 미국의 건설

1775년에 시작된 미국독립전쟁은 1783년 파리조약으로 영국이 미국의 독립을 공식적으로 인정하면서 완성하게 되었다. 이후 미국의 행보는 국가적 기틀을 다지고 영토를 확장하는 방향으로 나아가게 된다. 1787년에 미국의 헌법이 재정되어 반포되었고, 1789년에 조지 워싱턴이 초대 대통령으로 추대 되었다. 독립 후 불과 60년 정도만에 미국은 31개 주로 발전했다.

미국의 팽창기는 항상 발전과 그 어두운 그늘이 공존했던 시기였다. 영토의 팽창을 위해 인디언들을 몰아냈으며, 그 과정에서 살육과 탐욕의 역사는 개척과 물질적 팽창의 역사 뒤편으로 묻혔다. 미국의 독립은 그동안 독립전쟁으로 미루었던 영토 확장 정책을 재점화 시켰다. 이른바 프론티어(frontier)라고 불리는 서부의 개척지로 진출하는 개척운동은 미국의 동쪽에서 서쪽으로 새로운 삶의 터전과 기회를 찾아 19세기 중반까지 이어졌다. 이때 생겨난 미국의 "프론티어 정신"은 일견 미지의 세계에 도전하는 긍정적인 가치를 지니기도 했지만 그 내면은 폭력과 탐욕의 어두운 그림자를 동시에 가지고 있었다.

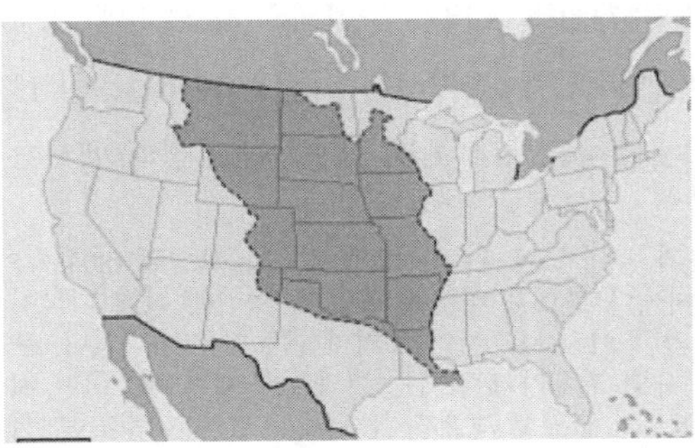

루이지애나 매입지역

79) https://library.brown.edu/guide/img/061_768px.jpg

1803년 미국은 프랑스로부터 루이지애나 지역[80]을 매입했다. 이 루이지애나 지역의 매입은 미시시피 강까지 닿아있던 프론티어 경계선을 단숨에 강 서쪽너머의 광활한 지역까지 확장시켜 놓았다. 루이지애나 매입이 있었던 이때까지만 해도 텍사스를 포함한 미국 서부지역 대부분은 스페인의 식민지였다. 1821년 코르도바 조약으로 멕시코가 스페인으로부터 독립하면서 텍사스와 미국 서부지역은 자연히 멕시코의 영토가 되었다. 신생독립국인 멕시코는 오늘날 멕시코에 해당되는 동북부 지역의 개발을 위해 미국 이민자들의 유입을 허락했고 이후 약 25,000명에 달하는 미국 개척자들이 텍사스 지역으로 몰려들었다. 이들은 가톨릭을 신봉했던 멕시코 정부의 개종요청을 거부했고, 무력으로 관공서와 요새를 파괴하면서 독립을 요구했다. 이 시기의 멕시코는 신생국으로 독립이후의 산재한 문제와 통제력 부족으로 텍사스에서 있었던 텍사스 독립운동을 저지할 수 없었고 마침내 1836년 텍사스는 멕시코로부터 독립을 쟁취하게 되었다. 이후 텍사스는 1845년 미국의 한 주로 편입되었다.

1836년 텍사스가 멕시코로부터의 독립을 해서 1845년 미국의 한 주로 편입되었지만, 멕시코는 텍사스의 독립을 인정하지 않았다. 이때 미국은 태평양으로 진출하기 위해 멕시코의 영토였던 캘리포니아까지 국경을 넓히고 싶었기 때문에 멕시코로부터 캘리포니아와 중간의 뉴멕시코 지역을 멕시코로부터 매입하려고 했다. 그러나 당시 신생독립국가였던 멕시코는 정치적으로 대단히 불안했고, 또 민족주의적 성향이 강했던 국민들의 반대도 극렬했기 때문에 미국의 매입의사 타진은 거부되었다. 이러한 상황에서 미국과 멕시코의 영토분쟁이 일어났다. 텍사스를 병합한 미국은 오늘날의 미국-멕시코 국경인 리오그란데 강까지를 미국의 영토라고 주장했고, 멕시코는 리오그란데 강 북쪽에 있는 누에세스 강까지를 영토라고 주장하는 상황에서 두 나라의 분쟁은 날로 격화되어 갔다. 당시 대통령이었던 제임스 포크가 누에세스 강 너머에 요새를 설치해 버렸고, 이에 멕시코 기병대가 미국군을 공격하자 미국은 1846년 5월 13일 전쟁을 선포했다. 미국과 멕시코의 전쟁은 미국의 우세로 진행되었고 한때 멕시코

80) 루이지애나 매입에 관한 조약은 나폴레옹과 토머스 제퍼슨 사이에 체결된 것으로 1803년 5월 2일 서명되었다. 이 조약에 따라 루이지애나 영토는 미국에 팔렸다. 그런데 이때 미국이 프랑스로부터 사들인 영토는 오늘날 미국의 루이지애나 지역을 의미하는 것은 아니었다. 프랑스가 확보하고 있었던 미시시피 강 서부유역 전체가 포함되는 지역으로 체결당시 어떤 지역을 정확히 명시하는 가에 대한 뚜렷한 언급이 없었고 경계도 애매했다. 조약을 체결하면서 미국은 이런 사실을 알고 있었고 이후 미국은 자신들이 해석하는 바대로 그 영역을 매입한 것으로 했다. 이 광대한 지역을 구입한 대가로 미국은 1,125만 달러와 프랑스의 빚 375만 달러 등 총 27,267,622달러를 지불했다. 이는 에이커당 3센트도 안되는 가격이었다.
http://enc.daum.net/dic100/contents.do?query1=b06r2385a

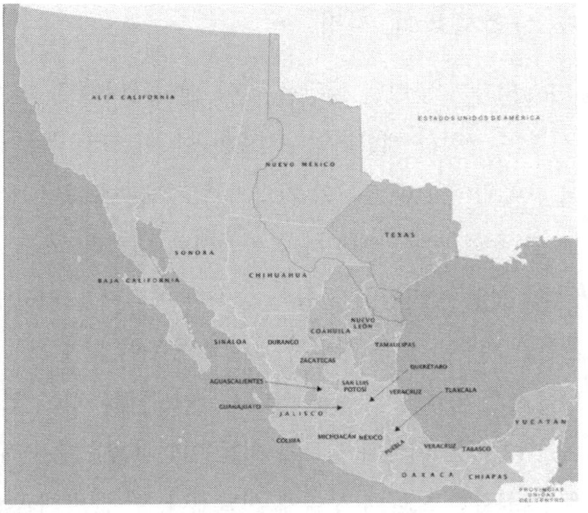

멕시코가 스페인으로부터 독립할 당시의 영토[81)]

의 수도까지 함락될 지경에 이르기도 했다. 결국 1848년 2월 2일 과달루페 이달고 조약을 체결함으로써 전쟁은 끝났다. 조약의 결과 멕시코는 오늘날의 캘리포니아, 네바다, 유타, 애리조나, 뉴멕시코, 와이오밍, 콜로라도를 포함하는 현재 미국 국토의 1/3이 넘는 지역을 넘겨주게 되었고, 이 대가로 미국은 멕시코에게 약 1,800만 달러를 지불했다.

멕시코 전쟁을 승리한 미국은 마침내 태평양 해안까지 서부영토를 확장시켰다. 1848년 캘리포니아에서 대규모의 금광이 발견되면서 서부로의 이주는 더욱 박차를 가하게 되었다. 1849년에 캘리포니아 북부로 금광을 찾아 몰려들어 온 사람들을 "포티나이너스"(49ers)라고 불렀다. 19세기 중반인 이 무렵에 미국은 오늘날의 영토와 유사한 모습을 갖추었고 유럽과 중국에서 유입된 이민으로 인해 인구가 급격히 팽창했다. 미국의 이러한 팽창정책을 당시 언론인이었던 오설리반(John O'Sullivan)은 미국의 "명백한 운명"(manifest destiny)라고 불렀다. "명백한 운명"은 미국의 영토팽창 정책을 미국의 거부할 수 없는 운명으로 여기는 신념의 기조가 되었고 영토팽창을 합리화하는 정신적 도구로 활용되기도 했다.

81) 1821년 멕시코가 스페인으로부터 독립할 당시의 영토로 오늘날의 미국 서부해안 전부와 내륙으로는 텍사스에서 북쪽으로 와이오밍에 이르는 광대한 지역이 멕시코의 영토에 속했다. http://commons.wikimedia.org/wiki/File:Mexico_1835-1846_administrative_map-es.svg

2) 남북전쟁과 산업사회의 시작

"골드러시"(Gold Rush)라고 불렸던 금광을 찾아 캘리포니아로 몰려들었던 개척민들로 인해 미국의 서부는 급격히 개발되었다. 1860년에 이르러 미국의 철도의 길이는 이미 영국을 3배 이상 추월했으며 초기의 자급자족 경제수준에서 벗어나 다른 시장에 상품을 수출하고 또 수입하는 단계로까지 발전하게 되었다. 기후, 자연환경, 정착의 역사에 따라 미국의 산업은 자연히 물류와 풍부한 에너지 그리고 시장을 가진 북부의 공업지역과 온화한 기후와 넓은 경작지 그리고 풍부한 노예 노동력을 가진 남부의 농업지역으로 나눠지게 되었다. 새로운 이민자들이 유입되기는 했지만 그와 동시에 하루가 다르게 팽창해 가는 미국의 영토가 이들 이민자들을 흡수해 버렸기 때문에 북부의 상공업 지역은 심각한 노동력 부족에 시달렸다. 이에 반해 남부는 소수의 대농장 지주들이 약 400만 명에 달하는 노예 노동력을 거의 독점하다시피 하면서 면화나 사탕수수와 같은 작물을 재배하여 주로 영국으로 수출하는 형태의 산업구조를 가지고 있었다.

미국의 영토와 산업이 팽창해 가면서 서로 다른 산업 및 노동환경을 가지고 있었던 북부와 남부의 충돌은 점차 불가피한 상황으로 치달았다. 공업을 주로 했던 북부의 주들은 남부의 대농장에 묶여있는 노예들을 자유계약 노동자로 전환시키고자 하면서 노예폐지를 주장했고, 농업을 위주로 했던 남부의 주들은 노동집약적인 대농장 산업형태를 지속시키기 위해 노예제를 유지시키기를 원했다. 새로 생겨나는 주들이 노예제를 반대하는 쪽으로 갈 경향이 커지면서 노예제를 찬성하는 주와 반대하는 주의 균형이 점차 무너지게 되었다.

1860년의 노예제 폐지를 주장했던 링컨이 북부 주들의 지지로 당선되자, 노예제 폐지를 우려한 남부 7개주가 남부 연합을 결성하여 분리 독립을 선언하기에 이르렀다. 이들 남부 7개 주들은 새로운 나라의 이름으로 "미연합주"(Confederate States of America)를 공포하고 그 수도를 버지니아 주의 리치먼드로 하였으며, 헌법으로 노예제를 인정하는 법률을 제정했고 제퍼슨 데이비스를 새로운 국가의 대통령으로 선출했다. 링컨 대통령은 분리를 선언한 남부 주들의 행동을 국가에 대한 반란으로 선언하기에 이르렀고, 1861년 4월 남군이 사우스캐롤라이나의 섬터(Sumter) 요새를 공격하면서 4년간의 내전이 시작되었다. 남북전쟁은 1863년 7월 1일부터 3일간 벌어진 게티즈버그 전투에서 그 결과의 향방이 결정되었다. 게티즈버그 전투는 남군과 북군

모두에게 치명적인 손실을 가져다주었지만 북군의 승리로 끝나면서 이후 전쟁의 판도는 북군쪽으로 급격히 기울게 되었다. 마침내 1865년 4월 3일 남군의 수도인 리치먼드가 함락됨으로써 실질적인 전쟁은 끝나게 되었다.

남북전쟁은 미국의 북부와 남부의 서로 다른 산업형태 사이에서 패권을 다투었던 전쟁이었다. 결과적으로 북군이 승리함으로써 미국은 이후 산업자본주의 국가로 발전하게 되었다. 남부의 농업이 쇠락의 길을 걷게 되는 것과는 대조적으로 북부의 공업도시들이 미국의 미래와 주력산업을 상징하게 되었다. 남북전쟁이 가져다준 공업화와 산업자본주의는 미국을 단기간에 물질적으로 발전시키기는 했지만 그와 동시에 빈부의 격차, 도시의 슬럼가, 범죄의 발생 등 다양한 사회 문제를 동시에 끌어안게 되었다.

3) 19세기 미국 시

19세기에 접어들면서 미국 시는 영국의 영향력에서 점차 벗어나고 있었다. 19세기 초반의 미국 시는 여전히 영국의 18세기 낭만시의 영향을 받고 있었지만 그 내용면에서는 미국적인 소재를 사용함으로써 미국적인 독창성을 가미해 가고 있었다. 19세기 초의 미국 시는 비록 형식과 기교면에선 영국의 낭만시를 모방하고 있었지만 그 내용면에선 영국의 낭만시에서는 찾아 볼 수 없는 미국적인 지명과 식물의 이름 등을 시어로 활용함으로써 미국적인 풍경과 미국적인 감성을 담은 독특한 시들을 탄생시켰다. 남북전쟁 이후에는 급격하게 진행된 산업화의 영향으로 인간과 사회, 인간과 자연에 대한 고민을 시로 표현하는 작품들이 등장하기 시작했다. 또한 자연을 통한 자기 성찰의 내용을 표현하는 시들이 등장하면서 미국의 자연이 미국 시의 중요한 소재이자 주제가 되었다. 새롭게 탄생한 국가의 건설과 발전에 대한 열망이나 민주주의에 대한 찬미 등을 노래한 시들이 등장하기 시작한 것도 19세기 미국시의 한 특징으로 볼 수 있다.

(1) 필립 프레노

필립 프레노(Philip Freneau, 1752－1832)는 1752년 와인 상인이었던 피에르 프레노(Pierre Freneau)의 장남으로 태어났다. 뉴저지 주에서 성장했고, 프린스턴 대학에 입학하여 목사가 되기 위해 공부했다. 프린스턴 대학을 졸업하고 잠시 교직에 있었지

Philip Freneau[82]

만 곧 그만 두었다. 독립전쟁이 발발하자 그는 영국을 신랄하게 비판하는 글을 써서 발표하기도 했다. 그러나 그는 독립혁명에 직접 참전하지는 않았고 미국을 떠나 서인도제도에서 머물며 글을 쓰기도 했다. 프레노는 다시 미국으로 돌아와 민병대에 가입해 활동하기도 했고, 영국군에게 붙잡혀 감옥선에 6주정도 수감되어 고초를 겪기도 했다. 이후 그는 그가 감옥선에서 겪었던 경험을 <영국 감옥선>(*The British Prison Ship*, 1781)이라는 강력한 반영국적인 어조의 시를 통해 발표했다. 이러한 이유로 필립 프레노는 "미국 혁명의 시인"(The Poet of the American Revolution)으로 불리기도 했다. 필립 프레노의 시는 영국의 낭만시의 전통을 이어받기도 했지만 시적 언어와 소재 면에서 영국의 낭만시에서는 찾아 볼 수 없는 지극히 미국적인 언어와 소재를 사용하여 미국적인 자연과 미국적인 정서를 담은 시를 썼다.

The Indian Burying Ground

In spite of all the learn'd have said;
I still my old opinion keep,
The posture, that we give the dead,
Points out the soul's eternal sleep.

Not so the ancients of these lands —
The Indian, when from life releas'd
Again is seated with his friends,
And shares gain the joyous feast.

His imag'd birds, and painted bowl,
And ven'son, for a journey dress'd,

82) http://en.wikipedia.org/wiki/Philip_Freneau

Bespeak the nature of the soul,
Activity, that knows no rest.

His bow, for action ready bent,
And arrows, with a head of stone,
Can only mean that life is spent,
And not the finer essence gone.

Thou, stranger, that shalt come this way.
No fraud upon the dead commit —
Observe the swelling turf, and say
They do not lie, but here they sit.

Here still lofty rock remains,
On which the curious eye may trace,
(Now wasted, half, by wearing rains)
The fancies of a older race.

Here still an aged elm aspires,
Beneath whose far — projecting shade
(And which the shepherd still admires
The children of the forest play'd!

There oft a restless Indian queen
(Pale Shebah, with her braided hair)
And many a barbarous form is seen
To chide the man that lingers there.

By midnight moons, o'er moistening dews,
In habit for the chase array'd,

The hunter still the deer pursues,
The hunter and the deer, a shade!

And long shall timorous fancy see
The painted chief, and pointed spear,
And reason's self shall bow the knee
To shadows and delusions here.

(2) 윌리엄 칼런 브라이언트

William Cullen Bryant [83]

윌리엄 칼런 브라이언트(William Cullen Bryant, 1794－1878)는 1794년 매사추세츠 주의 커밍턴(Cummington)에서 출생했다. 그의 아버지 피터 브라이언트(Peter Bryant)는 의사였으며 이후 매사추세츠 주의 입법의원이 되었다. 그는 법률을 공부하였으며, 이후 변호사로 활동하기도 했지만 결국 시를 쓰는 일에 더욱 매료되었다. 그는 알렉산드 포프(Alexand Pope)와 같은 시인들의 작품에 영향을 받았다. 그는 시를 통해 삶과 죽음에 대한 철학적인 고민과 자신의 정치적인 신념을 표명하기도 했다. 그의 대표작 <죽음에 대한 고찰>(*Thanatopsis*, 1817)은 자연의 일부로서의 인간에 대해 그의 깊은 명상을 전하고 있다. 그를 유명하게 했던 <금지령>(*The Embargo*, 1808)는 토머스 제퍼슨 대통령을 신랄하게 공격하는 내용을 담고 있었기 때문에 시가 출판되자마자 뜨거운 반향을 불러일으켰다.

Thanatopsis

O him who in the love of Nature holds
Communion with her visible forms, she speaks
A various language; for his gayer hours

83) http://www.jamessmithnoelcollection.org/images/william%20cullen%20bryant.jpg

She has a voice of gladness, and a smile
And eloquence of beauty, and she glides
Into his darker musings, with a mild
And healing sympathy, that steals away
Their sharpness, ere he is aware. When thoughts
Of the last bitter hour come like a blight
Over thy spirit, and sad images
Of the stern agony, and shroud, and pall,
And breathless darkness, and the narrow house,
Make thee to shudder and grow sick at heart; —
Go forth, under the open sky, and list
To Nature's teachings, while from all around —
Earth and her waters, and the depths of air —
Comes a still voice — Yet a few days, and thee
The all-beholding sun shall see no more
In all his course; nor yet in the cold ground,
Where thy pale form was laid with many tears,
Nor in the embrace of ocean, shall exist
Thy image. Earth, that nourish'd thee, shall claim
Thy growth, to be resolved to earth again,
And, lost each human trace, surrendering up
Thine individual being, shalt thou go
To mix for ever with the elements,
To be a brother to the insensible rock,
And to the sluggish clod, which the rude swain
Turns with his share, and treads upon. The oak
Shall send his roots abroad, and pierce thy mould.

Yet not to thine eternal resting-place
Shalt thou retire alone, nor couldst thou wish

Couch more magnificent. Thou shalt lie down
With patriarchs of the infant world — with kings,
The powerful of the earth — the wise, the good,
Fair forms, and hoary seers of ages past,
All in one mighty sepulchre. The hills
Rock-ribb'd and ancient as the sun, — the vales
Stretching in pensive quietness between;
The venerable woods; rivers that move
In majesty, and the complaining brooks
That make the meadows green; and, pour'd round all,
Old Ocean's grey and melancholy waste, —
Are but the solemn decorations all
Of the great tomb of man. The golden sun,
The planets, all the infinite host of heaven,
Are shining on the sad abodes of death,
Through the still lapse of ages. All that tread
The globe are but a handful to the tribes
That slumber in its bosom. — Take the wings
Of morning, pierce the Barcan wilderness,
Or lose thyself in the continuous woods
Where rolls the Oregon and hears no sound
Save his own dashings — yet the dead are there:
And millions in those solitudes, since first
The flight of years began, have laid them down
In their last sleep — the dead reign there alone.
So shalt thou rest: and what if thou withdraw
In silence from the living, and no friend
Take note of thy departure? All that breathe
Will share thy destiny. The gay will laugh
When thou art gone, the solemn brood of care

Plod on, and each one as before will chase
His favourite phantom; yet all these shall leave
Their mirth and their employments, and shall come
And make their bed with thee. As the long train
Of ages glides away, the sons of men,
The youth in life's green spring, and he who goes
In the full strength of years, matron and maid,
The speechless babe, and the gray-headed man —
Shall one by one be gathered to thy side
By those who in their turn shall follow them.

So live, that when thy summons comes to join
The innumerable caravan which moves
To that mysterious realm where each shall take
His chamber in the silent halls of death,
Thou go not, like the quarry-slave at night,
Scourged by his dungeon; but, sustain'd and soothed
By an unfaltering trust, approach thy grave,
Like one who wraps the drapery of his couch
About him, and lies down to pleasant dreams

(3) 랠프 월도 에머슨

미국의 철학자이자 시인인 에머슨(Ralph Waldo Emerson, 1803－1882)은 1803년 매사추세츠 주의 보스턴에서 태어났다. 아버지가 유니테리언 교회(Unitarian church)의 목사였기 때문에 어려서부터 종교적으로 아버지의 영향을 많이 받았다. 어려서 목사였던 아버지가 돌아가셨기 때문에 가난한 어린 시절을 보냈으나 어머니의 열정적인 교육열로 인해 그를 포함한 형제들 모두가 하버드 대학을 졸업했다.

에머슨은 하버드를 졸업 후 목사직을 잠시 수행하기도 했지만 아내의 죽음과 종교적 교리에 대한 본질적인 회의로 인해 목사직을 그만두고 10개월간의 유럽여행을 떠났다. 그는 그곳에서 워즈워스와 콜리지를 비롯한 낭만주의 대가들을 만나

Ralph Waldo Emerson[84)]

낭만주의 정신에 대한 교감을 나누었다. 귀국 후 에머슨은 영국으로부터 진정한 정신적 문화적 독립의 필요성을 역설하면서 미국적인 가치와 철학의 필요성을 주장했다. 1836년 발표한 ≪자연≫(*Nature*, 1836)은 과거의 방식을 맹목적으로 추종하는 것으로부터 벗어나 새로운 환경에 맞는 새로운 방식과 사상의 중요성을 강조하고 있다. 에머슨은 ≪자연≫에서 미국의 진정한 사상적 독립에 대한 필요성을 언급하고 있는 것이다. ≪자연≫의 첫머리는 과거의 방식에 무비판적으로 순응하는 시대의 잘못을 지적하는 것으로 시작하고 있다.

Our age is retrospective. It builds the sepulchres of the fathers. It writes biographies, histories, and criticism. The foregoing generations beheld God and nature face to face; we, through their eyes. Why should not we also enjoy an original relation to the universe? Why should not we have a poetry and philosophy of insight and not of tradition, and a religion by revelation to us, and not the history of theirs? Embosomed for a season in nature, whose floods of life stream around and through us, and invite us by the powers they supply, to action proportioned to nature, why should we grope among the dry bones of the past, or put the living generation into masquerade out of its faded wardrobe? The sun shines to-day also. There is more wool and flax in the fields. There are new lands, new men, new thoughts. Let us demand our own works and laws and worship.

– ≪자연≫의 시작부분 –

≪자연≫을 발표한 후 에머슨은 초절주의 클럽(Transcendental Club)을 결성했다. 초절주의(Transcendentalism)는 에머슨이 ≪자연≫을 발표한 1836년부터 1860년대까지 일어났던 미국의 종교, 문학, 철학 전반에 걸쳐서 일어났던 일종의 정신운동으

84) http://www.harvardsquarelibrary.org/365_this_day/9-September/9_11_emerson.jpeg

로 이해할 수 있다. 종교적인 관점에서 볼 때 초절주의는 유니테리어니즘(Unitarianism)이 철학적으로 발전한 것으로 볼 수 있다. 유니테리어니즘은 윌리엄 엘러리 채닝(William Ellery Channing, 1780－1842)에 의해 체계화되었으며, 청교도들의 엄격한 캘빈주의(Calvinism)에 반발하여 개인의 자유의지를 중시하면서 개인이 신과 하나가 될 수 있다고 믿었다. 초절주의는 유니테리어니즘과 낭만주의 문학정신이 결합하여 개인의 자유의지를 바탕으로 직관을 통해 보편적인 진리와 모든 자연과 생명에 깃든 "대영혼"(Over-Soul)을 느낄 수 있다고 믿었다.

Days

Daughters of Time, the hypocritic Days,
Muffled and dumb like barefoot dervishes,
And marching single in an endless file,
Bring diadems and fagots in their hands.
To each they offer gifts after his will,
Bread, kingdoms, stars, and sky that holds them all.
I, in my pleached garden, watched the pomp,
Forgot my morning wishes, hastily
Took a few herbs and apples, and the Day
Turned and departed silent. I, too late,
Under her solemn fillet saw the scorn.

(4) 헨리 데이비드 소로

헨리 데이비드 소로(Henry David Thoreau, 1817－1862)는 1817년 매사추세츠 주의 콩코드(Concord)에서 출생했다. 소로의 아버지는 연필 제조공이었지만 자연에서 사색하고 노예제 폐지와 같은 사회적 문제에 적극적으로 참여할 정도로 사회의식이 높은 사람이었다. 이런 영향은 이후 소로에게도 그대로 영향을 미친 것으로 보인다. 1833년 소로는 하버드 대학에 입학했으며, 그곳에서 수사학, 고전, 철학 등을 배웠다.

1837년 소로는 하버드 대학에 강연을 하러 온 에머슨을 만나게 되는데, 이 만남을 계기로 소로는 평생 에머슨의 진정한 제자가 되었다. 에머슨이 초절주의 이론을 정립한 사람이라면 소로는 초절주의를 실제 실천한 사람으로 볼 수 있다. 대학을 졸업 후 생계를 위해 잠시 교사생활도 하고 연필 제조일도 했지만 대부분의 시간을 그는 글을 쓰고 사색하는데 할애 했다. 1845년 소로는 콩코드 인근의 월든(Walden) 숲 속에 오두막을 짓고 독서와 사색의 2년을 보냈다. 그 기간 동안 소로는 ≪콩코드와 메리맥 강에서의 일주일≫(*A Week on the Concord and Merrimack Rivers*, 1849)을 집필했다. 이후 소로는 숲속에서의 생활을 담은 그의 대표작 ≪월든≫(*Walden, or Life in the Woods*, 1854)도 이 시기에 대부분 집필된 것이다.

Henry David Thoreau[85)]

소로는 철저하게 초절주의를 몸소 실천하면서 자연 속에서 신의 존재를 느끼려 했다. 그는 노예제를 반대했고, 자연과 인간의 원래 모습을 존중했으며, 인간의 자유로운 사고와 활동을 억압하는 어떤 종류의 법률이나 제도에 대해서도 그는 날카롭게 반대했다. 그의 이러한 모습은 스승이었던 에머슨보다 훨씬 더 혁명적인 성향을 보였다. 그 예로 미국이 멕시코와 전쟁을 벌였을 때 인두세 납부를 거부한 일로 투옥되기도 했는데, 그는 나쁜 정부에 시민은 복종하지 않을 권리가 있다는 것을 그의 1848년 에세이 <시민 불복종>(*Resistance to Civil Government, or Civil Disobedience*, 1848)을 통해 주장했다. 소로는 1854년 ≪월든≫을 발표한 이후 계속 집필과 사회운동에만 몰두했다. 그러다 결핵에 걸려 비교적 젊은 나이에 세상을 뜨게 되었다. 그는 죽어가면서도 자신의 저서 ≪콩코드와 메리맥 강에서의 일주일≫의 마지막 장을 읽어 달라고 했다.

I HEARTILY ACCEPT the motto, — "That government is best which governs least"; and I should like to see it acted up to more rapidly and systematically. Carried out, it finally amounts to this, which also I believe, — "That government is best which governs not at all"; and when men are prepared for it, that will be the kind of government which they will have. Government is at best but an expedient;

85) 소로의 작품을 편리하게 정리해 둔 참고 사이트:
http://www.vcu.edu/engweb/transcendentalism/authors/thoreau/writings.html
http://en.wikipedia.org/wiki/Henry_David_Thoreau

but most governments are usually, and all governments are sometimes, inexpedient. The objections which have been brought against a standing army, and they are many and weighty, and deserve to prevail, may also at last be brought against a standing government. The standing army is only an arm of the standing government. The government itself, which is only the mode which the people have chosen to execute their will, is equally liable to be abused and perverted before the people can act through it. Witness the present Mexican war, the work of comparatively a few individuals using the standing government as their tool; for, in the outset, the people would not have consented to this measure. − Part 1, *Civil Disobedience*.

I Knew A Man By Sight

I knew a man by sight,
A blameless wight,
Who, for a year or more,
Had daily passed my door,
Yet converse none had had with him.

I met him in a lane,
Him and his cane,
About three miles from home,
Where I had chanced to roam,
And volumes stared at him, and he at me.

In a more distant place
I glimpsed his face,
And bowed instinctively;
Starting he bowed to me,
Bowed simultaneously, and passed along.

Next, in a foreign land
I grasped his hand,
And had a social chat,
About this thing and that,
As I had known him well a thousand years.

Late in a wilderness
I shared his mess,
For he had hardships seen,
And I a wanderer been;
He was my bosom friend, and I was his.
And as, methinks, shall all,
Both great and small,
That ever lived on earth,
Early or late their birth,
Stranger and foe, one day each other know.

THIS IS A delicious evening, when the whole body is one sense, and imbibes delight through every pore. I go and come with a strange liberty in Nature, a part of herself. As I walk along the stony shore of the pond in my shirt-sleeves, though it is cool as well as cloudy and windy, and I see nothing special to attract me, all the elements are unusually congenial to me. The bullfrogs trump to usher in the night, and the note of the whip-poor-will is borne on the rippling wind from over the water. Sympathy with the fluttering alder and poplar leaves almost takes away my breath; yet, like the lake, my serenity is rippled but not ruffled. These small waves raised by the evening wind are as remote from storm as the smooth reflecting surface. Though it is now dark, the wind still blows and roars in the wood, the waves still dash, and some creatures lull the rest with their notes. The repose is never complete. The wildest animals do not repose, but seek their prey now; the fox, and skunk, and rabbit, now roam the fields and woods without fear. They are Nature's watchmen — links which connect the days of animated life.

– "Solitude," in Walden

(5) 헨리 워즈워스 롱펠로

Henry Wadsworth Longfellow [86)]

헨리 롱펠로(Henry Wadsworth Longfellow, 1807–1882)는 1807년 메인주 포틀랜드에서 출생했다. 아버지가 법률가였고 외가 쪽의 할아버지가 독립전쟁 당시 장군이었던 관계로 보수적인 집안 분위기에서 성장했다. 15살에 그의 할아버지가 설립한 보우도인 대학(Bowdoin College)에 입학하였으며, 그곳에서 나다니엘 호손(Nathaniel Hawthorne)을 만나 평생 친구가 되었다. 졸업 후 유럽으로 여행을 떠났으며 그곳에서 스페인어, 포르투칼어, 프랑스어, 독일어를 독학으로 습득했다. 유럽여행에서 돌아와 그는 모교인 보우도인 대학에서 교수로 재직했다. 보우도인 대학에서 학생들을 가르치면서 롱펠로는 행복하지 못했다. 시험과 채점 등 일상적인 가르침에 행위에 따분해 했다. 더구나 결혼 후 얼마 지나지 않아 젊은 아내는 유산 후유증에서 회복하지 못했고 22살의 젊은 나이로 사망했다. 아내의 사망으로 슬픔에 차 있었던 롱펠로는 미국을 잠시 떠나있다 돌아와 하버드 대학에서 교수직을 맡게 되었다.

하버드 대학의 교수로서 롱펠로는 보스턴 브라민(Boston Brahmins)이라 불리던 보스턴의 지식 귀족들을 대표하는 시인이었다. 롱펠로 이외에 보스턴 브라민에 가입했던 대표적인 시인으로는 올리버 웬델 홈스(Oliver Wendell Holmes)와 제임스 러셀 로웰(James Russell Lowell)이 있다. 이들은 초절주의자들의 시각에 대해 회의적이었으며 전통적인 보수성향의 시를 썼다. 특히 롱펠로는 누구나 시를 읽고 이해할 수 있는 일상적이고 평범한 인생의 경험과 깨달음을 시적 소재와 주제로 하였다.

86) http://en.wikipedia.org/wiki/Henry_Wadsworth_Longfellow

A Psalm of Life

Tell me not, in mournful numbers,
Life is but an empty dream!
For the soul is dead that slumbers,
And things are not what they seem.

Life is real? life is earnest?
And the grave is not its goal:
Dust thou art, to dust returnest,
Was not spoken of the soul.

Not enjoyment, and not sorrow,
Is our destin'd end or way;
But to act, that each to-morrow
Find us farther than to-day.

Art is long, and time is fleeting,
And our hearts, though stout and brave,
Still, like muffled drums, are beating
Funeral marches to the grave.

In the world's broad field of battle,
In the bivouac of Life,
Be not like dumb, driven cattle!
Be a hero in the strife!

Trust no Future, howe'er pleasant!
Let the dead Past bury its dead!
Act? act in the glorious Present!

Heart within, and God o'er head!

Lives of great men all remind us
We can make our lives sublime,
And, departing, leave behind us
Footsteps on the sands of time.

Footsteps, that, perhaps another,
Sailing o'er life's solemn main,
A forlorn and shipwreck'd brother,
Seeing, shall take heart again.

Let us then be up and doing,
With a heart for any fate;
Still achieving, still pursuing,
Learn to labor and to wait.

(6) 월트 휘트먼

≪풀잎≫ 초판 표지 동판화로 인쇄된 휘트먼[87)]

휘트먼(Walt Whitman, 1819-1892)은 미국의 국민 시인이자 저널리스트이면서 인문주의자로 평가된다. 롱 아일랜드에서 출생했으며, 목수였던 아버지를 따라 4살 때 부룩클린으로 이사했다. 집안의 가난한 형편 때문에 학교를 다니지 못하고 초등학교를 중퇴하였으나 독학으로 학문과 교양을 익혔다. 휘트먼은 저널리스트로서 정당 활동에 참여하기도 했는데 민주당계 정당지 "부룩클린 독수리"(Brooklyn Eagle)의 편집자가 되었지만 민주당내의 보수 세력과의 마찰로 얼마 못 가 편집직을 그만두게 되었다.

휘트먼은 여행과 노동을 통해 보통사람들의 모습과 그들 내면에 잠재된 민중의 꿈

87) 당시 37세였던 휘트먼의 모습으로 ≪풀잎≫의 표지에 등장한 모습이며, 동판화는 사무엘 홀리어(Samuel Hollyer)가 제작했다. http://en.wikipedia.org/wiki/Leaves_of_Grass

을 몸소 느끼고 체험했으며, 틈틈이 이후 ≪풀잎≫(*Leaves of Grass*, 1855)이란 걸작으로 탄생될 시들을 쓰기 시작했다. 1855년 휘트먼의 형 조지(George)는 동생의 허락도 없이 그동안 집필된 작품들을 모아 ≪풀잎≫의 초판을 찍었다. 초판에는 휘트먼의 이름도 없었고 단지 표지에 휘트먼의 모습을 동판화로 찍어 놓은 것이 전부였다. 초판은 자비로 795부를 인쇄했는데, 이 책에 대해 에머슨은 열정적인 찬사를 보냈다. 그러나 ≪풀잎≫은 그 내용의 외설성으로 인해 엄청난 비난과 지탄을 받기도 했다.

Walt Whitman[88)]

≪풀잎≫은 여러 가지 면에서 그 이전의 시와는 다른 면을 가지고 있었다. 한 개인의 깨달음과 평범한 개인의 위대함을 노래했기 때문에 ≪풀잎≫은 초절주의 철학을 바탕으로 하면서 사실주의적인 면을 보인다. 또한 ≪풀잎≫은 개인의 자유에 대한 찬미를 자유시(free verse)라는 형식에 담았기 때문에 휘트먼은 미국 자유시의 아버지로 불린다. ≪풀잎≫을 둘러싼 당시 가장 뜨거웠던 논란은 그 이전의 시에서는 찾아볼 수 없었던 공공연한 성적인 내용 때문이었는데 이러한 시적 내용은 휘트먼 자신의 동성애 혹은 양성애 성향에 대한 당시의 소문과 결부되어 당시 대단한 사회적 관심거리가 되었다.

1885년 ≪풀잎≫의 초판이 나오고 난 이후 ≪풀잎≫은 계속해서 새로운 시가 추가 되면서 1892년 휘트먼이 사망할 때까지 지속적으로 개정되었다. 건강에 이상이 생겨 뇌졸중 발작이 있은 후 휘트먼은 뉴저지 캠던(Camden)으로 내려와 휴식을 취했지만 그의 병세는 호전되지 않았다. 1892년 72세의 나이로 휘트먼은 죽었고 그의 장례는 많은 사람들이 지켜보는 가운데 치러졌다.

88) http://en.wikipedia.org/wiki/Walt_Whitman

Song of Myself

I celebrate myself, and sing myself,
And what I assume you shall assume,
For every atom belonging to me as good belongs to you.

I loafe and invite my soul,
I lean and loafe at my ease observing a spear of summer grass.

My tongue, every atom of my blood, form'd from this soil, this air,
Born here of parents born here from parents the same, and their
parents the same,
I, now thirty-seven years old in perfect health begin,
Hoping to cease not till death.

Creeds and schools in abeyance,
Retiring back a while sufficed at what they are, but never forgotten,
I harbor for good or bad, I permit to speak at every hazard,
Nature without check with original energy.[89)]

89) ≪풀잎≫, Book III, Song of Myself의 첫 부분. 휘트먼의 ≪풀잎≫에 대한 전문은 다양한 포맷형태로 http://www.gutenberg.org/ebooks/1322에서 출력받을 수 있다.

When Lilacs Last In The Dooryard Bloom'd.[90)]

1

WHEN lilacs last in the dooryard bloom'd,
And the great star early droop'd in the western sky in the night,
I mourn'd, and yet shall mourn with ever-returning spring.

Ever-returning spring, trinity sure to me you bring,
Lilac blooming perennial and drooping star in the west,
And thought of him I love.

2

O powerful western fallen star!
O shades of night—O moody, tearful night!
O great star disappear'd—O the black murk that hides the star!
O cruel hands that hold me powerless—O helpless soul of me!
O harsh surrounding cloud that will not free my soul.

3

In the dooryard fronting an old farm-house near the white-wash'd
palings,
Stands the lilac-bush tall-growing with heart-shaped leaves of rich
green,
With many a pointed blossom rising delicate, with the perfume
strong I love,

90) 링컨 대통령의 죽음을 애도한 시.

O Captain! My Captain

O Captain my Captain! our fearful trip is done,
The ship has weathered every rack, the prize we sought is won,
The port is near, the bells I hear, the people all exulting,
While follow eyes the steady keel, the vessel grim and daring;
But O heart! heart! heart!
O the bleeding drops of red,
Where on the deck my Captain lies,
Fallen cold and dead.

O Captain! my Captain! rise up and hear the bells;
Rise up — for you the flag is flung for you the bugle trills,
For you bouquets and ribboned wreaths for you the shores a-crowding,
For you they call, the swaying mass, their eager faces turning;
Here Captain! dear father!
This arm beneath your head!
It is some dream that on the deck,
You've fallen cold and dead.

My Captain does not answer, his lips are pale and still;
My father does not feel my arm, he has no pulse nor will;
The ship is anchored safe and sound, its voyage closed and done;
From fearful trip the victor ship comes in with object won;
Exult O shores, and ring O bells!
But I, with mournful tread,
Walk the deck my Captain lies,
Fallen cold and dead.

(7) 애드가 앨런 포

애드가 앨런 포(Edgar Allan Poe, 1809－1849)는 1809년 1월 19일 배우였던 어머니 엘리자베스(Elizabeth Arnold Hopkins Poe)와 순회극단 배우였던 아버지 데이비드 포 주니어(David Poe, Jr.)의 두 번째 아이로 태어났다. "애드가"라는 이름은 포의 아버지와 어머니가 함께 공연했던 작품인 셰익스피어의 ≪리어왕≫(*King Lear*)에 등장하는 인물을 따라서 지은 것이었다. 포가 태어난 다음 해에 그의 아버지는 가족을 버리고 도망쳤으며, 그 후 1년도 채 못 되어 그의 어미는 폐병으로 사망했다. 버지니아의 리치몬드에 살았던 스코틀랜드계의 부유한 상인인 존 앨런(John Allan)은 고아가 된 포를 양육했으나 공식적으로 입양하지는 않았다. 포의 미들네임인 "앨런"은 그를 양육했던 존 앨런이 붙여 준 것이었다.

존 앨런은 포를 영국에서 고등학교 교육을 시켰으며, 포는 1826년 버지니아 대학에 입학했다. 포의 대학생활은 방황의 연속이었다. 학교생활에 적응하지 못했고 도박에 빠졌으며 결국 1년 정도 학교를 다니다 술과 도박으로 인해 퇴학당했다. 실망한 아버지는 포와 멀어지게 되었고, 포는 2년간 군에서 복무했다. 군대를 제대한 후 포는 의붓아버지인 존 앨런과 화해를 했고, 아버지의 도움으로 웨스트포인트에 입학하게 되었다. 포에게 엄격한 웨스트포인트에서의 생활은 불행 그 자체였다. 결국 그는 명령불복종죄로 웨스트포인트에서 쫓겨났고 그 이후론 의붓아버지와 영원히 결별하게 되었다.

Edgar Allan Poe, 1848년의 모습[91)]

Virginia Clemm[92)]

91) http://en.wikipedia.org/wiki/Edgar_Allan_Poe
92) 13세에 결혼했던 포의 조카이자 아내인 버지니아 클렘, 그녀는 폐병으로 24세에 죽었다. http://en.wikipedia.org/wiki/Edgar_Allan_Poe

Fordham의 집[93)]

포는 생계를 위해 소설을 쓰기도 하고 출판 관련 일을 하기도 했다. 그는 숙모 마리아 클렘(Maria Clemm)의 딸 버지니아(Virginia)와 1836년 결혼했다. 이때 포의 나이는 26세였고, 버지니아는 13세였다. 결혼 이후 생계를 해결하기 위해 포는 많은 작품을 썼지만 가난은 계속되었다. 뉴욕에서 잡지사 편집장이 되었지만 그 잡지는 곧 폐간되어 버렸고, 살기가 어려워졌던 포는 아내와 함께 포드햄(Fordham)에 있는 시골집으로 이사를 갔다. 당시 폐병을 앓고 있었던 버지니아는 1847년 포드햄의 집에서 24살의 나이로 사망했다. 아내의 죽음으로 정신적으로 피폐해진 포는 음주, 괴벽, 약물과용 등으로 방황의 시간을 보냈으며, 가끔씩 정신착란의 상태로 사람들에게 발견되기도 했다.

포는 1849년 10월 3일 볼티모어 역 근처에 있는 술집 밖에서 쓰러져 의식불명인 상태로 발견되었고, 병원으로 옮겼으나 곧 숨졌다. 이때 포의 나이는 40세였다. 그의 사인에 대해서는 다양한 설이 있다. 폭음, 광견병, 정신병, 뇌질환, 매독 등 다양한 추측이 난무하고 있지만 확실한 사인은 아직도 밝혀지지 않고 있다.

포는 자신의 일생 동안 경험했던 지독한 불운과 슬픔을 작품 속에 독특한 취향으로 반영했다. 그는 시인이자 소설가이자 문학이론가였으며 "이상적인 미"를 추구한 미국 역사상 가장 아름다운 시를 쓴 작가로 평가받고 있다. 소설가로서 포는 1841년 ≪모르그가의 살인≫(*The Murders in the Rue Morgue*)을 발표함으로써 추리소설이란 새로운 소설의 분야를 개척했다. 그는 또 고딕소설을 대중화시켰는데, 그의 고딕소설은 죽음과 관련된 어둡고 부패한 분위기를 주로 다루었다. 그의 고딕소설은 단순한 공포를 넘어 죽음과 영원한 사랑이 종종 연결된 주제로 다루어지고 있는데 이런

93) 포가 아내 버지니아와 함께 살았던 포드햄의 오두막. 포는 이 집에서 아내를 잃었고 그의 말년을 보낸 것으로 알려져 있다. http://en.wikipedia.org/wiki/Edgar_Allan_Poe

이유로 그의 고딕소설은 “블랙 로맨스”(Black Romance)라고 불리기도 한다.

■ 에드가 앨런 포의 주요 작품

– 시

To Helen (1831)

Annabel Lee (1849)

Eldorado (1849)

The Raven (1858)

– 소설

The Fall of the House of Usher (1839)

The Black Cat (1841)

The Masque of the Red Death (1842)

The Gold-Bug (1843)

Annabel Lee

It was many and many a year ago,
In a kingdom by the sea,
That a maiden there lived whom you may know
By the name of Annabel Lee; –
And this maiden she lived with no other thought
Than to love and be loved by me.

She was a child and I was a child,
In this kingdom by the sea,
But we loved with a love that was more than love–
I and my Annabel Lee;
With a love that the winged seraphs of heaven
Coveted her and me.

And this was the reason that, long ago,

In this kingdom by the sea,
A wind blew out of a cloud by night
Chilling my Annabel Lee;
So that her highborn kinsmen came
And bore her away from me,
To shut her up in a sepulcher
In this kingdom by the sea.

The angels, not half so happy in Heaven,
Went envying her and me—

Yes! That was the reason (as all men know,
In this kingdom by the sea)
That the wind came out of the cloud, chilling
And killing my Annabel Lee,

But our love it was stronger by far than the love
Of those who were older than we;
Of many far wiser than we;
And neither the angels in Heaven above
Nor the demons down under the sea,
Can ever dissever my soul from the soul
Of the beautiful Annabel Lee: —
For the moon never beams without bringing me dreams
Of the beautiful Annabel Lee;
And the stars never rise but I see the bright eyes
Of the beautiful Annabel Lee;
And so, all the night-tide, I lie down by the side
Of my darling, my darling, my life and my bride,
In her sepulcher there by the sea;

In her tomb by the side of the sea.

The Raven

Once upon a midnight dreary, while I pondered weak and weary,
Over many a quaint and curious volume of forgotten lore,
While I nodded, nearly napping, suddenly there came a tapping,
As of some one gently rapping, rapping at my chamber door.
'Tis some visitor,' I muttered, 'tapping at my chamber door —
Only this, and nothing more.'

Ah, distinctly I remember it was in the bleak December,
And each separate dying ember wrought its ghost upon the floor.
Eagerly I wished the morrow; — vainly I had sought to borrow
From my books surcease of sorrow — sorrow for the lost Lenore —
For the rare and radiant maiden whom the angels named Lenore —
Nameless here for evermore.

And the silken sad uncertain rustling of each purple curtain
Thrilled me — filled me with fantastic terrors never felt before;
So that now, to still the beating of my heart, I stood repeating
'Tis some visitor entreating entrance at my chamber door —
Some late visitor entreating entrance at my chamber door; —
This it is, and nothing more,'

Presently my soul grew stronger; hesitating then no longer,
'Sir,' said I, 'or Madam, truly your forgiveness I implore;
But the fact is I was napping, and so gently you came rapping,
And so faintly you came tapping, tapping at my chamber door,
That I scarce was sure I heard you' — here I opened wide the door; —

Darkness there, and nothing more.

Deep into that darkness peering, long I stood there wondering, fearing,
Doubting, dreaming dreams no mortal ever dared to dream before;
But the silence was unbroken, and the darkness gave no token,
And the only word there spoken was the whispered word, ‘Lenore!’
This I whispered, and an echo murmured back the word, ‘Lenore!’
Merely this and nothing more.

Back into the chamber turning, all my soul within me burning,
Soon again I heard a tapping somewhat louder than before.
‘Surely,’ said I, surely that is something at my window lattice;
Let me see then, what thereat is, and this mystery explore —
Let my heart be still a moment and this mystery explore; —
‘Tis the wind and nothing more!’

Open here I flung the shutter, when, with many a flirt and flutter,
In there stepped a stately raven of the saintly days of yore.
Not the least obeisance made he; not a minute stopped or stayed he;
But, with mien of lord or lady, perched above my chamber door —
Perched upon a bust of Pallas just above my chamber door —
Perched, and sat, and nothing more.

Then this ebony bird beguiling my sad fancy into smiling,
By the grave and stern decorum of the countenance it wore,
‘Though thy crest be shorn and shaven, thou,’ I said, ‘art sure no craven.
Ghastly grim and ancient raven wandering from the nightly shore —
Tell me what thy lordly name is on the Night’s Plutonian shore!’
Quoth the raven, ‘Nevermore.’

Much I marvelled this ungainly fowl to hear discourse so plainly,
Though its answer little meaning — little relevancy bore;
For we cannot help agreeing that no living human being
Ever yet was blessed with seeing bird above his chamber door —
Bird or beast above the sculptured bust above his chamber door,
With such name as 'Nevermore.'

But the raven, sitting lonely on the placid bust, spoke only,
That one word, as if his soul in that one word he did outpour.
Nothing further then he uttered — not a feather then he fluttered —
Till I scarcely more than muttered 'Other friends have flown before —
On the morrow he will leave me, as my hopes have flown before.'
Then the bird said, 'Nevermore.'

Startled at the stillness broken by reply so aptly spoken,
'Doubtless,' said I, 'what it utters is its only stock and store,
Caught from some unhappy master whom unmerciful disaster
Followed fast and followed faster till his songs one burden bore —
Till the dirges of his hope that melancholy burden bore
Of "Never-nevermore." '

But the raven still beguiling all my sad soul into smiling,
Straight I wheeled a cushioned seat in front of bird and bust and door;
Then, upon the velvet sinking, I betook myself to linking
Fancy unto fancy, thinking what this ominous bird of yore —
What this grim, ungainly, ghastly, gaunt, and ominous bird of yore
Meant in croaking `Nevermore.'

This I sat engaged in guessing, but no syllable expressing

To the fowl whose fiery eyes now burned into my bosom's core;
This and more I sat divining, with my head at ease reclining
On the cushion's velvet lining that the lamp-light gloated o'er,
But whose velvet violet lining with the lamp-light gloating o'er,
She shall press, ah, nevermore!

Then, methought, the air grew denser, perfumed from an unseen censer
Swung by Seraphim whose foot-falls tinkled on the tufted floor.
'Wretch,' I cried, 'thy God hath lent thee — by these angels he has sent thee
Respite — respite and nepenthe from thy memories of Lenore!
Quaff, oh quaff this kind nepenthe, and forget this lost Lenore!'
Quoth the raven, 'Nevermore.'

'Prophet!' said I, 'thing of evil! — prophet still, if bird or devil! —
Whether tempter sent, or whether tempest tossed thee here ashore,
Desolate yet all undaunted, on this desert land enchanted —
On this home by horror haunted — tell me truly, I implore —
Is there — is there balm in Gilead? — tell me — tell me, I implore!'
Quoth the raven, 'Nevermore.'

'Prophet!' said I, 'thing of evil! — prophet still, if bird or devil!
By that Heaven that bends above us — by that God we both adore —
Tell this soul with sorrow laden if, within the distant Aidenn,
It shall clasp a sainted maiden whom the angels named Lenore —
Clasp a rare and radiant maiden, whom the angels named Lenore?'
Quoth the raven, 'Nevermore.'

'Be that word our sign of parting, bird or fiend!' I shrieked upstarting —
'Get thee back into the tempest and the Night's Plutonian shore!
Leave no black plume as a token of that lie thy soul hath spoken!

Leave my loneliness unbroken! — quit the bust above my door!
Take thy beak from out my heart, and take thy form from off my door!'
Quoth the raven, 'Nevermore.'

And the raven, never flitting, still is sitting, still is sitting
On the pallid bust of Pallas just above my chamber door;
And his eyes have all the seeming of a demon's that is dreaming,
And the lamp-light o'er him streaming throws his shadow on the floor;
And my soul from out that shadow that lies floating on the floor
Shall be lifted — nevermore!

(8) 에밀리 디킨슨

에밀리 디킨슨(Emily Dickinson, 1830－1886)은 1830년 매사추세츠 주의 앰허스트(Amherst)에서 법률가였던 에드워드 디킨슨(Edward Dickinson)의 둘째 딸로 출생했다. 앰허스트 아카데미에서 7년간 공부를 마친 뒤, 마운트 홀리요크 여학원(Mount Holyoke Female Seminary)에서 잠시 머문 뒤에 다시 가족이 있는 고향 앰허스트로 돌아왔다. 고향에서 그녀는 이상한 사람으로 알려졌다. 주로 흰 옷에 집착하는 경향이 있었고, 손님을 맞이하는 것을 극도로 꺼려했다.

Emily Dickinson [94]

스스로 자신을 외부세계와 단절시켰던 에밀리 디킨슨은 평생 매사추세츠를 벗어난 적이 없었을 뿐만 아니라 1872년 이후에는 집밖으로 나간 적이 거의 없었다고 한다. 외부와의 단절이 본격화되기 시작했던 시점은 에밀리 디킨슨이 실연을 경험했던 1860년 이후부터였으며, 이때부터 그녀는 본격적으로 시를 쓰기 시작했다.

에밀리 디킨슨은 생전에 7편의 시를 익명으로 발표하긴 했지만 자신의 이름으로

94) 성인이 된 이후의 것으로 공식적으로 인증된 유일한 사진이다. 1846년 무렵 마운트 홀리요크 여학원 시절에 찍은 것으로 추정되며 원본은 앰허스트 대학에 소장되어 있다. http://en.wikipedia.org/wiki/Emily_Dickinson

시를 출판하지 않았다. 1886년 지병이었던 신장염(Bright's disease)으로 사망하면서 자신의 작품들을 모두 소각해 줄 것을 동생 래비니아(Lavinia)에게 유언했다. 래비니아는 디킨슨의 유언에 따라 그녀의 편지들을 소각했지만 디킨슨이 시를 썼던 40권의 노트와 다수의 메모지들에 대해서는 유언에서 구체적인 언급이 없었기 때문에 보관했다. 사후에 그녀의 가족과 친지에 의해 그녀의 작품들이 일부 출판되기는 했지만 그녀가 원래 썼던 시를 충실하게 옮겨 놓지는 못했다. 1955년에 비로소 학술적인 연구를 거친 에밀리 디킨슨의 완본 시집이 출판되었다. 약 1800편에 달하는 그녀의 시는 개별적인 제목이 없으며 번호가 매겨져 있다.

에밀리 디킨슨은 당대의 다른 어떤 문인들과도 차별되는 독특한 소재와 세계관을 가진 시를 썼다. 끝없이 물질적으로 팽창했던 19세기 후반의 미국에 살면서 그녀는 그 반대로 끝없이 자신의 내면의 세계로 빠져들었고 바깥세상과는 철저한 단절의 삶을 살았다. 그녀의 시에 등장하는 세상은 집안에서 창문을 통해 보이는 것이 전부였고 깊은 명상을 통해 인생의 본질과 의미를 주요한 시적 주제로 다루었다. 그녀는 오직 자신의 내면세계와 깊은 명상을 통해 인간의 삶과 죽음의 의미를 다루었기 때문에 당시에는 보기 드문 현대성을 갖춘 시를 썼다.

My life closed twice before its close (96)

My life closed twice before its close—
It yet remains to see
If Immortality unveil
A third event to me

So huge, so hopeless to conceive
As these that twice befell.
Parting is all we know of heaven,
And all we need of hell.

Hope is the thing with feathers (254)

Hope is the thing with feathers
That perches in the soul,
And sings the tune without the words,
And never stops at all,

And sweetest in the gale is heard;
And sore must be the storm
That could abash the little bird
That kept so many warm.

I've heard it in the chillest land,
And on the strangest sea;
Yet, never, in extremity,
It asked a crumb of me.

A Bird came down the Walk (328)

A Bird came down the Walk—
He did not know I saw—
He bit an Angleworm in halves
And ate the fellow, raw,

And then he drank a Dew
From a convenient Grass—
And then hopped sidewise to the Wall

To let a Beetle pass—

He glanced with rapid eyes
That hurried all around—
They looked like frightened Beads, I thought—
He stirred his Velvet Head

Like one in danger, Cautious,
I offered him a Crumb
And he unrolled his feathers
And rowed him softer home—

Than Oars divide the Ocean,
Too silver for a seam—
Or Butterflies, off Banks of Noon
Leap, plashless as they swim.

4) 19세기 미국 소설

19세기 미국은 독립국으로서의 정체성을 확립하고 동시에 팽창해 가는 국토와 물질적 발전에 대한 자신감으로 충만한 시기이기도 했고 발전과 성장의 그늘이 깊어진 시기였기도 했다. 19세기 전반기의 미국 소설은 그러한 미국적인 특징과 미국인의 모습을 그리려 했다. 이 시기의 소설은 오래되고 전통적이며 형식을 중시하는 유럽과 대비해서 미국적 자연을 닮은 순수하고 실용적이며 낙관적인 미국인의 원형을 소설을 통해 형상화 하려했다.

19세기 중반의 미국의 사회적 분위기는 초반과는 많이 다른 양상을 보였다. 19세기 중반의 미국은 산업이 본격적으로 발달하면서 도시화와 계층 간의 갈등이 서서히 잉태되기 시작했다. 더구나 1861년에서부터 1865년까지의 남북전쟁은 미국의 산업화 과정에서 산업형태의 주도권을 두고 대립했던 양상이 폭력적으로 흘러간 결과라고 볼 수 있다. 산업과 노동력의 문제는 "노예제 폐지"를 두고 주력 산업의 형태에 따라 북부 주와 남부 주들 간의 서로 다른 입장의 충돌을 가져 왔다. 이러한 상황은 19세기 초기의 무한한 발전에 대한 낙관적인 기대감이 사라지고 산업사회로 진입하는 미국의 어둠이 짙어져 가는 시기를 알리는 전조가 되었으며, 문화 비평가 해리 레빈(Harry Levin)은 이를 "어둠의 힘"(Power of Blackness)라고 했다.

19세기 후반의 미국 사회는 변질된 "미국의 꿈"(American dream)과 물질적 성공을 탐닉하는 산업사회로의 본격적인 진입의 시기였다. 벤저민 프랭클린의 미국의 꿈은 이미 물질만능주의로 퇴색해 버렸으며, 산업자본주의의 산적한 사회적 문제들이 표면화되기 시작했다. 이 시기의 미국 소설들은 이러한 사회적 문제점들을 사실적으로 다루고자 했을 뿐만 아니라 숨겨져 있거나 직시하기를 외면하고자 했던 문제점들을 소설의 소재로 끄집어내어 폭로하고자 했다.

(1) 제임스 페니모어 쿠퍼

James Fenimore Cooper[95]

제임스 페니모어 쿠퍼(James Fenimore Cooper, 1789－1851)는 1789년 뉴저지 주의 벌링턴(Burlington)에서 출생했다. 그의 아버지는 국회의원이었으며, 그는 태어나자마자 그의 아버지가 설립한 뉴욕 주의 쿠퍼스타운(Cooperstown)으로 이사를 갔다. 쿠퍼스타운에서 어린 시절을 보냈고, 13세에 예일대학에 입학했지만 위험한 장난질로 인해 퇴학을 당했다. 그 후 상선의 선원이 되기도 했고, 18세엔 해군에 입대해 배를 타기도 했다.

쿠퍼는 30세의 늦은 나이에 소설을 쓰기 시작했다. 그의 첫 소설인 ≪경계≫(*Precaution*, 1820)는 익명으로 발표되었다. 1821년에 그의 둘째 소설 ≪스파이≫(*The Spy*, 1821)는 자신의 실명으로 발표한 첫 번째 소설이면서 역사적 사실이나 인물을 소재로 한 역사소설의 출발점이 되기도 했다. 이후 발표된 쿠퍼의 소설은 미국적인 배경과 미국적인 인물을 실제사건과 자신의 상상력을 결합해 역사소설이란 독특한 장르를 개척하게 되었다. 늦게 소설을 쓰기는 했지만 쿠퍼는 생전에 40편 이상의 소설을 집필했다.

쿠퍼에게 작가로서의 명성은 안겨 주었으며 미국 문학의 기념비적 작품으로 평가받았던 작품은 역시 “가죽각반 소설”(leather-stocking tales)이라고 불리는 5부작 소설이다. 쿠퍼는 1823년 ≪개척자≫(*The Pioneers*, 1823)를 시작으로 ≪모히칸족의 최후≫(*The Last of the Mohicans*, 1825), ≪대평원≫(*The Prairie*, 1827), ≪길안내인≫(*The Pathfinder*, 1840), ≪사슴 사냥꾼≫(*The Deerslayer*, 1841)을 연이어 발표했다. 이 다섯 편의 연작은 미국의 광활한 자연과 그 속에서 백인과 인디언들의 다양한 인물상들과 개척기의 사건들을 다루고 있다. 이 다섯 편의 연작에 공통적으로 등장하는 주인공은 “호크아이”(Hawkeye) 혹은 “레더스타킹”(Leatherstocking)이란 별명으로 불리는 “내티 범포”(Natty Bumppo)다. 네티 범포는 미국이라는 신세계에서 순수하고, 용맹스러우며, 자연을 수용하는, 유럽과 차별되는 미국적인 새로운 인간형의 모델로 제시되고 있다.

“가죽각반소설”은 역사적 사건을 배경으로 미국이 형성되어가는 과정을 그리고 있으며, 소설 속의 등장인물들도 실제 쿠퍼가 자신이 성장했던 쿠퍼스타운에서 만났던 인물들을 기초로 하고 있기 때문에 역사소설이라고 불린다. 다섯 편의 “가죽각반소설”이 출판된 순서와는 다르지만 소설은 주인공인 네티 범포의 성장 과정과 경험을 통해 미국이라는 나라의 성장과 발전단계를 보여 주고 있다. 예를 들어 다섯 편의 “레더스타킹” 소설 중 가장 나중에 출판된 ≪사슴 사냥꾼≫에서 네티 범포의 나이는 21세이며, ≪대평원≫에서는 82세의 나이로 등장한다. 네티 범포는 “칭가츠국”(Chingachgook)이란 인디언 추장과 동지이자 친구로 등장하는데, 이러한 관계를 통해 그는 미국의 자연과 교감하고자 하는 백인의 원형으로 평가받기도 한다.

≪모히칸족의 최후≫는 1750년대 후반의 “프렌치 인디언 전쟁”(the French and Indian War)을 배경으로 하고 있다. 프랑스군은 먼로(Munro) 대령이 지휘하고 있는 윌리엄 헨리(William Henry) 요새를 공격하고 있다. 한편 먼로 대령의 두 딸인 앨리스(Alice)와 코라(Cora)는 아버지를 방문하기 위해 던컨 헤이워드(Major Duncan Heyward)의 보호를 받으며 위험한 숲을 지나고 있다. 이들 일행은 호크 아이(내티 범포)와 그의 인디언 동료들을 마주치게 된다. 호크 아이는 먼로 대령의 딸들과 그 일행들을 안전하게 폭포 근처의 동굴로 안내를 한다. 그러나 휴런 인디언들의 습격으로 인해 앨리스와 코라 등이 인디언들에게 붙잡히게 된다.

95) http://en.wikipedia.org/wiki/James_Fenimore_Cooper

호크 아이와 그의 동료 인디언들이 휴런 인디언들을 급습하여 납치된 먼로 대령의 두 딸들을 구출하고 휴런족들을 죽이지만 우두머리 인디언 마구아(Magua)는 도망을 친다. 이후 인디언들의 습격을 물리쳐 가며 이들은 윌리엄 헨리 요새에 도착한다. 이들은 요새를 포위하고 있는 프랑스군을 뚫고 요새로 잠입하는데 성공한다. 코라와 앨리스는 그곳에서 아버지를 만나게 된다. 그러나 요새의 상황은 나빠지고 지원군은 도착하지 않게 되어 곧 함락될 위기에 처한다. 이런 중에 먼로 대령은 코라가 자신과 흑인 사이에 태어난 혼혈이라는 것을 헤이워드 소령에게 밝힌다. 요새의 영국군들은 요새를 버리고 퇴각하게 되고, 프랑스군과 마구아의 인디언들이 이들을 쫓는다. 결국 영국군들은 프랑스군에게 전멸당하다시피하고 혼란 중에 마구아는 코라와 앨리스를 데리고 숲속으로 도망쳐 버린다.

호크 아이와 먼로 대령 일행들이 마구아를 추적한다. 이들은 휴런족 인디언들 캠프에 붙잡혀 있는 앨리스를 먼저 구한다. 이들은 코라를 붙잡고 있는 델라웨어족 인디언들을 찾아 나선다. 결국 이들은 코라를 붙잡고 있는 마구아와 다른 인디언들을 찾아내어 물리치지만 그 과정에서 코라는 살해된다. 칭가츠국의 아들인 운카스(Uncas)가 코라를 살해한 인디언을 죽이지만 마구아가 그의 등을 칼로 찔러 죽인다. 호크 아이는 마구아를 쏘아 죽인다. 코라와 운카스의 장례가 치루어지고, 데라웨어족 인디언들이 경의를 표하는 가운데 칭가츠국은 아들의 잃은 상심에 슬퍼한다.

(2) 나다니엘 호손

Nathaniel Hawthorne [96)]

나다니엘 호손(Nathaniel Hawthorne, 1804－1864)은 1804년 매사추세츠 주의 세일럼(Salem)에서 출생했다. 그의 선조들은 종교적 이상을 가지고 영국에서 건너온 청교도들이었으며, 호손의 증조부였던 존 호손(John Hathorne)은 당시 세일엄의 마녀재판을 주관했던 판사들 가운데 한사람이었다. 나다니엘 호손은 자신의 증조부가 마녀사냥에 깊이 관여한 사실을 알고 이를 혐오해 자신과 분리시키기 위해 자신의 성에 w를 넣어 “Hawthorne”으로 사용했다. 호손의 아버지인 나다니엘 호손 시니어(Nathaniel Hathorne, Sr.)는 선장이었는데 황열(yellow fever)로 수리남에서 죽었다.

1821년 호손은 보우도인(Bowdoin) 대학에 입학했다. 보우도인 대학으로 가는 길에 그는 나중에 대통령이 된 프랭클린 피어스(Franklin Pierce)를 만나 친구가 되었다. 대학에서 그는 헨리 롱펠로(Henry Wadsworth Longfellow)를 만나 교분을 나누었다. 호손은 보도인 대학을 졸업한 후 고향인 세일럼에서 은둔의 시간을 보냈으며, 이후 보스턴에서 세관원으로 잠시 일하기도 했다. 보스턴에서 머무는 기간 동안 호손은 몇몇 단편작품들을 써서 잡지에 기고하기도 했는데 이시기에 집필된 작품으론 ≪영 굿맨 브라운≫(*Young Goodman Brown*, 1835)과 ≪목사의 검은 베일≫(*The Minister's Black Veil*, 1836)이 있다.

호손은 엄격한 청교주의 전통과 마녀사냥의 광기가 혼재한 세일럼의 역사적 환경을 몸소 경험하면서 성장했다. 특히 인간성 이면에 자리 잡고 있는 인간의 사악한 본성과 죄의식에 대해 호손은 음울하고도 깊이 있는 통찰을 작품을 통해 그려내고 있다. 호손의 작품이 원죄의식과 인간 내면의 우울한 정신적 상황을 다루고 있기 때문에 그의 작품을 "다크 로맨티시즘"(dark romanticism)의 범주에 포함시키기도 한다. 호손의 "다크 로맨티시즘"을 대표하는 작품이 ≪주홍 글씨≫(*The Scarlet Letter*, 1850)이며, 이 작품은 호손의 작품 중 가장 대표적인 걸작으로 인정받고 있다. ≪주홍 글씨≫를 시작으로 호손은 이후 문학적 완성도가 높은 로맨스 소설을 연이어 발표했다. 1851년에 ≪칠박공의 집≫(*The House of the Seven Gables*, 1851), 1852년에는 ≪블리스데일 로맨스≫(*The Blithedale Romance* , 1852), 그리고 친구인 프랭클린 피어스가 대통령이 되면서 영국대사로 임명되어 약 4년 정도 영국에서 머물렀다. 이 기간 동안 호손은 작품 활동을 잠시 중단했다가 영국 대사직을 마치고 귀국하여 1860년에 ≪대리석 목신≫(*The Marble Faun*, 1860)을 출판했다. ≪주홍 글씨≫부터 ≪대리석 목신≫에 이러는 이 작품들을 호손의 4대 로맨스 소설로 평가한다. 호손은 로맨스를 일상적인 경험이 주는 개연성과 가능성을 중시하는 소설과는 아주 다른 분야라고 정의하고 있다.[97]

≪주홍 글씨≫는 17세기 보스턴 근처의 청교도 마을을 배경으로 하고 있다. 여주인공인 헤스터 프린(Hester Prynne)은 가슴에 "간음"(adultery)을 상징하는 "A"자를

---

96) http://en.wikipedia.org/wiki/Nathaniel_Hawthorne

97) Porte, Joel. *The Romance in America: Studies in Cooper, Poe, Hawthorne, Melville, and James*. Middletown, Conn.: Wesleyan UP, 1969. p. 95

달고 어린 딸을 안고 등장한다. 헤스터 프린은 나이든 남자와 결혼을 했고, 남편보다 먼저 미국에 도착했다. 그녀의 뒤를 따라 미국으로 건너오기로 되어있던 그녀의 남편은 오는 도중 바다에서 실종되었다. 남편을 기다리는 동안 헤스터 프린은 아이를 임신하게 되고, 아이의 아버지는 밝혀지지 않은 채 그녀는 "간음"을 상징하는 A자를 가슴에 붙이는 형벌을 받게 된다. 어느 날 로저 칠링워스(Roger Chillingworth)라는 약사가 마을에 정착을 하는데 그는 헤스터 프린의 실종된 남편이었다. 그는 헤스터 프린에게만 자신의 정체를 밝히고 다른 사람에게는 비밀로 하면서 자신의 아내뿐만 아니라 아내를 임신시킨 남자에게 복수를 계획한다.

헤스터 프린과 그녀의 딸 펄(Pearl)은 마을에서 떨어진 오두막에서 생활한다. 마을 사람들은 펄을 헤스터 프린으로부터 떼어 놓으려 하지만 마을의 목사인 아더 딤즈데일(Arthur Dimmesdale)의 도움으로 이를 모면한다. 딤즈데일 목사는 마음에서 연유한 병으로 인해 가슴의 통증을 겪게 되고, 칠링워스는 이를 치료한다. 칠링워스는 딤즈데일 목사의 병이 자신의 아내 헤스터 프린의 비밀과 연관이 있다는 것을 직감한다. 칠링워스는 딤즈데일의 양심을 계속 자극함으로써 그의 고민과 마음의 고통을 더욱 깊게 만든다. 헤스터 프린은 마침내 칠링워스의 정체를 딤즈데일에게 알려준다. 헤스터와 딤즈데일은 딸과 함께 모두 같이 살기 위해서 유럽으로 도망치려한다. 숲속에서 헤스터는 A자를 떼어 버리는데 이를 본 딸 펄은 비명을 지른다. 헤스터가 다시 A자를 달자 펄은 진정하고 어머니에게 안긴다.

유럽으로 도망치기 하루 전날 딤즈데일은 감동적인 설교를 한다. 한편 헤스터는 남편인 칠링워스가 계획을 알아차리고 같은 배를 탈 계획이라는 것을 알아차린다. 설교를 마친 딤즈데일이 교수대 앞에서 헤스터와 펄을 만나자 격정에 사로잡혀 교수대로 올라가 자신의 죄를 대중들에게 고백하고 그는 교수대에서 떨어져 죽는다. 복수가 좌절된 칠링워스는 그로부터 1년 후 죽게 되고 헤스터와 펄은 마을을 떠나게 된다. 수년이 지난 후 헤스터는 다시 마을로 돌아와 그녀가 살았던 오두막집에 머문다. 그녀는 여전히 가슴에 주홍글씨를 달고 있다. 펄은 칠링워스의 모든 재산을 상속받았으며, 유럽의 귀족과 결혼하여 유럽에서 살고 있다. 헤스터는 마을에서 봉사활동을 하며 마을 사람들과 호의적인 관계를 회복한다.

헤스터가 죽자 그녀는 딤즈데일 목사 묘지 근처에 묻히게 되었으며 그녀의 비석에는 "A"자가 새겨져 있다.

(3) 허먼 멜빌

Herman Melville[98]

허먼 멜빌(Herman Melville, 1819－1891)은 1819년 뉴욕에서 출생했다. 어린 시절 무역상이었던 아버지를 둔 관계로 부유했지만 아버지가 돌아가신 후 가세가 기울었다. 멜빌은 아버지를 대신해 가족을 부양하고자 했지만 여의치 않았다. 형의 소개로 뉴욕에서 리버풀까지 운행하는 선박의 선원으로 일했다. 1841년에는 케이프 혼을 돌아 남태평양으로 항해하는 "어쿠쉬넷"(Acushnet)호라는 고래잡이 포경선을 타기도 했으며, 이때의 경험이 이후 그의 대표작이 된 ≪모비딕≫(*Moby-Dick*, 1851)의 직접적인 배경이 되었다. 약 18개월가량의 포경선의 승선 경험은 ≪모비딕≫에서 생생하게 반영되었는데, 선박용어 및 고래잡이와 관련된 전문지식 등이 소설을 더욱 사실감 있게 만들었다. 멜빌은 1842년에 마르케사스 군도에서 포경선 "어쿠쉬넷"을 떠나 3주 동안 타이피 원주민과 생활했다. 이때의 경험은 1846년 발표한 그의 소설 ≪타이피≫(*Typee*, 1846)와 ≪오무≫(*Omoo*, 1847)의 소재가 되었다. 멜빌의 해양 경험은 그의 포경선 경험이후에도 계속되었다. 그는 하와이에 머물기도 했고, 미해군으로 지원해서 전함을 타기도 했다. 특히 수병으로서 전함생활은 1850년에 발표한 ≪하얀 자켓≫(*White Jacket*, 1850)의 직접적인 배경이 되었다.

≪타이피≫와 ≪오무≫는 출판되자마자 사람들의 관심을 끌었고, 멜빌은 일약 인기작가의 반열에 오르게 되었지만 생계를 해결할 정도로 수입이 충분한 것은 아니었다. 작가로서 인지도를 얻은 멜빌은 매사추세츠 주 대법원 최고 재판관의 딸이었던 엘리자베스 쇼(Elizabeth Shaw)와 1847년 결혼했다. 멜빌 부부는 매사추세츠 주 피츠필드 소재의 농장 에로우헤드(Arrowhead)를 구입해서 그곳에서 13년간 살았다. 멜빌은 에로우헤드 농장에서 집필에 몰두하면서 근처에 거주했던 나다니엘 호손과 친분을 쌓게 되었다. 비록 그들의 친분관계가 오래 지속되지는 않았지만 지적으로 고독했던 멜빌에게 호손과의 교류는 그에게 대단한 영감을 주었다. 바로 이 시기에 멜빌은 그의 불멸의 명작인 ≪모비딕≫을 집필했다.

≪모비딕≫은 위대한 미국 문학을 대표하는 불멸의 명작들 중의 하나로 평가받고

98) http://en.wikipedia.org/wiki/Herman_Melville

있다. ≪모비딕≫은 멜빌의 포경선 경험을 재료로 고래잡이와 항해에 대한 사실적인 내용들을 많이 담고 있어서 마치 포경과 항해 다큐멘터리와 같은 수준의 내용을 담고 있다. 그러나 소설 ≪모비딕≫은 심오한 상징으로 충만한 작품이다. 작품에 등장하는 "흰 고래"는 다양한 상징의 덩어리로 이해될 수 있고, 이를 추적하는 에이하브(Ahab) 선장의 집착은 그 자체가 하나의 상징과 우의로 이해된다.

≪모비딕≫은 관찰자이자 서술자로 등장하는 이쉬마엘(Ishmael)의 서술을 통해 이야기가 진행된다. 고래잡이에 어울리지 않을 것 같은 이쉬마엘은 매사추세츠 뉴베드포드(New Bedford)에 있는 스파우터인(Spouter-Inn)에서 폴리네시아 출신 선원인 문신을 한 퀴케(Queequeg)를 만나서 함께 고래잡이 배 피쿼드(Pequod)호를 탄다. 피쿼드 호의 선장인 에이하브는 배를 탄 후 한동안 모습을 드러내지 않고 그에 대한 소문만 무성하다.

배가 출항한 후 모습을 드러낸 에이하브 선장은 무언가에 홀린듯한 괴기스런 인상을 주고 있었으며 그의 한 쪽 다리는 의족으로 걸을 때마다 특이한 울림을 만들어내고 있었다. 그는 선원들 앞에서 이 항해의 목적이 흰 고래 "모비딕"을 찾아 죽이는 일이라고 연설한다. 이를 위해 선장은 모비딕을 잡을 자신만의 비밀선원조직을 데리고 왔다. 항해 중 다른 포경선을 만나지만 선장의 관심은 오직 모비딕에만 있고 포경선들간에 관례적으로 있었던 상호 방문이나 교류의 모임에는 전혀 신경을 쓰지 않는다. 피쿼드호가 태평양으로 들어가자 퀴퀘는 심하게 아프기 시작했고 그는 목수에게 자신의 관을 주문한다. 퀴퀘의 병세가 호전되고 그의 관은 소지품을 넣어두는 옷장으로 사용된다.

피쿼드호는 항해 중 다른 포경선들을 만나게 되고 그들로부터 모비딕에 대한 소식을 듣는다. 에이하브 선장은 이제 모비딕이 멀리 있지 않다는 것을 직감한다. 마침내 에이하브 선장은 모비딕을 찾아낸다. 선장이 데려 온 고래잡이 선원들로 하여금 모비딕을 잡으려 하지만 그들 모두 모비딕의 제물이 되어 버린다. 선장은 포기하지 않고 자신의 파멸까지도 수용할 태도로 집념을 불태운다. 모비딕을 발견한 후 피쿼드호에서 내린 고래잡이 보트들이 모비딕에 작살을 던지기위해 접근하지만 모두 모비딕의 무자비한 힘에 박살나 버리고 오직 에이하브 선장의 보트만 남게 된다. 그러자 보비딕은 피쿼드호로 돌진해서 배를 박살내 버린다. 선장이 모비딕을 작살로 찌르는 순간 작살에 연결된 밧줄이 선장을 휘감아 선장을 바닷속으로 끌고 가 버린다. 피쿼드호는 침몰하고 모든 선원들이 사망을 하지만 오직 이쉬마엘만이 퀴케의 관을 구명정처럼 붙들고 생존한다.

허먼 멜빌의 ≪모비딕≫은 단순한 고래잡이나 광기에 사로잡힌 선장의 고래에 대한 복수의 이야기가 아니다. 소설은 고래잡이와 항해에 대한 풍부한 사실적인 경험으로 가득하지만 작품을 구성하는 주요 내용과 주제는 대단히 우의적(allegorical)이라고 할 수 있다. 에이하브 선장의 모비딕에 대한 집념은 모든 인간들이 가지는 한 가지 목표에 대한 간절한 소망을 상징할 수도 있다. 때론 그 목표가 소망하는 사람을 절망시키거나 파멸시키기도 하지만 결코 버릴 수 없는 어떤 것을 의미할 수도 있다. 흰 고래 모비딕 역시 비유와 상징의 덩어리로 해석할 수 있다. 인간이 정복하고 싶어 하지만, 오만한 인간에게 영원히 적대적인 자연일 수도 있고, 인간의 욕망을 넘어서서 존재하는 영원한 초자연적인 존재를 상징할 수도 있다.

Chapter 1: Looming

Call me Ishmael. Some years ago—never mind how long precisely—having little or no money in my purse, and nothing particular to interest me on shore, I thought I would sail about a little and see the watery part of the world. It is a way I have of driving off the spleen and regulating the circulation. Whenever I find myself growing grim about the mouth; whenever it is a damp, drizzly November in my soul; whenever I find myself involuntarily pausing before coffin warehouses, and bringing up the rear of every funeral I meet; and especially whenever my hypos get such an upper hand of me, that it requires a strong moral principle to prevent me from deliberately stepping into the street, and methodically knocking people's hats off—then, I account it high time to get to sea as soon as I can. This is my substitute for pistol and ball. With a philosophical flourish Cato throws himself upon his sword; I quietly take to the ship. There is nothing surprising in this. If they but knew it, almost all men in their degree, some time or other, cherish very nearly the same feelings towards the ocean with me.[99)]

---

99) *Moby-Dick* 첫 장 시작부분.
http://en.wikisource.org/wiki/Moby-Dick/Chapter_1

(4) 애드가 앨런 포

소설가로서 애드가 앨런 포(Edgar Allan Poe, 1809－1849)는 나다니엘 호손, 허먼 멜빌과 함께 미국의 "어둠의 힘"(Power of Blackness)을 대변하는 작가에 속한다. 특히 포는 유럽에서 시작된 고딕 소설(Gthic novel)을 미국적 정서와 대중적 취향에 맞도록 정착시켰다. 포의 고딕 소설은 끊임없이 죽음의 문제를 소설의 중심에 등장시키고 있는데, 죽음과 관련된 신체의 변화나 삶과 경계가 모호한 상태의 죽음 등과 같은 다소 기괴하고 추하고 음산한 내용을 즐겨 다루고 있다. 그러나 포의 고딕소설은 음산하고 기괴한 공포를 넘어서는 영원한 사랑이나 이상적인 아름다움에 대한 갈망을 내포하고 있다. 이런 이유로 그의 고딕소설을 "다크 로맨티시즘"(dark romanticism)이라는 장르에 포함시키기도 한다.

"다크 로맨티시즘"은 그 이전의 낭만주의 장르에서 분화되어 나온 하위 장르이지만, 특히 19세기 중엽 미국의 초절주의 이념을 반대해서 삶의 본질을 어둡고 회의적으로 바라보았기 때문에 붙여진 장르의 명칭이다. 나다니엘 호손과 함께 애드가 앨런 포는 "다크 로맨티시즘"을 대표하는 미국의 작가로 평가 받고 있다. 포의 대표적인 "다크 로맨티시즘"에 속하는 고딕소설로는 ≪어셔가의 몰락≫(*The Fall of the House of Usher*, 1839), ≪검은 고양이≫(*The Black Cat*, 1843) 등이 있다.

포는 고딕소설 이외에도 추리소설이란 독특한 장르를 개척한 작가이다. 포 이전에도 추리소설로 분류될 수 있는 작품들이 다수 있지만 포가 1841년 발표한 ≪모르그가의 살인≫(The Murders in the Rue Morgue, 1841)을 문학적 완성도를 가진 본격적인 추리소설이라고 평가하고 있다. ≪모르그가의 살인≫에서 포는 괴팍하지만 창의적이고 천재적인 추리탐정 듀팽(C. Auguste Dupin)이라는 캐릭터를 창조했는데, 듀팽은 이후 등장하는 추리소설의 탐정 캐릭터의 중요한 원형이 되었다.

포는 공상과학 소설분야에서도 선구자적인 역할을 했다. 포가 1838년에 쓴 ≪난트켓의 아더 고든 핌 이야기≫(*The Narrative of Arthur Gordon Pym of Nantucket*, 1838)는 난트켓이라는 섬에서 태어난 아더 고든 핌이라는 젊은이가 고래잡이배를 타고 외국으로 밀항하면서 겪은 기이한 경험들 소재로 하고 있다. 이 소설은 프랑스의 대표적 공상과학소설가인 쥘 베른(Jules Verne, 1828－1905)에게 영향을 주었다. 포는 생전에 미국에서는 평가를 받지 못했지만 특히 그의 소설은 유럽에서 높은 평가를 받았다. 포는 시인으로서 뿐만 아니라 소설가로서 소설의 추리소설, 고딕소설, 공상과학소설과 같이 그 이전의 미국작가들이 시도하지 못했던 새로운 소설의 장르를 선구적으로 개척했다는 평가를 받고 있다.

During the whole of a dull, dark, and soundless day in the autumn of the year, when the clouds hung oppressively low in the heavens, I had been passing alone, on horseback, through a singularly dreary tract of country; and at length found myself, as the shades of the evening drew on, within view of the melancholy House of Usher. I know not how it was—but, with the first glimpse of the building, a sense of insufferable gloom pervaded my spirit. I say insufferable; for the feeling was unrelieved by any of that half-pleasurable, because poetic, sentiment, with which the mind usually receives even the sternest natural images of the desolate or terrible. I looked upon the scene before me—upon the mere house, and the simple landscape features of the domain—upon the bleak walls—upon the vacant eye-like windows—upon a few rank sedges—and upon a few white trunks of decayed trees—with an utter depression of soul which I can compare to no earthly sensation more properly than to the after-dream of the reveler upon opium—the bitter lapse into every-day life—the hideous dropping off of the veil. There was an iciness, a sinking, a sickening of the heart—an unredeemed dreariness of thought which no goading of the imagination could torture into aught of the sublime. What was it—I paused to think—what was it that so unnerved me in the contemplation of the House of Usher? It was a mystery all insoluble; nor could I grapple with the shadowy fancies that crowded upon me as I pondered. I was forced to fall back upon the unsatisfactory conclusion that while, beyond doubt, there are combinations of very simple natural objects which have the power of thus affecting us, still the analysis of this power lies among considerations beyond our depth. It was possible, I reflected, that a mere different arrangement of the particulars of the scene, of the details of the picture, would be sufficient to modify, or perhaps to annihilate its capacity for sorrowful impression; and, acting upon this idea, I reined my horse to the precipitous brink of a black and lurid tarn that lay in unruffled luster by the dwelling, and gazed down—but with a shudder even more thrilling than before—upon the remodeled and inverted images of the gray sedge, and the ghastly tree stems, and the vacant and eye-like windows.[100)]

(5) 해리엇 비처 스토우

Harriet Beecher Stowe [101]

해리엇 비처 스토우(Harriet Beecher Stowe, 1811－1896)는 1811년 코네티컷 주 릿치필드(Litchfield)에서 엄격한 기독교 집안의 딸로 태어났다. 21살이 되던 해에 오하이오 주 신시내티로 이사를 갔는데, 그녀의 아버지는 그곳의 신학교에서 교장으로 재직하고 있었다. 1836년 해리엇은 아버지의 신학교에서 교수로 재직하고 있던 캘빈 스토우(Calvin Stowe) 목사와 결혼을 했다. 당시 해리엇의 남편이었던 캘빈 목사는 노예제를 반대하고 있었고 지하통로를 통해 탈출한 노예들을 돕는 일을 하고 있었다.

1850년 미의회가 도망친 노예를 돕는 것을 금지하는 법안을 통과시키자, 스토우 여사는 그 법안에 맹렬하게 반대하는 글을 쓰기도 했다. 1851년 6월 6일 노예제를 반대하는 신문인 내셔널에러(National Era)지에 스토우 여사는 ≪톰 아저씨의 오두막≫(*Uncle Tom's Cabin*, 1852)을 연재하기 시작하여 1852년 4월 1일에 연재를 끝냈다. 스토우 여사가 40세에 완성한 ≪톰 아저씨의 오두막≫은 미국 전역에 걸쳐 일대 노예제에 대한 논란을 불러 일으켰으며 단행본으로 출판되자마자 30만부 이상이 팔렸는데, 당시의 독서인구나 경제상황을 고려해 본다면 이 숫자는 실로 엄청난 것이었다.

≪톰 아저씨의 오두막≫은 스토우 부인이 보고 들었던 이야기를 바탕으로 집필되었다. 켄터키 주의 농부인 아더 셸비(Arthur Shelby)는 빚으로 인해 농지를 잃어버릴 처지에 놓인다. 셸비는 재정적 곤란을 타개하기 위해 두 명의 노예를 노예상에게 팔기로 결정한다. 셸비의 아내인 에밀리 셸비는 남편의 계획에 반대하는데 그 이유는 하녀인 흑인노예 엘리자(Eliza)에게 엘리자의 아이들은 절대로 팔지 않기로 약속했기 때문이었다. 이들 셸비 부부의 아들인 죠지(George)는 노예인 톰을 평소 친구처럼 지내고 있었기 때문에 그가 팔려나가는 것을 싫어한다. 노예인 엘리자는 톰과 자신의 아들인 해리(Harry)가 팔려 갈 것이라는 것을 엿듣게 되고 아들 해리와 함께 도망쳐 버린다.

---

100) *The Fall of the House of Usher* 시작부분.
http://en.wikisource.org/wiki/The_Fall_of_the_House_of_Usher

101) http://en.wikipedia.org/wiki/Harriet_Beecher_Stowe

결국 톰이 노예상에게 팔리는데, 미시시피 강을 오가는 배에서 톰은 에바(Eva)라는 백인 소녀가 강에 빠지게 되자 그 소녀를 구하게 된다. 감사의 표시로 에바의 아버지인 클레어(Augustine Clare)는 노예상으로부터 톰을 사서 뉴올리언즈에 있는 자신의 집으로 데리고 간다. 한편, 아들과 함께 도망친 엘리자는 이전에 도망친 노예였던 남편인 조지를 만나게 되는데, 이들은 자유를 찾아 캐나다로 도망치기로 한다. 그러나 이들 가족은 노예사냥꾼인 로커(Tom Locker) 일당의 추적을 받고 꼼짝없이 붙잡힐 처지가 되자 조지는 로커를 총으로 쏘아버린다.

톰은 클레어 가족의 집에서 2년을 지낸다. 그동안 클레어의 딸 에바는 아파서 죽게 된다. 클레어 씨가 사고로 죽자 그의 아내는 약속을 어기고 톰을 잔혹한 플랜테이션 농장주 사이먼 레그리(Simon Legree)에게 팔아 버린다. 톰은 동료 노예들을 매질하라는 레그리의 명령을 따르지 않게 되고, 이에 레그리는 톰을 미워한다. 레그리는 톰을 잔혹하게 학대하지만 톰은 계속 성경을 읽고 주변의 다른 노예들을 돌본다. 레그리의 농장에서 톰은 캐시(Cassy)라는 여자 노예를 만나게 되는데, 캐시는 이미 아이들이 노예상에게 팔려간 아픔을 가지고 있다. 톰은 캐시에게 도망갈 것을 권하고 캐시는 톰의 권유를 받아들여 도망친다. 레그리는 톰을 고문하며 캐시의 행방을 묻지만 톰은 대답하지 않는다. 레그리는 주변 사람들로 하여금 톰을 구타하여 죽게 한다. 톰은 죽어가면서 자신을 구타한 사람들을 용서한다. 톰이 죽기 직전에 옛주인의 아들인 조지 셸비가 그곳에 도착하여 톰을 다시 사들여서 그에게 자유를 주려고 한다. 그러나 톰은 이미 숨을 거두게 된다.

(6) 마크 트웨인

마크 트웨인(Mark Twain, 1835－1910)의 본명은 새뮤얼 랭혼 클레멘스(Samuel Langhorne Clemens)이며 1835년 미주리 주의 플로리다에서 출생했다. 마크 트웨인이 4살 되던 해에 미주리 주 한니발(Hannibal)이라는 미시시피 강변의 항구마을로 이사를 갔다. 마크 트웨인이 성장했던 한니발은 이후 그의 대표작인 ≪톰 소여의 모험≫(*The Adventures of Tom Sawyer*)과 ≪허클베리 핀의 모험≫(*The Adventures of Huckleberry Finn*)의 배경이 되는 소설 속의 마을 “세인트 피터스버그”(St. Petersburg)의 모델이 되었다.

마크 트웨인이 11살 때 그의 아버지가 돌아가셨고, 그 다음해부터 그는 인쇄소에서 수습공으로 일했다. 인쇄소 식자공으로 일하면서 마크 트웨인은 다양한 글들을 접할 수 있었다. 18세에 한니발을 떠나 뉴욕이나 필라델피아 같은 대도시에서 인쇄관련 일을 했고, 독학을 통해 다양한 지식을 홀로 습득했다.

증기선을 타고 뉴올리언스로 가는 여행을 하는 도중에 마트 트웨인은 높은 수입과 미시시피 강을 관찰할 수 있는 증기선 파일럿이란 직업에 매료되었다. 그때부터 증기선에서 일하면서 미시시피 강의 모든 항구와 강줄기의 특징을 암기했으며 마침내 1859년에는 증기선 파일럿 자격증을 따게 되었다. 그의 필명이 된 "마크 트웨인"은 미시시피 강의 수심을 체크했던 파일럿의 일에서 유래된 것이다.

증기선 파일럿 일을 접고 마크 트웨인은 1864년 샌프란시스코로 이주했다. 샌프란시스코에서 언론인 생활을 하면서 그는 그 지역의 대표적인 "지방색 작가"(local color writer)인 브레 하트(Bret Harte)와 당시 유명한 연설가이자 만담꾼이었던 아르테무스 워드(Artemus Ward)를 만나게 되었다. 이를 계기로 마크 트웨인은 작가로서 연설가로서의 경력을 시작하게 되었다. 1865년 ≪캘러버러스 군의 유명한 점핑 개구리≫(*The Celebrated Jumping Frog of Calaveras County*, 1865)가 1865년 뉴욕에서 발행되는 주간지에 발표되자 전국적인 사랑을 받았고, 이때부터 그는 인기 작가로서 여행, 연설, 집필을 본격적으로 하게 되었다.

마크 트웨인은 미국의 양적 팽창기인 19세기 중엽에 나타난 지방색 문학을 대표하는 작가였다. 미국의 팽창이 실질적으로 완성기에 이른 19세기 중후반 무렵에는 미국 전체를 대변하는 작품보다는 지역적인 배경과 문화적 특징을 생생하게 반영하는 지역주의(regionalism) 문학작품들이 등장하기 시작했다. 마크 트웨인은 이 시기의 이러한 지역주의 문학을 대표하는 지방색 작가(local-color writer)로 평가된다. 그의 대표작 ≪톰 소여의 모험≫(*The Adventures of Tom Sawyer*, 1876)과 ≪허클베리 핀의 모험≫(*The Adventures of Huckleberry Finn*, 1884)은 미시시피 강이라는 지리적 특징과 강주변의 독특한 삶을 작품의 주요한 소재로 하고 있어 지역주의 문학을 대표하고 있다.

마크 트웨인의 세상을 보는 그의 태도는 시간이 흐를수록 점차 비판적으로 바뀌는데 이러한 변화는 그의 작품을 통해서 쉽게 관찰될 수 있다. 그의 대표작인 ≪톰 소여의 모험≫이 집필된 1876년까지는 비교적 유머러스하고 자연과 동화되기를

102) http://en.wikipedia.org/wiki/Mark_Twain

Mark Twain [102)]

꿈꾸는 순진성의 가치를 마크 트웨인은 추구했다고 볼 수 있다. 그러나 그 이후의 작품에서 물질적 발전이 가져다 준 풍요 이면의 물질숭배와 인간성 상실에 대한 그의 태도는 점차 비판적이고 비관적인 분위기를 띄었다. 겉으로 화려하지만 내면으론 공허한 시대를 빗대어 마크 트웨인은 찰스 더들리 와너(Charles Dudley Warner)와 공동으로 ≪도금 시대≫(*The Gilded Age*, 1873)를 집필했으며, 이 책에서 유래된 “도금 시대”라는 용어는 미국의 경제적 성장과 물질만능주의에 따른 정신적 공허로 특징 지워진 1870년대와 1880년대를 일컫는 명칭이 되었다.

마크 트웨인의 후기 작품들은 물질문명에 대한 그의 음울한 시선을 반영하고 있으며, 초기 작품과는 전혀 다른 분위기와 소재를 선보이고 있다. 1889년에 출판한 ≪아서왕 궁전의 코네티컷 양키≫(*A Connecticut Yankee in King Arthur's Court*, 1889)는 공장에서 일하는 평범한 일꾼인 행크(Hank Morgan)가 이상한 시간여행을 통해 전설적인 아서 왕의 궁전에 와서 새로운 문명을 전해 주지만 결국 그것이 그 사람들에게 이로운 것이 아니라 모든 것을 파괴시키는 도구로 전락하게 된다는 이야기를 다루고 있다. 즉 이 작품은 공상적이고 비현실적인 내용을 담고 있지만 그 이면에는 기술적으로 발달한 현대 문명이 가지는 폐해를 비판하고 있다.

≪허클베리 핀의 모험≫은 세인트 피터스버그(St. Petersburg)라는 가상의 마을을 이야기의 배경으로 하고 있다. 고아인 헉(허클베리 핀)은 과부인 더글라스(Douglas) 아줌마에게 위탁 보호를 받고 있다. 헉은 더글라스 아줌마의 보살핌에 감사하지만 문명화된 예의범절을 갑갑하게 생각한다. 그러던 중 갑자기 나타난 술주정뱅이에다 난폭한 헉의 아버지로 인해 헉은 마을에서 도망쳐서 미시시피 강을 따라 내려간다. 강을 내려가다 헉은 같은 마을에서 도망친 노예 짐(Jim)을 만나게 된다. 짐은 노예제를 폐지하고 있는 일리노이 주로 도망치는 중이었는데 별달리 갈 곳이 없었던 헉은 짐과 동행하게 된다. 처음에는 도망친 노예에 대한 반감을 다소 가지고 있었던 헉이었지만 함께 여행하면서 짐과 깊은 대화를 나누면서 노예제와 사회적 문제와 인생 전반에 대한 견해의 변화를 일으킨다.

헉과 짐은 강물에 떠내려가는 집을 발견하고 안에 들어가 보는데, 그들은 그곳에서 총에 맞아 죽은 시체를 발견한다. 헉이 여장을 하고 마을로 잠입해서 상황을 살펴보니 짐에게 상금이 붙었다는 것을 알게 된다. 헉은 다시 강 중간의 섬에 돌아와 짐에게 노예사냥꾼이 붙었다는 이야기를 하고 둘은 서둘러 뗏목을 타고 섬을 떠나게 된다. 증기선이 일으킨 물결로 인해 뗏목이 뒤집어져 둘은 서로 헤어지게 되고, 이후 헉은 그랜져포드(Grangerford) 가족의 집에 머물게 된다. 그랜져포드 가문은 다른 가문과 오래된 원수 관계에 있었는데 이들 두 가문은 서로 총질을 하는 대결을 벌이게 되고 그 결과 그랜져포드 가문의 남자들이 모두 죽게 된다. 헉은 가까스로 위기에서 벗어나서 도망쳐 나중에 짐과 만나게 된다.

헉과 짐은 강을 따라 여행을 계속한다. 이들은 2명의 사기꾼들을 우연히 강에서 구조하게 되는데, 한 사람은 자신을 공작이라 하고, 다른 나이 많은 한 사람은 자신을 루이14세의 아들이라 소개한다. 헉과 짐은 이들 사기꾼들과 여행을 계속하면서 난처한 일을 겪게 된다. 이들 사기꾼들은 마을에서 연극 공연이나 재산 상속에 관련된 사기를 치기도 한다.

결국 짐은 다시 붙잡히게 되어 마을로 돌아온다. 짐의 주인이었던 와슨 여사는 이미 두 달 전에 죽으면서 짐에게 자유를 주라는 유언을 남겼지만 톰은 짐에게 그 사실을 알려 주지 않는다. 짐은 헉에게 헉의 아버지가 이미 죽었고 그래서 세인트피터스버그로 안전하게 돌아갈 수 있다고 알려 준다. 톰 소여의 가족이 헉을 입양하려 하지만, 헉은 야생의 인디안 지역으로 떠날 꿈을 꾼다.

5) 19세기 미국 드라마

19세기 미국의 역사는 영토의 팽창과 그와 관련된 일련의 사건과 문화로 설명될 수 있다. 1803년 "루이지애나 지역"(Louisiana territory)라는 이름이 붙은 북아메리카의 프랑스 식민지역을 매입함으로써 미국의 영토는 순식간에 팽창하게 되었다. 이를 계기로 미국의 서부개척과 영토팽창의 역사는 급물살을 탔으며, 동시에 새로운 환경을 배경으로 새로운 문화욕구가 자연스럽게 싹텄다. 다른 문학 장르와는 달리 드라마는 그 자체가 문학작품이기는 하지만 공연을 염두에 두고 있었기 때문에 공연극장의 건설이 필수적이라고 볼 수 있다. 공연장의 건설은 대규모의 자본과 수익을 보장할 수 있는 관객의 확보가 반드시 보장되어야하기 때문에 19세기에 비약적으로 발전했던 소설과는 달리 19세기의 미국 드라마는 겨우 시작하는 단계라고 볼 수 있다.

Showboat [103)]

사뮤엘 드래이크(Samuel Drake, 1769－1854)의 육로로 이동하는 순회극단은 19세기 미국 전문극단의 발전의 중요한 출발로 인식되고 있다. 드래이크는 순회극단을 이끌고 도시를 옮겨 다니면서 적절한 공간이 있는 곳이면 어디든 공연을 했는데, 그가 공연한 장소는 다목적 공간을 임시로 극장으로 꾸민 곳이었다. 이후 쇼보트(showboa)의 등장으로 그 이전보다는 훨씬 편리하게 이동하면서도 시설 면에서 그 이전보다 훨씬 안정적이면서도 이동은 편리했다. 비록 쇼보트는 강을 따라 이동할 수밖에 없지만 관객을 찾아 움직일 수 있다는 점에서 대규모 시설을 유지하면서도 안정적인 수익을 기대할 수 있는 좋은 대안이었다.

서부 개척지에서 순회극단이나 쇼보트가 연극 공연의 주된 통로가 되고 있는 동안 대도시의 모습을 이미 갖추었던 동부의 대표적인 도시에선 극장이 건립되었고 공연극단이 창설되었다. 예를 들면, 1830년대 뉴욕에는 4개의 공연극장이 있었고, 각 극장에서 공연도 정기적으로 이루어졌다. 이후 뉴욕의 극장과 공연회수는 급격하게 늘었으며 사람들의 공연과 오락에 대한 기대는 미국의 물질적 번창의 속도와 정도를 같이했다. 뉴욕에서의 이러한 공연사업의 번창은 인근 동부 도시에서도 유사하게 나타났으며, 점차 새로운 개척지역에 건설된 신흥도시로 번져갔다. 이 시기를 즈음하여 대중적인 인기를 한몸에 받으면서 공연의 흥행에도 결정적인 매력요인이 되었던 스타급 연극배우들이 출연하기 시작했다. 에드윈 포리스트(Edwin Forrest, 1806－1872)가 미국 연극사에서 대표적인 1세대 스타 연극배우로 평가받고 있다. 에드윈 포리스트는 미국식 연기 스타일을 확립시켰으며, 공연의 활성화를 통해 극작가들의 탄생을 도왔다.

103) Public Library District, R. B. Hillyer Collection, Boat Photo Museum, Marysville, Illinois. http://www.museum.state.il.us/RiverWeb/harvesting/archives/images/index.html?RollID=roll7&FrameID=Bryant_400

19세기 전반기의 미국 드라마는 전문 연극배우들에 의해 주로 저작되었다. 19세기 후반에 이르러서야 비로소 전문 극작가가 탄생하기 시작했다. 브론슨 하워드(Bronson Howard, 1842－1908)는 미국 최초의 극작가로 평가받고 있으며 18편의 작품을 생전에 저술했다. 하워드의 대표작은 남북전쟁을 배경으로 한 ≪셰난도≫(*Shenandoah*, 1888)인데, 그는 미국 극작가들 중 최초로 공연에 따른 인세를 받은 작가로도 알려져 있다. 19세기 후반에 하워드 이후에 다수의 극작가들이 등장하기는 했지만 이들의 작품이 문학적 완성도를 지닌 작품으로 평가를 받지는 못하고 있는 실정이다. 미국 드라마의 본격적인 탄생은 20세기가 되어서야 비로소 가능해진다.

5. 20세기 미국 문학

1) 20세기 미국 시

20세기는 19세기에 다소 주춤했던 미국시가 본격적인 성장을 거듭했던 시기였다. 20세기 미국시의 부흥은 시문예지의 창간과 그 맥을 같이한다. 1912년 해리엇 먼로(Harriet Monroe, 1860－1936)는 전문 시문예지 ≪시≫(*Poetry: A Magazine of Verse*)를 창간하여 초대 편집자가 되었다. 해리엇 먼로는 이 이 시문예지를 통해 미국의 현대시 운동을 이끌었으며 에즈라 파운드(Ezra Pound), T. S. 엘리엇(T. S. Eliot), 칼 샌드버그(Carl Sandburg)와 같은 시인들의 활동을 지원했다. 1914년 마가렛 앤더슨(Margaret Anderson, 1886－1973)은 문예지 ≪리틀 리뷰≫(*The Little Review*)를 창간하여 미국 시의 르네상스를 견인하는 중요한 역할을 했다.

≪시≫와 ≪리틀 리뷰≫ 모두 미국의 중서부에 속한 시카고에서 창간되었기 때문에 시카고는 20세기 미국 시 부흥의 출발점이 되었다. 모더니즘(Modernism)이라고 불렸던 현대시 운동은 미국의 20세기 시의 성향에 절대적인 영향을 미쳤다. 모더니즘 시들은 과거에는 볼 수 없었던 새로운 시어와 새로운 시 형식을 가지고 20세기 미국의 사회와 정신적 상황을 표현하고자 했다. 에즈라 파운드가 주도한 이미지즘(Imagism) 시는 미국 모더니즘 시를 대표하는 시운동이자 미국 현대시의 발달에 직접적인 공헌을 한 것으로 평가받고 있다. 이외에도 미국의 모더니즘 계열의 시들은 난해한 현대인들의 삶과 그들의 심적 상황을 표현하고자 했다.

(1) 에드윈 로빈슨

Edwin Arlington Robinson [104)]

에드윈 로빈슨(Edwin Arlington Robinson, 1869-1935)은 1869년 미국 매인주에서 출생했다. 그의 부모는 딸을 원했지만 아들로 태어난 에드윈 로빈슨에게 실망하여 출생 후 6개월 동안 이름을 지어주지 않았을 정도로 그의 유년기의 가족생활은 그리 밝지 못했다. 형제들 가운데 성공한 의사였던 딘 로빈슨(Dr. Dean Robinson)이 약물과다복용으로 죽은 사건은 에드워드 리처드의 어두운 세계관에 영향을 미쳤으며 후일 그의 대표 시 <리처드 코리>(*Richard Cory*)의 배경이 되었다. 1891년 그는 하버드 대학에 입학하여 문학 활동을 하였으나 그리 순탄하고 행복하지는 못했다. 아버지가 돌아가신 후 그는 가장으로서의 역할을 맡아야 했다. 이후 뉴욕으로 이사하여 그는 본격적으로 작품을 발표했다. 그가 뉴욕에서 발표한 두 번째 작품 <밤의 아이들>(*The Children of the Night*)은 당시 대통령이었던 루스벨트의 마음에 들었고, 루스벨트 대통령은 그의 안정된 창작활동을 지원하기 위해 뉴욕 세관에 일자리를 마련해 주었다. 1922년, 1925년, 1928년 3번에 걸쳐 퓰리처상을 받았고 비교적 풍요로운 말년을 보냈지만 죽을 때까지 그는 독신이었다.

Richard Cory

Whenever Richard Cory went down town,
We people on the pavement looked at him:
He was a gentleman from sole to crown,
Clean favored, and imperially slim.

And he was always quietly arrayed,
And he was always human when he talked;
But still he fluttered pulses when he said,

104) http://www.literaryhistory.com/20thC/Robinson_Edwin_Arlington.htm

"Good-morning," and he glittered when he walked.

And he was rich, richer than a king,
And admirably schooled in every grace:
In fine, we thought that he was everything
To make us wish that we were in his place.

So on we worked, and waited for the light,
And went without the meat, and cursed the bread;
And Richard Cory, one calm summer night,
Went home and put a bullet through his head.

(2) 로버트 프로스트

Robert Frost [105)]

로버트 프로스트(Robert Lee Frost, 1874－1963)는 1874년 샌프란시스코에서 태어났다. 그의 아버지는 교사였으며, 후일 언론사 편집인이 되었다. 그의 아버지가 돌아가신 후 로버트 프로스트의 가족은 할아버지가 계신 매사추세츠 주의 로렌스(Lawrence)로 이사를 했다. 로렌스에서 프로스트는 고등학교를 졸업한 후 다트머스대학(Dartmouth College)에 진학했다. 대학생활을 몇 달 하지도 않고 로렌스로 돌아온 프로스트는 신문배달이나 공장 직공 등 다양한 직업을 경험했다. 그러면서 그는 점차 자신의 진정한 욕구가 시를 쓰는 것이라는 것을 확신하게 되었다.

1894년 프로스트는 그의 첫 작품인 <나의 나비>(*My Butterfly: An Elegy*)를 발표하고 얼마간의 돈을 벌게 되었다. 결혼 후 하버드 대학에서 다시 대학공부를 시작하면서 학업에 열의를 보였지만 결국 가족을 부양해야했기 때문에 중도에 학업을 포기했다. 프로스트는 할아버지가 유산으로 남겨준 농장에서 일하면서 많은 시를 썼는데,

105) http://en.wikipedia.org/wiki/Robert_Frost

이때 그가 쓴 시들은 나중에 그의 대표작이 되었다. 농장에서 9년을 보냈지만 프로스트는 결국 농장일을 포기하고 학교에서 학생을 가르치는 일을 하게 되었다.

1912년 가족과 함께 영국으로 항해를 했다. 영국에 머무르면서 그는 T. E. 흄(T. E. Hulme)이나 에즈라 파운드(Ezra Pound)와 같은 시인들을 만나 친교를 했다. 1차 세계대전이 발발하자 프로스트는 미국으로 돌아와 뉴햄프셔 주에 농장을 구입했다. 농장에서 머물면서 프로스트는 작품 활동과 교육활동을 병행했다. 그는 앰허스트 칼리지(Armherst College)와 미들버리 칼리지(Middlebury College)에서 영어와 창작을 가르쳤으며, 1921년에는 미시간 대학(the University of Michigan, Ann Arbor)에서 교수직을 맡기도 했다.

프로스트는 20세기 미국 시의 부흥에 가장 대중적인 관심과 지지를 이끌어낸 시인으로 평가받고 있다. 그는 미국적인 배경과 미국적인 가치관 그리고 일상적이면서 토속적인 시어를 통해 미국인들이 가장 보편적으로 좋아하는 시를 썼다. 프로스트의 시는 보통사람들의 일상생활을 소재로 하였으며 소박한 전원생활과 미국의 자연을 통해 인생과 삶의 진리들을 그려내었다. 4번의 퓰리처상을 수상하면서 미국의 국민시인으로서 그는 1961년 케네디 대통령의 취임식에서 시를 낭송하기도 했다. 1963년 전립선 수술의 합병증으로 보스턴에서 사망했다.

Stopping By Woods on a Snowy Evening

Whose woods these are I think I know.
His house is in the village though;
He will not see me stopping here
To watch his woods fill up with snow.

My little horse must think it queer
To stop without a farmhouse near
Between the woods and frozen lake
The darkest evening of the year.

He gives his harness bells a shake

To ask if there is some mistake.
The only other sound's the sweep
Of easy wind and downy flake.

The woods are lovely, dark and deep.
But I have promises to keep,
And miles to go before I sleep,
And miles to go before I sleep.

The Road Not Taken

TWO roads diverged in a yellow wood,
And sorry I could not travel both
And be one traveler, long I stood
And looked down one as far as I could
To where it bent in the undergrowth;
Then took the other, as just as fair,
And having perhaps the better claim,
Because it was grassy and wanted wear;
Though as for that the passing there
Had worn them really about the same,

And both that morning equally lay
In leaves no step had trodden black.
Oh, I kept the first for another day!
Yet knowing how way leads on to way,
I doubted if I should ever come back.

I shall be telling this with a sigh

Somewhere ages and ages hence:
Two roads diverged in a wood, and I —
I took the one less traveled by,
And that has made all the difference.

(3) 에즈라 파운드

Ezra Pound [106)]

에즈라 파운드(Ezra Pound, 1885-1972)는 아이다호의 해일리(Hailey)에서 출생했다. 에즈라 파운드는 어려서부터 총명했고 시인이 되고 싶어 했다. 15살에 펜실베이니아 대학에 입학했으며, 그는 그곳에서 후일 이미지즘 시인으로 그에게 지대한 영향을 미쳤던 힐다 두리틀(Hilda Doolittle)을 만나게 된다. 그는 펜실베이니아 대학을 졸업한 후 대학원에 진학하여 석사학위를 받았으며 그 후 박사과정에 입학했다. 박사과정 중에 그는 장학금을 받아 유럽을 여행했다. 1907년 그는 인디애나 주에 있는 와배쉬 칼리지(Wabash College)에서 학생들을 가르쳤지만 그는 보수적인 그곳의 생활에 불만이었고 불미스러운 일로 학교를 그만두게 되었다. 와배쉬 칼리지에서 이 직업이 그가 평생에 가졌던 처음이자 마지막 직업이었다. 이후 대부분의 그의 생계는 아버지가 주는 돈이나 아내가 친정에서 가져온 돈으로 살았다.

1908년 에즈파 파운드는 다시 유럽으로 건너와 런던에 머물면서 당대의 유명한 시인들과 교감을 주고받았다. 이후 잠시 미국을 방문하기도 했지만 그의 창작무대는 영국이었다. 영국에 머물면서 그는 T. S. 엘리엇, 로버트 프로스트와 같은 미국시인들을 영국에 소개했다. 1차 세계대전의 참상에 분개하여 그는 영국에 대한 신뢰를 잃게 되었고 이탈리아로 건너가 그곳에서 무솔리니를 찬양했으며, 2차 세계대전 동안 미국과 유대인을 비난하는 글을 쓰기도 했는데, 이런 이유로 그는 전쟁 후 체포되었다. 그는 정신이상자로 판명되어 정신병원에서 12년 이상 구금되었으며 결국 1972년 베니스의 한 병원에서 생을 마감했다.

에즈라 파운드는 미국에서 추방된 시인이자 비평가였으며 초기 모더니즘 운동을

106) http://en.wikipedia.org/wiki/Ezra_Pound

이끌었던 주요한 인물로 평가받고 있다. 그는 대학에서 만나 이미지즘 운동의 동지였던 힐다 두리틀과 함께 이미지즘 시의 세 가지 원리를 확립했다: (1) 주관적이든 객관적이든, 사물을 직접 처리할 것(Direct treatment of the "thing", whether subjective or objective), (2) 묘사에 도움이 되지 않는 시어는 절대 사용하지 말 것(To use absolutely no word that does not contribute to the presentation), (3) 리듬에 관해선, 리듬은 메트로놈의 흐름에 따르지 말고, 음악적 어구의 흐름으로 만들어야 할 것(As regarding rhythm : to compose in sequence of the musical phrase, not in sequence of the metronome). 그는 사물에서 받은 이미지를 직접적으로 처리하여 시에서 사용할 것과 시어와 시어의 음악성, 그리고 나타내고자 하는 대상의 분위기를 일치시킬 것을 주장했다. 1908년 그의 첫 시집 ≪스러진 빛≫(*A Lume Spento*)에서부터 1948년 ≪피사의 시편≫(*The Pisan Cantos*)를 발표하기까지 70여 편의 책과 수많은 글을 남겼다.

IN A STATION OF THE METRO

The apparition of these faces in the crowd;
Petals on a wet, black bough.

(4) 칼 샌드버그

Carl Sandburg[107)]

칼 샌드버그(Carl Sandburg, 1878－1967)는 1878년 일리노이 주 개일스버그(Galesburg)에서 출생했다. 13세살에 학교를 그만두고 그는 생업에 뛰어들었는데, 벽돌공이나 농장노동자 등의 다양한 육체노동직을 경험하게 되었다. 이후 그는 시카고 데일리뉴스(Chicago Daily News) 신문기자로서 활동하면서 글쓰기 경력을 시작했다. 그는 시, 소설, 아동문학 등 다양한 작품의 집필을 시도했다. 그는 군대를 지원해 근무하기도 했

107) http://en.wikipedia.org/wiki/Carl_Sandburg

으며, 그 후 웨스트포인트와 롬바르드대학에서 공부하기도 했지만 졸업을 하지는 못했다.

칼 샌드버그는 밀워키로 이주하여 그곳에서 사회민주당(Social Democratic Party)에 가입하여 활동하기도 했으며, 1908년 사회민주당 사무실에서 릴리안 스타이천(Lilian Steichen)을 만나 결혼했다. 이 시기동안 샌드버그는 미국의 산업사회의 그늘에서 신음하는 노동자의 실상과 그들의 성스러운 노동활동에 대한 신념을 쌓아갔다. 샌드버그 부부는 여러 곳을 이사하면서 살았는데, 특히 시카고 근교에서 살면서 그가 보았던 산업도시를 상징하는 시카고의 이미지를 <시카고>라는 시로 표현했다. 그는 정교한 리듬이나 시적 운율에 개의치 않고 직접적이고 현장감 넘치는 생활언어들을 시어로 과감하게 사용했다.

CHICAGO

HOG Butcher for the World,
Tool Maker, Stacker of Wheat,
Player with Railroads and the Nation's Freight Handler;
Stormy, husky, brawling,
City of the Big Shoulders:

They tell me you are wicked and I believe them, for I
have seen your painted women under the gas lamps
luring the farm boys.
And they tell me you are crooked and I answer: Yes, it
is true I have seen the gunman kill and go free to
kill again.
And they tell me you are brutal and my reply is: On the
faces of women and children I have seen the marks
of wanton hunger.
And having answered so I turn once more to those who
sneer at this my city, and I give them back the sneer

and say to them:
Come and show me another city with lifted head singing
so proud to be alive and coarse and strong and cunning.
Flinging magnetic curses amid the toil of piling job on
job, here is a tall bold slugger set vivid against the
little soft cities;

Fierce as a dog with tongue lapping for action, cunning
as a savage pitted against the wilderness,
Bareheaded,
Shoveling,
Wrecking,
Planning,
Building, breaking, rebuilding,
Under the smoke, dust all over his mouth, laughing with
white teeth,
Under the terrible burden of destiny laughing as a young
man laughs,
Laughing even as an ignorant fighter laughs who has
never lost a battle,
Bragging and laughing that under his wrist is the pulse.
and under his ribs the heart of the people,
Laughing!
Laughing the stormy, husky, brawling laughter of
Youth, half-naked, sweating, proud to be Hog
Butcher, Tool Maker, Stacker of Wheat, Player with
Railroads and Freight Handler to the Nation.

FOG

THE fog comes
on little cat feet.

It sits looking
over harbor and city
on silent haunches
and then moves on.

(5) T. S. 엘리엇

T. S. Eliot [108)]

T. S. 엘리엇(Thomas Stearns Eliot, 1888－1965)는 1888년 미주리 주 세인트 루이스(St. Louis)에서 출생했다. 그의 아버지는 성공한 사업가였으며, 어머니는 사회복지일을 하면서 틈틈이 시를 썼다. 엘리엇은 14살 때부터 시를 쓰기 시작했으며, 하버드 대학에 입학하여 철학을 공부했다. 하버드 대학을 졸업한 이후 파리 소르본 대학에서 철학을 공부했으며 그곳에서 당대의 철학자 베르그송의 강의를 들었다. 1차 세계대전 중에는 옥스퍼드 대학에서 수학했으며, 1916년 하버드 대학에서 박사학위 논문을 완성했다.

엘리엇은 비비앤느(Vivienne)와 결혼을 해서 주로 영국에 머물면서 대학에서 학생들을 가르쳤는데, 부족한 수입을 메우기 위해 서평이나 강연활동도 했었다. 1920년 파리를 여행하면서 제임스 조이스를 만났으며 둘은 친구가 되었다. 1927년 엘리엇은 영국 시민권을 취득하였다. 1932년 하버드 대학으로부터 교수직을 제안받자 그는 수락을 하고 아내를 남겨둔 채 영국을 떠났으며, 이후 영국으로 돌아와 아내와 공식적으로 별거에 들어갔다. 이후 그의 아내 비비앤느는 정신병원에 입원하게 되었고 그곳에서 생을 마감했다. 비비앤느가 정신병원에 있는 동안 법적으로 엘리엇의 아내였지

108) http://www.thefamouspeople.com/profiles/t-s-eliot-33.php

만 엘리엇은 그녀가 죽을 때까지 그녀를 방문하지 않았다. 1957년 엘리엇은 37살 연하의 발레리 플레처(Valerie Fletcher)와 비밀리에 결혼했다. 엘리엇은 평소 심하게 담배를 피웠는데, 이로 인해 1965년 1월 4일 런던에서 폐기종으로 사망했다. 유언에 따라 화장되었고, 그의 유해는 이스트 코커(East Coker)에 있는 성 마이클 교회(St. Michael Chruch)에 안장되었다.

엘리엇은 시인이자 극작가이자 비평가였으며 20세기를 대표하는 가장 유명한 시인으로 평가받고 있다. 1915년에 시카고에서 출판한 그의 대표시 <제이 알프레드 프루프록의 연가>(*The Love Song of J. Alfred Prufrock*)는 단번에 그를 유명하게 했으며 여전히 모더니즘 시의 걸작으로 인정받고 있다. 그의 대표적인 시로는 <황무지>(*The Waste Land*, 1922), <공허한 사람>(*The Hollow Men*, 1925), <재의 수요일>(*Ash Wednesday*, 1930) 등이 있으며, 1948년 노벨 문학상을 수상했다.

THE LOVE SONG OF J. ALFRED PRUFROCK

Let us go then, you and I,
When the evening is spread out against the sky
Like a patient etherized upon a table;
Let us go, through certain half-deserted streets,
The muttering retreats
Of restless nights in one-night cheap hotels
And sawdust restaurants with oyster-shells:
Streets that follow like a tedious argument
Of insidious intent
To lead you to an overwhelming question . . .
Oh, do not ask, “What is it?”

Let us go and make our visit.
In the room the women come and go
Talking of Michelangelo.

The yellow fog that rubs its back upon the window-panes,
The yellow smoke that rubs its muzzle on the window-panes,
Licked its tongue into the corners of the evening,
Lingered upon the pools that stand in drains,
Let fall upon its back the soot that falls from chimneys,
Slipped by the terrace, made a sudden leap,
And seeing that it was a soft October night,
Curled once about the house, and fell asleep.

And indeed there will be time
For the yellow smoke that slides along the street,
Rubbing its back upon the window-panes;
There will be time, there will be time
To prepare a face to meet the faces that you meet;
There will be time to murder and create,
And time for all the works and days of hands
That lift and drop a question on your plate;
Time for you and time for me,
And time yet for a hundred indecisions,
And for a hundred visions and revisions,
Before the taking of a toast and tea.

In the room the women come and go
Talking of Michelangelo.

And indeed there will be time
To wonder, "Do I dare?" and, "Do I dare?"
Time to turn back and descend the stair,
With a bald spot in the middle of my hair —
(They will say: "How his hair is growing thin!")

My morning coat, my collar mounting firmly to the chin,
My necktie rich and modest, but asserted by a simple pin —
(They will say: "But how his arms and legs are thin!")
Do I dare
Disturb the universe?
In a minute there is time
For decisions and revisions which a minute will reverse.

For I have known them all already, known them all:
Have known the evenings, mornings, afternoons,
I have measured out my life with coffee spoons;
I know the voices dying with a dying fall
Beneath the music from a farther room.
So how should I presume?

And I have known the eyes already, known them all —
The eyes that fix you in a formulated phrase,
And when I am formulated, sprawling on a pin,
When I am pinned and wriggling on the wall,
Then how should I begin
To spit out all the butt-ends of my days and ways?
And how should I presume?

And I have known the arms already, known them all —
Arms that are braceleted and white and bare
(But in the lamplight, downed with light brown hair!)
Is it perfume from a dress
That makes me so digress?
Arms that lie along a table, or wrap about a shawl.
And should I then presume?

And how should I begin?

* * * *

Shall I say, I have gone at dusk through narrow streets
And watched the smoke that rises from the pipes
Of lonely men in shirt-sleeves, leaning out of windows? . . .

I should have been a pair of ragged claws
Scuttling across the floors of silent seas.

* * * *

And the afternoon, the evening, sleeps so peacefully!
Smoothed by long fingers,
Asleep . . . tired . . . or it malingers,
Stretched on the floor, here beside you and me.
Should I, after tea and cakes and ices,
Have the strength to force the moment to its crisis?
But though I have wept and fasted, wept and prayed,
Though I have seen my head (grown slightly bald) brought in upon a platter,
I am no prophet — and here's no great matter;
I have seen the moment of my greatness flicker,
And I have seen the eternal Footman hold my coat, and snicker,
And in short, I was afraid.

And would it have been worth it, after all,
After the cups, the marmalade, the tea,
Among the porcelain, among some talk of you and me,
Would it have been worth while,

To have bitten off the matter with a smile,
To have squeezed the universe into a ball
To roll it towards some overwhelming question,
To say: "I am Lazarus, come from the dead,
Come back to tell you all, I shall tell you all" —
If one, settling a pillow by her head
Should say: "That is not what I meant at all;
That is not it, at all."

And would it have been worth it, after all,
Would it have been worth while,
After the sunsets and the dooryards and the sprinkled streets,
After the novels, after the teacups, after the skirts that trail along the floor —
And this, and so much more? —
It is impossible to say just what I mean!
But as if a magic lantern threw the nerves in patterns on a screen:
Would it have been worth while
If one, settling a pillow or throwing off a shawl,
And turning toward the window, should say:
"That is not it at all,
That is not what I meant, at all."

No! I am not Prince Hamlet, nor was meant to be;
Am an attendant lord, one that will do
To swell a progress, start a scene or two,
Advise the prince; no doubt, an easy tool,
Deferential, glad to be of use,
Politic, cautious, and meticulous;
Full of high sentence, but a bit obtuse;
At times, indeed, almost ridiculous —

Almost, at times, the Fool.

I grow old . . . I grow old . . .
I shall wear the bottoms of my trousers rolled.

Shall I part my hair behind? Do I dare to eat a peach?
I shall wear white flannel trousers, and walk upon the beach.
I have heard the mermaids singing, each to each.

I do not think that they will sing to me.

I have seen them riding seaward on the waves
Combing the white hair of the waves blown back
When the wind blows the water white and black.
We have lingered in the chambers of the sea
By sea-girls wreathed with seaweed red and brown
Till human voices wake us, and we drown.

The Waste Land

APRIL is the cruellest month, breeding
Lilacs out of the dead land, mixing
Memory and desire, stirring
Dull roots with spring rain.
Winter kept us warm, covering
Earth in forgetful snow, feeding
A little life with dried tubers.
Summer surprised us, coming over the Starnbergersee
With a shower of rain; we stopped in the colonnade,

And went on in sunlight, into the Hofgarten,
And drank coffee, and talked for an hour.
Bin gar keine Russin, stamm' aus Litauen, echt deutsch.
And when we were children, staying at the archduke's,
My cousin's, he took me out on a sled,
And I was frightened. He said, Marie,
Marie, hold on tight. And down we went.
In the mountains, there you feel free.
I read, much of the night, and go south in the winter.

– "The Waste Land"의 첫 시작부분의 일부(line 1–19)

(6) 윌리엄 카를로스 윌리엄스

William Carlos Williams [109)]

윌리엄 카를로스 윌리엄스(William Carlos Williams, 1883–1963)는 1883년 뉴저지 주 러더포드에서 출생했다. 14살 무렵까지 러더포드에서 교육을 받았으며, 이후 유럽으로 건너가 스위스와 프랑스에서 2년가량 공부했다. 다시 미국으로 건너와 고등학교를 졸업했고, 펜실베이니아 대학 의대에 입학했다. 의대를 졸업 후 그는 의사가 되어 현업에서 의료 활동을 했지만 동시에 그의 문학 활동도 계속했다. 그는 낮에는 의사로 활동했고 밤에는 집필에 몰두했다.

윌리엄스는 이미지즘 운동에 매료되었고 시인으로서 전국을 돌며 시를 발표하고 강연을 하기도 했다. 1차 세계대전 중에는 미국에 정착한 맨 래이(Man Ray), 마르셀 뒤샹(Marcel Duchamp)과 같은 유럽의 예술가들과 친분을 쌓았다. 그는 1915년 무렵 뉴욕에 기반을 둔 작가나 예술가들로 결성된 예술단체 "이방인들"(The Others)에 참여하기도 했고, 다다이즘(Dadaism) 운동에 참가하면서 미국 문학의 초기 모더니즘 운동을 이끌었던 중요한 인물이 되었다.

109) http://famouspoetsandpoems.com/poets/william_carlos_williams

윌리엄 카를로스 윌리엄즈는 이미지즘 운동에 동참하기는 했지만 에즈라 파운드나 T. S. 엘리엇과는 다른 시관을 가지고 있었다. 그는 시를 쓸 때 고전의 내용이나 지나친 외국어 사용을 마땅치 않게 생각했으며, 그는 "로컬"(the local)이라 불렀던 지역적인 구체성 속에서 시적 주제를 발굴하고자 했다. 그의 이러한 시적 이론을 바탕으로 그는 1946년부터 1958년까지 무려 5권에 이르는 대작 ≪패터슨≫(*Paterson*)을 출판했다. 그는 전통적인 시의 형식과 개념으로부터 탈피하여 있는 그대로의 세상을 시가 담아내야 한다고 주장했다. 그가 말한 "사상이 아니라 있는 그대로의 물체 속에서"(No ideas but in things)라는 말은 그가 추구하는 사물주의(Objectivism)적인 시를 쓰는 방법을 가장 함축적으로 나타내 보이고 있다. 1909년 그의 첫 시집 ≪시≫(Poems)를 출판한 이후 수많은 시집과 산문들을 발표했을 뿐만 아니라 젊은 시인들과 함께하면서 자신이 가진 시적이론들을 가르치는 것을 좋아했기 때문에 그는 미국 현대시 운동을 실질적으로 확립한 시인으로 평가받고 있다. 그는 특히 1950년대 미국의 "비트 세대"(Beat Generation) 시인들과 "샌프란시스코 르네상스"(San Francisco Renaissance) 운동에 지대한 영향을 미쳤다.

The Red Wheelbarrow (by William Carlos Williams)

so much depends
upon

a red wheel
barrow

glazed with rain
water

beside the white
chickens.

A Sort of a Song (by William Carlos Williams)

Let the snake wait under
his weed
and the writing
be of words, slow and quick, sharp
to strike, quiet to wait,
sleepless.
— through metaphor to reconcile
the people and the stones.
Compose. (No ideas
but in things) Invent!
Saxifrage is my flower that splits
the rocks.

The Widow's Lament in Springtime (by William Carlos Williams)

Sorrow is my own yard
where the new grass
flames as it has flamed
often before but not
with the cold fire
that closes round me this year.
Thirtyfive years
I lived with my husband.
The plumtree is white today
with masses of flowers.
Masses of flowers
load the cherry branches
and color some bushes
yellow and some red
but the grief in my heart
is stronger than they
for though they were my joy
formerly, today I notice them

and turn away forgetting.
Today my son told me
that in the meadows,
at the edge of the heavy woods
in the distance, he saw
trees of white flowers.
I feel that I would like
to go there
and fall into those flowers
and sink into the marsh near them.

2) 20세기 미국 소설

(1) 사실주의 소설

20세기 미국 문학은 사실주의(Realism Novels) 문학의 본격적인 탄생으로부터 출발한다. 19세기 후반에 미국 문학은 사실주의의 본격적인 탄생을 알리는 전조가 이미 무르익었다. 허먼 멜빌(Herman Melville)은 자신이 실제 경험한 해양체험을 소재로 다수의 해양소설을 발표하였으며, 지방색 작가를 대표하는 마크 트웨인(Mark Twain)은 미시시피 강변에서 성장하면서 겪었던 사람들과 자연환경을 소설의 중요한 소재로 활용한 작품들을 선보였다.

20세기로 접어들면서 미국 사회는 영토의 팽창이 완료되고 도시의 팽창과 자본주의의 급격한 발전을 경험하면서 내부적으로 전에 없는 갈등을 경험하게 된다. 과거에 끝없이 팽창했던 프런티어가 준 새로운 기회와 새로운 시작은 이제 정지해 버렸고, 도시를 중심으로 하는 산업자본주의의 성장은 벤저민 프랭클린의 "미국의 꿈"을 물질만능의 탐욕으로 변질시켜 갔다. 미국의 사실주의는 거칠어져 가는 삶의 환경을 있는 그대로 작품 속에서 본격적으로 다루어 보고자 하는 의도에서 출발했다.

(2) 윌리엄 딘 하월스

윌리엄 딘 하월스(William Dean Howells, 1837－1920)는 1837년 오하이오 주 마틴스빌(Martinsville)에서 출생했다. 그의 아버지는 신문 편집자이자 출판인이었는데, 하월스는 어려서부터 아버지의 출판일을 도왔다. 1858년에 그는 오하이오 스테이트 저널(Ohio State Journal)에서 일했으며 거기서 시와 단편소설 등을 쓰기도 했고 외국의 작품들을 번역하기도 했다. 1860년 무렵에 그는 보스턴에서 나다니엘 호손, 헨리 데이비드 소로, 랠프 월도 에머슨과 같은 당대의 유명한 문인이자 사상가들을 만났다.

William Dean Howells [110)]

1860년 에이브러햄 링컨 대통령의 선거기간 동안 그의 자서전을 집필하는데 도와 준 것을 인연으로 하월스는 이후 베니스의 영사가 되었다. 이탈리아에서 돌아와 하월스는 문예지 ≪어틀랜틱 먼슬리≫(*The Atlantic Monthly*)의 편집인이 되어 1869년까지 일했다. 그는 마크 트웨인을 만나 평생지기가 되었으며 사실주의라는 그의 문학적 성향을 이때 발전시켰다. 1885년에 그는 대표작인 ≪사일러스 라팜의 출세≫(*The Rise of Silas Lapham*, 1885)를 발표했는데, 이 작품은 그의 당시 시대적 환경과 정신적 상황을 진솔하게 다루었기 때문에 그의 사실주의적 성향을 잘 보여주고 있다. 하월스는 미국 사실주의 유파의 창시자이자 미국 사실주의의 아버지로 평가받고 있다.

≪사일러스 라팜의 출세≫는 가난하고 천한 신분의 사일러스 라팜이 물질적으로 성공한 삶을 이루었다가 다시 몰락하는 이야기를 다루고 있다. 주인공 사일러스 라팜은 가난하고 보잘것없는 집안 출신이지만 페인트 사업을 해서 많은 돈을 벌게 되었다. 그는 자신에게 부족한 사회적 지위와 고상한 수준을 얻기 위해 보스턴에 대저택을 짓고 보스턴의 사교계에 출입한다. 그는 그의 딸을 보스턴의 귀족가문인 코리(Corey) 가문과 결혼시키고자 한다. 순조로워 보이던 사일러스의 계획에 갑자기 불운이 닥친다. 그가 숨겼던 신분이 탄로 나고, 그의 보스턴 대저택도 불타 없어져 버린다. 갑자기 모든 것을 잃어버린 사일러스는 자신의 허영과 껍데기 밖에 없는 보스턴에서의 부질없는 삶을 깨닫고 다시 농장으로 내려온다.

(3) 헨리 제임스

헨리 제임스(Henry James, 1843－1916)는 1843년 뉴욕의 지적이고 부유한 집안에서 출생했다. 이러한 가정환경에서 성장했기 때문에 헨리 제임스는 성장하

110) http://en.wikipedia.org/wiki/William_Dean_Howells

면서 교육적 특혜를 받았다고 볼 수 있다. 그는 학교에서 수학하지 않고 유럽의 여러 도시에 머물면서 가정교사를 두고 공부했다. 19세에 하버드 법대에서 잠깐 공부했지만 법학 보다는 문학에 관심을 더 가지고 있었다.

Henry James[111)]

헨리 제임스의 유럽 문학과 문화에 대한 취향은 급기야 그가 죽기 1년 전인 1915년 그가 영국으로 귀화하는 중요한 요인이 되었다. 그가 귀화하기 이전부터 그는 유럽 특히 런던에서 거의 40년 정도를 거주했다. 구대륙과 신대륙을 동시에 경험한 그의 이러한 특이한 이력은 그의 작품을 통해 소위 "국제적 주제"라는 당시로서는 헨리 제임스만의 독특한 작품 소재로 반영되었다.

헨리 제임스의 작품 활동은 작품의 소재와 내용에 따라 크게 3기로 나눌 수 있다. 제 1기는 1871년부터 1890년까지 미국과 유럽을 비교하는 "국제적 주제"를 주로 다룬 시대로 볼 수 있다. 유럽과 미국의 예술, 문학, 문화, 전통 등이 서로 비교되거나 충돌하면서 양쪽의 특징들이 더욱 선명하게 드러나는 내용의 작품들이 주로 이 시기에 집필되었다. 이시기의 대표작으로는 서양 예술의 발생지인 로마로 간 미국의 조각가를 소재로 다룬 ≪로더릭 허드슨≫(*Roderick Hudson*, 1876), 거칠지만 순수한 미국인 뉴먼(Newman)과 세련되고 전통을 중시하는 프랑스 귀족 여성 클레어(Clair) 부인과의 사랑과 좌절을 이야기로 다룬 ≪아메리칸≫(*The American*, 1877), 순수한 미국소녀가 유럽의 풍습과 전통으로 인해 좌절하는 이야기를 그린 ≪데이지 밀러≫(*Daisy Miller*, 1879), 그리고 이사벨 아처(Isabel Archer)라는 용기 있는 미국 여성이 영국과 유럽을 배경으로 유럽의 관습과 문화적 전통을 겪어가는 내용을 다룬 ≪귀부인의 초상≫(*The Portrait of a Lady*, 1881)이 있다.

헨리 제임스의 활동 제 2기에 해당되는 1890년부터 1900년까지는 자신이 오랫동안 머물렀던 영국과 영국인에 대한 내용을 주로 다룬 작품을 선보인다. 미망인과 그 아들의 결혼을 둘러싼 잡다한 지극히 영국적인 집안 문제를 소재로 다룬 ≪포인톤의 약탈품≫(*The Spoils of Poynton*, 1897), 부모의 이혼과 아이의 눈에 비친 어른들의 세계를 그린 ≪매이시가 알았던 것≫(*What Maisie Knew*, 1897) 등이 있다.

111) http://en.wikipedia.org/wiki/Henry_James

1900년 이후인 제3기의 작품들은 다시 "국제적 주제"를 다루고 있다. ≪대사들≫(*The Ambassadors*, 1903)과 ≪황금 주발≫(*The Golden Bowl*, 1904)이 이 시기를 대표하는 작품들이다. 헨리 제임스의 대표적인 걸작인≪대사들≫은 동부의 부호집안 출신 젊은이가 파리의 사교계를 경험하는 이야기를 배경으로 하고 있고, ≪황금 주발≫은 미국의 부유한 남자와 유럽의 몰락한 귀족 그리고 미국 여성이 관련된 애정의 관계를 다루고 있다.

헨리 제임스는 미국의 사실주의를 한층 더 깊이 있는 단계로 진입시켰다. 그는 겉으로 보이는 외관이나 사건뿐만 아니라 등장인물들의 심리적인 상황을 섬세하고도 사실적으로 묘사함으로써 심리적 사실주의라는 새로운 소설기법을 선보였다. 그의 소설은 이야기 진행이 너무 느리거나 지루하다는 평가를 받기도 하지만, 그는 사건의 배경과 인물의 심리적 상황 등을 대단히 상세하게 묘사함으로써 헨리 제임스 이전의 소설에서는 찾아보기 힘든 독특한 소설기법을 개척했다.

헨리 제임스의 말년에 집필된 ≪대사들≫의 줄거리와 기교는 그의 예술적 완성도가 가장 완숙하게 드러난 작품으로 평가받고 있다. 미국 동부출신인 중년에 접어든 램버트 스트레더(Lambert Strether)는 약혼자의 아들인 채드 뉴썸(Chad Newsome)을 찾으러 파리로 간다. 파리로 가는 도중에 램버트는 파리에서 다년간 살았던 미국여자 마리아를 영국에서 만나게 된다. 마침내 그는 파리에서 채드를 만나게 되고, 채드는 램버트를 가든파티로 데려간다. 거기서 램버트는 마리(Marie de Vionnet)란 세련된 매너를 지닌 이혼녀와 그녀의 딸을 만나게 된다. 램버트는 채드가 이혼녀에게 끌린 것인지 아니면 그 딸에게 빠진 것인지 혼란스러워 한다. 램버트는 이혼녀 마리에게 끌리게 되면서 갈등한다. 램버트는 파리의 매력에 빠지게 되고 채드를 데리고 미국으로 돌아가지 않으려 한다. 고향 미국에서 채드의 어머니이자 램버트의 약혼녀는 애타게 아들과 애인의 귀환을 기다리고 있다. 램버트는 파리에서의 혼란을 정리하기 위해 프랑스의 한적한 시골을 여행하게 되고 그곳에서 우연히 함께 있는 채드와 마리를 만나게 되고, 비로소 그는 모든 상황을 파악하게 된다. 그는 채드에게 마리를 떠나지 않도록 충고하고 자신은 더 이상 프랑스를 매력적으로 느끼지 않게 된다. 그는 영국에서 만난 마리아의 청혼을 뿌리치고 미국으로 귀환한다.

(4) 자연주의 소설의 탄생

19세기 말부터 본격적인 산업성장을 거듭한 미국은 이전에 경험하지 못한 물질적 풍요와 과학기술의 발달에 대한 자신감으로 충만하기도 했지만, 동시에 빈부간의 격차, 물질만능주의 등 다양한 사회문제를 겪게 되었다. 이러한 사회문제들을 문학적 소재로 있는 그대로 조명하고 당시의 미국사회가 가진 다양한 문제들을 있는 그대로 사실적으로 문학을 통해 그려내고자 했던 문예사조가 사실주의(Realism)다.

사실주의가 사회적 문제점을 있는 그대로 그려내기도 했지만 그에 대한 개선과 더욱 나은 삶에 대한 희망을 완전히 포기하지는 않았다고 볼 수 있다. 그러나 시간이 지나면서 사회적 갈등과 물질만능의 사회적 풍조가 빚어낸 다양한 사회문제들은 더욱 심화되어 갔다. 점차 물질적 탐욕과 약육강식의 사회적 환경은 인간의 존재를 야성의 환경에 던져진 나약한 존재로 인식하는 운명론적인 경향이 생겨나기 시작했다. 잔인한 사회구조 속에서의 인간의 모습을 만물의 영장이 아닌 하나의 동물 개체로서 환경에 지배를 운명으로 수용하면서 살아갈 수밖에 없는 비관적인 모습으로 그려내기 시작한 문예사조가 자연주의(Naturalism)다. 따라서 자연주의는 사실주의에서 출발했지만 보다 비관적이고 암울한 삶의 일면을 더욱 집중적으로 부각시켜 그려내었다고 볼 수 있다.

자연주의는 19세기 중후반에 과학발달과 인간존재에 대한 인식에 지대한 영향을 미쳤던 찰스 다윈(Charles Darwin)의 ≪종의 기원≫(*Origin of Species*, 1859)에 직접적인 이론적인 영향을 받았다. 즉, 자연주의자들은 인간의 운명에 대한 환경결정론적 의식을 가지고 있었는데, 이들은 인간 역시 외부의 환경에 의해 행동과 정신상황이 결정되며 자신의 의지와는 상관없이 자신이 속한 환경에 의해 운명이 결정되는 것이라 믿었다.

자연주의 소설의 특징 가운데 하나는 인간의 운명을 결정하는 것으로 우연성을 강조하고 있다. 등장인물들은 자신의 의도나 계획과는 상관없이 우연한 사건이나 우연한 환경에 의해 자신의 운명이 결정되는 모습을 자주 보여준다. 이러한 우연에 지배되는 등장인물들은 인간이 얼마나 나약한 존재인가를 드러내면서 인간의 운명 역시 인간 스스로에 의해 개척되지는 않는다는 것을 나타낸다.

자연주의 소설 속의 인물들은 종종 성격 혹은 본능에 의해 자신의 운명이 지배를 받는 존재로 그려진다. 자연주의는 인간을 하나의 동물 혹은 개체로 인식하는 경향이 있기 때문에 등장인물들의 각자의 고유한 성격이나 태도 역시 노력한다고 바꿀 수 없는 타고난 본능으로 간주한다. 그래서 이들은 논리적인 판단이나 이성적인 의지에 의해서가 아닌 자신들의 본능에 결국 충실한 선택을 하게 되는 것이다. 이들의 성격, 태도, 운명은 개인의 노력이나 결심과는 무관한 타고난 환경이나 유전과 같은 외부의 힘에 의해 결정된다. 자연주의가 바라보는 인간의 자유의지는 무기력한 허상이거나 오히려 인간 스스로의 태생적 문제를 더욱 악화시킨다. 자연주의 소설에서 살아남는 등장인물들은 도덕이나 정의와 같은 관념을 중시하는 것이 아니라 처한 상황을 충실하게 수용하면서 살아가는 사람들이다. 만약 이들이 스스로 정한 도덕관이나 자의식에 따라 세상을 판단하거나 자신의 삶을 고집할 때 그들은 여지없이 파멸하게 된다.

미국의 대표적인 자연주의 작가로는 스티븐 크래인(Stephen Crane, 1871–1900), 프랭크 노리스(Frank Norris, 1870–1901), 시오도르 드라이저(Theodore Dreiser, 1871–1945)가 있는데, 스티븐 크래인과 프랭크 노리스는 자신이 겪은 생생한 체험을 소재로 당시로서는 충격적인 작품들을 발표했으며, 이들의 작품들은 종종 커다란 사회적인 반향을 불러일으켰다. 시오도르 드라이저는 미국의 자연주의를 완성한 작가로 평가되는데, 그는 너무나 자극적인 내용으로 사회를 고발했던 자연주의 소설을 높은 예술적 완성도를 가진 문학으로 끌어 올렸다.

(5) 스티븐 크래인

Stephen Crane [112]

스티븐 크래인(Stephen Crane, 1871–1900)은 1871년 뉴저지 주 뉴웍(Newark)에서 종교인의 아들로 태어났다. 크래인은 어려서 병약했으며, 유독 글쓰기를 좋아해서 8살 때 시를 썼으며, 14살 때는 그의 첫 소설을 쓰기도 했다. 17세에 일종의 군사학교 성격의 클래버랙 칼리지(Claverack College)에 입학했으며, 졸업 후 형의 조수가 되어 언론사에서 일하기도 했다. 후일 학업을 계속하기 위해 시러큐스(Syracuse) 대학에서 공부하기도 했지만 결국 글쓰기에 집중하고자 학업대신 작가와 기자의 길을 걸었다.

뉴욕에 거주하는 동안 뉴욕 빈민가의 실생활을 접하고 그 경험을 소재로 외부환경에 의해 어쩔 수 없이 타락해 가는 소녀의 이야기를 그린 ≪매기, 거리의 여자≫(*Maggie: A Girl of the Street*, 1892)를 탈고하게 된다. 그러나 그 내용이 대

112) http://en.wikipedia.org/wiki/Stephen_Crane

단히 충격적이고 염세적이어서 뉴욕의 많은 출판사들이 소설의 출판을 거절하게 되어 크래인은 자비로 이 소설을 출판했다. ≪매기, 거리의 여자≫는 자연주의적 성향을 잘 보여주고 있는데 어떻게 한 소녀가 자신의 의지와는 상관없이 거리의 여자로 흘러들어 갈 수 밖에 없는지를 사실적으로 보여주고 있다. 1895년에 발표한 ≪붉은 무공훈장≫(*The Red Badge of Courage*, 1895)은 남북전쟁을 소재로 한 소설인대 발표하자마자 폭발적인 반응을 얻었다. 크래인은 이 소설에서 전쟁을 미화하거나 영웅적인 행동을 발굴하거나 하는 방식을 취하지 않고 평범한 한 병사의 객관적이고 사실적인 시선을 통해 전쟁의 실상을 작품을 통해 묘사했다. ≪붉은 무공훈장≫은 자연주의 소설성향을 가지기도 하지만 1차 세계대전 이후에 출간된 전쟁소설들의 중요한 모델이 되기도 했다.

≪매기, 거리의 여자≫에서 매기는 뉴욕 빈민가의 전형적인 가정의 소심하고 겁 많은 소녀다. 매기는 술주정뱅이 부모의 폭력과 학대에 시달리며 지낸다. 이후 아버지가 죽자 매기는 희망을 가지고 나은 인생을 살아보려고 노력한다. 바텐더인 피터(Peter)는 외모가 아름다운 매기에게 관심을 보이고 둘은 데이트를 즐긴다. 매기는 피터의 겉멋과 세속적인 지식에 빠져들고 그를 통해 가난한 생활을 벗어날 수 있다고 생각한다.

매기의 동생 지미(Jimmy)는 피터가 매기를 타락시켰다고 여기고 둘은 크게 다툰다. 매리는 집을 나와 피터와 동거를 한다. 며칠 후 매기는 피터가 바텐더 일을 하는 술집에서 넬리(Nellie)라는 여자를 만나는데, 넬리는 피터가 매기를 버리도록 유혹한다. 버림받은 매기는 집으로 돌아오지만 가족들은 매기를 받아주지 않는다. 갈 곳이 없는 매기는 이후 거리의 여자로 전락해 비참한 생을 이어가게 되고, 매기를 버린 피터는 술에 빠져 결국 넬리에게서 버림을 받는다. 이후 매리는 거리에서 죽은 채 발견되면서 비참하고 짧은 인생을 마친다.

(6) 프랭크 노리스

프랭크 노리스(Frank Norris, 1870－1902)는 1870년 시카고에서 출생했다. 1884년에 샌프란시스코로 이사를 했으며, 이후 10대 후반에는 프랑스 파리에서 미술을 공부하면서 에밀 졸라(Emil Zola)와 같은 자연주의 작가들과 작품들을 접했다. 미국으로 돌아와 1890년엔 버클리 대학에 입학해서 찰스 다윈(Charles Darwin)의 진화론과 허버트 스펜서(Herbert Spencer)의 사회적 진화론 등을 공부했다.

Frank Norris [113)]

1895년에 프랭크 노리스는 남아프리카공화국으로 가서 2년 정도 특파원으로 활동했다. 이후 샌프란시스코로 돌아와 신문기자로 활동하기도 했으며, 1898년에는 쿠바에서 특파원 생활을 하기도 했다. 기자생활을 하면서 노리스는 현실에 대한 자신의 풍부한 경험을 문학으로 옮기는데 관심을 가졌으며, 그가 바라본 현실은 늘 인간의 의지가 아닌 거부할 수 없는 외부의 환경에 모든 운명이 결정되어 가는 모습들이었다. 1898년에 발표한 그의 대표작 ≪맥티그≫(*McTeague*, 1898)는 기자로서의 그의 생생한 경험과 그가 관심을 가졌던 자연주의적 문학관이 빚어낸 대표작으로 평가받고 있다.

≪맥티그≫는 물질적인 탐욕과 질투 등으로 인해 결국 살인에 이르고 결국 모두가 파멸해가는 이야기를 다루고 있다. 주인공인 맥티그는 무면허 치과의사로 샌프란시스코에서 개업을 해서 불법의료행위를 하고 있다. 맥티그의 친구인 마쿠스 슐러(Marcus Shouler)는 맥티그에게 트리나(Trina)라는 여성을 소개시켜 준다. 트리나는 맥티그에게 치료를 받다가 서로 좋아하게 된다. 그러다 트리나는 5,000달러 복권에 당첨되게 되고, 맥티그는 트리나와 결혼을 발표한다. 이에 마쿠스는 맥티그에게 질투를 느끼면서 트리나의 복권상금에 대한 권리가 자신에게도 있다고 주장한다.

맥티그와 트리나는 결혼을 한다. 트리나는 아주 인색한 성격을 보이는데 자신이 받은 복권당첨금 5천 달러를 누구와도 나누려 하지 않는다. 트리나는 일을 하면서 계속해서 조금씩 돈을 모으는데 집착한다. 맥티그와 마쿠스의 우정은 점점 악화되어 서로 싸우게 되고 마쿠스는 샌프란시스코를 떠난다. 맥티그는 불법의료행위로 제재를 받게 되는데, 이는 마쿠스가 떠나면서 고발을 했기 때문이다. 맥티그는 이제 치과시술을 할 수 없게 되고 그는 가난하게 된다. 맥티그는 트리나가 그동안 조금씩 모은 돈을 가져가면서 둘은 헤어진다. 맥티그가 다시 돌아오지만 트리나는 맥티그를 거부하고 그에게 일체의 돈은 커녕 음식조차 주지 않는다. 술을 먹고 화가난 맥티그는 트리나를 때려죽이고 그녀가 모은 모든 금을 가

113) http://en.wikipedia.org/wiki/Frank_Norris

지고 도망을 친다. 마쿠스는 맥티그를 추적해서 마침내 데쓰벨리(Death Valley)에서 그를 붙잡는다. 사막 한가운데서 그들은 싸우게 되고, 맥티그가 마쿠스를 죽이지만 마쿠스는 죽으면서 수갑을 꺼내 자신과 맥티그의 팔에 수갑을 채워버린다. 맥티그는 수갑에 묶인 마쿠스의 시체를 끌고 데쓰벨리 사막 한가운데에 홀로 버려진다.

(7) 디오도르 드라이저

Theodore Dreiser [114]

디오도르 드라이저(Theodore Dreiser, 1871－1945)는 1871년 인디애나 주 테르 오트(Terre Haute)에서 출생했다. 13명 중 12번째 아이로 태어난 디오도르 드라이저는 가난하고 힘든 유년시절을 보냈으며 일찍부터 자립하여 삶을 스스로 해결해야만 했다. 인디애나 대학에 입학했지만 1년 정도 다니다 대학을 그만두었으며, 이후 1982년부터 약 10년간 시카고 글로버(Chicago Globe)나 세인트루이스 글로버-디모크렛(St. Louis Globe-Democrat)과 같은 몇몇 신문사에서 기자로 활동했다. 기자로 일하면서 당대의 유명한 문인들을 인터뷰할 기회를 가지기도 했고, 사회의 다양한 문제들을 직접 체험해 볼 수도 있었다. 이때의 경험들이 후일 그가 소설가로서 작품을 창작하는데 소중한 배경이 되었다.

그의 첫 번째 소설 ≪시스터 캐리≫(*Sister Carrie*, 1900)는 물질만능과 성공의 욕망으로 타락한 영혼으로 변해가는 순진한 시골처녀의 이야기를 다루고 있는데, 이 소설로 인해 드라이저는 소설가로서의 명성을 얻게 되었다. ≪미국의 비극≫(*An American Tragedy*, 1925)은 그의 두 번째 소설이면서 그에게 상업적인 성공을 가져다 준 작품이었다.[115] 그를 유명하게 만든 두 편의 소설은 그 이야기의 사실성과 충격적인 내용들은 그가 기자생활을 하면서 직접 보고 겪었던 범죄나 사회적 문제들에 상당히 근거한 것이었다. 예를 들어 1906년에 실제 있었던 체스터 질레트(Chester Gillette)라는 젊은이가 그레이스 브라운(Grace Brown)이라는 여성을 살해한 사건은 ≪미국의 비극≫의 직접적인 소재가 되었다. 드라이저의 작품들은 종종 사회적 논란

114) http://en.wikipedia.org/wiki/Theodore_Dreiser
115) *An American Tragedy*는 1931년과 1951년 *A Place in the Sun*이라는 제목의 영화로 만들어 졌다.

을 불러일으켰는데, 그의 작품들은 삶의 잔인한 현실이나 성적으로 다소 외설적인 내용이나 사회적 권위에 의문을 제기하는 내용을 다루었기 때문이었다. 드라이저는 실생활에서도 사회적 비리나 고통 받는 대중들을 위한 정의를 위해 집회나 단체에 열성적으로 가담했다. 드라이저에 의해 미국의 자연주의가 완성되었다고 말할 정도로 그의 작품들은 인간을 바라보는 자연주의적인 시각을 충실히 반영하고 있으면서도 선동이나 고발을 넘어서는 문학적인 완성도를 유지하고 있다.

≪미국의 비극≫은 클라이드(Clyde)라는 젊은이의 욕망과 파멸을 소재로 하고 있다. 클라이드는 가난하고 종교적인 집안에서 성장했다. 그는 한 호텔에서 벨보이로 일하게 되면서 세련되고 부유한 사람들을 알게 되고, 그들로 인해 클라이드는 마약이나 매춘과 같은 전에 경험하지 못한 자극적인 삶에 눈뜨게 된다. 그는 훔친 차를 몰다 아이를 치어 죽이게 되자 캔자스시티로 도망을 치게 된다. 이후에 그는 오래전에 헤어졌던 삼촌이 운영하는 뉴욕 소재의 공장에서 작업반장으로 일하게 된다. 삼촌은 친척인 클라이드를 좋게 보고 공장의 요직으로 승진을 시킨다. 클라이드는 공장여공으로 일하고 있는 로베르타 알덴(Roberta Alden)이라는 가난하고 순진한 시골처녀에 끌리게 되고 둘은 곧 사랑에 빠지게 된다. 클라이드는 로베르타와 비밀스런 애정관계를 유지해 가지만, 그는 성공과 물질에 야심이 대단했기에 가난한 로베르타를 결혼상대로 생각하지 않는다.

클라이드는 손드라 핀츨리(Sondra Finchley)라는 아주 부유한 집안의 딸을 알게 되고 둘은 서로 좋아하게 된다. 그러던 중 로베르타는 임신을 하게 되고, 클라이드를 찾아와 결혼하기를 원한다. 클라이드는 부유한 손드라와의 결혼이 일생일대의 기회임을 깨닫고 로베르타에게 낙태를 권하지만 로베르타는 모든 사실을 폭로하겠다고 위협한다. 성공에 대한 야심에 이성을 상실한 클라이드는 성공의 걸림돌이 되는 로베르타를 사고로 위장해 살해할 계획을 세운다. 그는 로베르타를 한적한 호수로 데려가 카누에 태운 다음 호수 가운데로 가서 다시 그녀를 설득하지만 말을 듣지 않고 자신에게 다가오는 로베르타를 카메라로 내리치게 되고 갑자기 배가 뒤집져 둘은 모두 호수에 빠지게 된다. 수영을 못하는 로베르타는 물에 가라앉고 클라이드는 수영을 해서 물 밖으로 빠져 나온다. 이후 클라이드는 로베르타에 대한 살해 혐의를 받고 법정에 서게 되고 살인혐의에 대해 사형을 선고받게 된다.

(8) 업튼 싱클레어

업튼 싱클레어(Upton Sinclair, 1878－1968)는 1878년 매릴랜드 주 볼티모어에서 출생했다. 그의 아버지는 주류상이었으면서 알코올중독자였는데, 이로 인해 업튼 싱클레어는 불행하고 어두운 유년기를 보냈다. 1888년 싱클레어 가족은 뉴욕의 브롱크스로 이사를 했고, 그곳에서 그는 뉴욕 시립대학(City College of New York)에 입학했다. 대학에 다니면서 학비를 벌기위해 싱클레어는 소설이나 기사를 써서 팔았다.

1904년 싱클레어는 폭로소설(muckraking novel)을 쓰기 위해 시카고의 육고기 포장공장에 위장취업을 했다. 그곳에서 일하면서 자신이 보고 겪은 비위생적인 고기가공 생산과정과 노동자에 대한 잔혹한 착취상황을 자신의 대표적인 폭로소설 ≪정글≫(*The Jungle*, 1906)의 소재로 활용하였다. 육류가공공장의 비위생적인 환경과 비인간적인 노동상황은 독자들에게 충격을 주었으며 그로 인해 미국 육류소비량이 절반이나 감소하기도 했다. 싱클레어는 ≪정글≫에서 단지 육류공장의 문제만을 제기한 것이 아니라 미국의 자본주의와 부도덕한 자본가의 기업이 가진 문제점을 신랄하게 부각시켰다. ≪정글≫은 베스트셀러가 되었고, 이 소설이 미치는 대중적 영향이 워낙 지대했기에 미국정부가 음식물에 대한 새로운 위생법안(Pure Food and Drug Act)을 만들어 통과시키는 결과를 초래하기도 했다.

업톤 싱클레어는 미국 폭로주의 문학을 대표하는 작가였다. 자연주의와는 달리 폭로주의는 사회의 비리와 문제점을 있는 그대로 문학을 통해 폭로하는 형식을 취하고 있다. 폭로주의 문학은 문학과 저널리즘이 결합한 형태로 사회의 어둡고 더러운 부조리를 무자비하게 파헤쳐서 고발하고자 했다. 업톤 싱클레어는 퓰리처상을 수상했으며 소설, 드라마, 논픽션 등 여러 장르에 걸쳐 90편 이상의 작품을 썼다.

≪정글≫은 리투니아 가족의 요란한 결혼축하연을 묘사하는 장면에서 시작된다. 성대한 결혼식 이면에는 어쩔 수 없이 과다한 비용의 지출이 어두운 그림자로 자리 잡고 있다. 일자리를 찾아 미국으로 온 루드쿠스(Rudkus) 가족은 시카고에 정착했다. 그들의 꿈과는 달리 미국에서의 정

Upton Sinclair [116)]

116) http://en.wikipedia.org/wiki/Upton_Sinclair

Earnest Hemingway[117)]

착은 끔찍한 악몽의 연속이었다. 사기를 당해 가진 돈을 모두 날리고 거리로 내쫓긴다. 이들은 살아남기 위해 자신들이 가진 도덕적 가치관을 따질 여지가 없다. 이들은 시카고 가축수용장의 끔찍한 노동환경에 접하게 되는데, 그곳은 불법과 밀거래 착취가 만연하는 곳이었다. 충분히 예방될 수 있는 사고인데도 불구하고 열악한 노동환경은 노동자들을 사고로 내몬다. 루드쿠스 가족들 중 일부도 사고를 당하게 되고, 서서히 절망하면서 무너지게 된다. 주인공인 루드쿠스 가족의 젊은 아들 주르기스(Jurgis)는 시카고의 육고기 포장공장에서 일하게 된다. 혹독한 작업환경에 시달리다 그는 어떤 사회주의자의 연설을 듣게 되고, 연설내용에 감화를 받는다. 그는 사회주의와 강력한 노동조합만이 이 사악한 환경에 대항할 수 있는 해답이 된다는 것을 확신하면서 사회주의와 노동운동에 가담하게 된다.

(9) 어니스트 헤밍웨이

어니스트 헤밍웨이(Earnest Hemingway, 1899－1961)는 1899년 일리노이 주 오크파크(Oak Park)에서 태어났다. 그의 아버지는 내과 의사였고 어머니는 음악가였기 때문에 비교적 좋은 환경에서 헤밍웨이는 유년시절을 보냈다. 헤밍웨이는 고향에서 고등학교까지 다니면서 다양한 운동을 배웠다. 1차 세계대전이 발발하자 그는 유럽의 다양한 전선에서 참전하였으며 그의 용맹스러운 업적으로 인해 그는 은색무공훈장을 수여받기도 했다. 1919년 그는 고향으로 돌아왔는데, 20살도 채 안된 나이였지만 전쟁을 경험했기 때문에 그는 대단히 정신적으로 성숙해 있었다.

헤밍웨이는 잠시 언론사에서 일을 하다 유럽으로 건너가 파리에 머물렀다. 그곳에서 그는 1차 세계대전 후 미국으로 돌아가지 않고 파리에 머물고 있었던 소위 "길 잃은 세대"(the Lost Generation)이라고 불렸던 거트루드 스타인(Gertrude Stein), 제임스 조이스(James Joyce), 에즈라 파운드(Ezra Pound) 등과 같은 문인들을 만나서 어울렸다. "길 잃은 세대" 작가들의 대모였던 거트루드 스타인 여사는 파리의 여러 작가들에게 헤밍웨이를 소개했던 스승과도 같은 존재였다. 헤밍웨이는 거트루드 스타인

117) http://en.wikipedia.org/wiki/Ernest_Hemingway

여사의 사롱에서 문인뿐만 아니라 피카소(Pablo Picasso)나 호안 미로(Joan Miró)와 같은 예술가들도 만났다. 헤밍웨이는 미국 언론사의 통신원으로 유럽의 각지를 여행하였으며 이때의 경험들이 그의 작품에 직접적인 영감을 주었고 그의 첫 번째 소설 ≪태양은 다시 떠오른다≫(*The Sun Also Rises*)가 그 대표적인 작품이다.

1937년 헤밍웨이는 북미 신문연합사(North American Newspaper Alliance)의 요청으로 스페인 내전을 취재하는 특파원이 되었고, 이때의 경험을 바탕으로 그는 ≪누구를 위해 종을 울리나≫(*For Whom the Bell Tolls*)를 집필했다. ≪누구를 위해 종을 울리나≫는 1940년 출판되었으며 약 50만부가 판매되었다. 헤밍웨이는 이 소설로 인해 퓰리처상 후보가 되었으며 부와 함께 문학적인 명성도 함께 얻게 되었다. 그는 2차 세계대전에도 참가하여 취재하였으며, 전쟁 후에는 그의 용감한 행동으로 인해 동성훈장을 수여받기도 했다. 헤밍웨이는 여러 곳을 여행하면서 극적인 모험을 경험하기도 했는데, 그가 아프리카를 여행하면서 2번의 연속적인 비행기 추락 사고를 겪었지만 그는 살아남았다.

헤밍웨이는 만년에 건강이 점차 악화되었지만 작품에 대한 그의 열정은 결코 줄어들지 않았다. 세상을 바라보는 그의 시선도 시간이 갈수록 더욱 긍정적이었으며 인간에 대한 신뢰와 불굴의 의지가 지니는 가치를 작품을 통해 표현하려고 했다. 1952년에 출판된 그의 걸작 ≪노인과 바다≫는 적대적인 환경에서도 결코 포기하지 않는 인간의 의지에 대한 긍정적인 가치를 표현하고 있다. ≪노인과 바다≫의 주인공인 산티아고 노인 산티아고(Santiago)는 만년의 헤밍웨이 자신을 닮아 있다. 1954년 헤밍웨이는 마침내 그동안의 문학적 업적에 대해 노벨문학상을 수상했다. 1959년 헤밍웨이는 그의 평생의 거주지였던 쿠바와 플로리다의 키웨스트에서의 생활을 정리하고 아이다호주의 케첨(Ketchum)으로 이주했다. 그곳에서 그는 1961년 여름 자살을 함으로써 소설 같은 생을 마감했다.

≪노인과 바다≫는 노련한 어부인 노인과 청새치와의 사투를 그린 소설이다. 소설의 주인공인 산티아고라는 노인은 80일가량 아무것도 잡지 못한다. 산티아고는 불운한 어부로 낙인찍혀 데리고 있던 조수도 그의 곁을 떠날 상황이 된다. 그래도 어린 조수는 저녁이면 산티아고를 찾아와 야구 이야기나 모험담을 듣는다.

어느 날 산티아고는 혼자 출항해서 청새치로 보이는 거대한 고기를 낚지만 그 고기를 끌어올리지를 못하고 씨름하다 상처를 입는다. 이틀 밤낮을 꼬박 고기를 끌어올리려 했지만 그는 탈진하게 된다. 마침내 청새치를 잡지만 너무 커서 배

옆에다 묶고 집으로 배를 몰면서 희망에 부푼다. 청새치의 피 냄새를 맡고 상어들이 몰려들자 노인은 상어를 물리치기 위해 필사의 노력을 하지만 역부족이다. 상이들이 몰려들어 청새치의 살을 뜯어먹자 노인은 상어들과 밤새 혈투를 벌여보지만 해안에 도착했을 때 노인에 배에 매달려 있는 것은 청새치의 거대한 뼈뿐이다. 노인은 집으로 돌아가 쇠약해진 몸을 누이며 다시 고기를 잡으러 나갈 결심을 한다.

(10) 스콧 피츠제럴드

아내 젤다와 피츠제럴드[118)]

스콧 피츠제럴드(Francis Scott Fitzgerald, 1896－1940)는 1896년 미네소타 주 세인트폴(St. Paul)에서 출생했다. 그는 헤밍웨이와 동시대를 살았고, 헤밍웨이와 함께 "길 잃은 세대"(the Lost Generation)을 대표하는 작가이다. 피츠제럴드는 세인트폴에서 고등학교를 다니면서 탐정소설을 학교 신문에 발표했다. 1913년에 프린스턴 대학에 입학했으며 가난했던 그는 졸업 후 곧장 군대에 지원입대를 하기도 했다. 군대를 나온 후 그는 젤다(Zelda Sayre, 1900－1948)라는 여성을 만나 사랑에 빠지고 약혼도 하지만 물질적인 안락함을 중요하게 생각했던 젤다는 가난한 피츠제럴드와 약혼을 파해버린다. 당시 광고회사에서 일하면서 틈틈이 소설을 썼던 피츠제럴드는 젤다의 마음을 사로잡기엔 너무나 내세울게 없는 상황이었다. 크게 상심했던 그는 뉴욕으로 가서 그동안 썼던 소설을 손봐서 출판했던 소설이 ≪낙원의 이편≫(*This Side of Paradise*, 1920)이다. 이 소설은 그해의 베스트셀러가 되었으며 피츠제럴드는 일약 유명작가가 되어 젤다의 사랑을 다시 차지하면서 둘은 마침내 뉴욕에서 결혼을 했다.

미국의 1920년대는 "재즈 시대"(Jazz Age)라고 불리는데 이시기의 미국은 1차 세계대전이 끝난 후 전에 없던 풍요와 소비와 향락의 시기였다. 재즈(Jazz)는 원래 뉴올리언스를 중심으로 유행했던 남부 흑인음악이었다. 재즈가 백인들 사이에서 유행하면서 그 시대의 돈, 쾌락, 감각적 향락 등과 어우러져 겉으로 화려하고 풍요로웠지만 정신적으로는 빈곤하고 방황했던 시대상황을 상징적으로 대변했기에 그 시대를 "재즈 시대"라고 한다. 이 "재즈 시대"는 불안한 번영의 시대였다. 잠시 동안의 풍요와 쾌락이 오랫동안 지속될 것처럼 보였지만 1929년 10월 29일 뉴욕의 주식시장이 붕괴되면서 대공황(the Great Depression)의 시대로 접어들면서 신기루처럼 막을 내리게 된다.

피츠제럴드는 "재즈 시대"를 대표하는 작가이며, 그의 대표작 ≪위대한 게츠비≫ (*The Great Gatsby*, 1925)는 "재즈 시대"의 삶의 방식과 정신 상황을 생생하게 묘사하고 있다. 이 작품에 녹아있는 정서는 물질적인 풍요로는 치유될 수 없는 정신적인 방황과 공허함이다. 상류사회의 호화로운 생활이면에 숨은 악과 정신적 황폐함은 이 소설의 주제가 되는 사랑에 대한 집착과 묘한 대비를 만들어 낸다. 사실 ≪위대한 개츠비≫는 피츠제럴드의 자전적인 요소를 많이 포함하고 있는데, 주인공 게츠비는 피츠제럴드 자신과, 여주인공 데이지(Daisy)는 젤다와 많이 닮아 있다. "데이지"처럼 젤다는 화려하고 허영심이 가득했고 이기적이어서 피츠제럴드에게 도움이 되지 않는 아내였기에 피츠제럴드의 친구였던 헤밍웨이는 젤다를 "정신나간(insane)" 여자라고 불렀다.

피츠제럴드는 계속해서 이런저런 매체에 글을 팔았고 그와 젤다는 그 수입으로 뉴욕의 사교계에서 흥청망청한 생활을 즐겼다. 그는 유명작가로서 많이 벌었음에도 불구하고 늘 경제적으로 쪼들렸고, 더구나 젤다는 알코올중독과 방탕한 생활의 결과 정신분열증에 걸리면서 정신병원에 갇히게 되었다. 아내 젤다의 타락과 붕괴 그리고 피츠제럴드 자신을 둘러싼 혼란스런 상황들은 고스란히 소설의 재료가 되어 ≪위대한 개츠비≫ 이후 다시 비평가들의 주목을 받은 ≪밤은 부드럽다≫(*Tender Is the Night*, 1934)를 발표했다. 이 작품역시 물질적인 숭배와 타락을 주된 내용으로 하고 있어 ≪위대한 개츠비≫의 주제와 유사한 맥락을 유지하고 있다.

≪밤은 부드럽다≫가 피츠제럴드의 작가로서의 명성을 다시 다지는 작품이기는 했지만 큰 수입을 가져오지는 못했다. 재정적으로 늘 문제가 있었던 그는 1930년대에 그래도 수입을 어느 정도 보장받을 수 있는 할리우드의 상업영화를 위해 글을 썼다. 할리우드에서의 그의 생활도 이전과 크게 다르지 않았다. 술과 향락적인 생활은 그의 건강을 지속적으로 해쳤다. 사실 피츠제럴드는 대학 때부터 알코올중독이었고 결핵에 걸려 피를 토하는 지경에 이르기도 했지만 술과 향락적인 생활을 절제하지 않았다. 피츠제럴드는 1940년 12월 21일 쇠약해진 건강과 술로 인해 심장마비로 사망했으며, 그의 아내 젤다는 정신병원에 수용되어 있다 1948년 병원에 화재가 나서 불에 타 죽었다.

≪위대한 개츠비≫는 피츠제럴드의 대표작이자 그 주인공이 가장 작가 자신

---

118) http://www.pbs.org/wnet/americannovel/timeline/fitzgerald.html

을 닮았다고 평가받는 소설이다. 좋은 가문과 학벌을 가졌지만 소박한 삶을 지향하는 닉 캐러웨이(Nick Carraway)라는 젊은 청년이 소설의 내레이터로 등장한다. 닉은 롱아일랜드의 부유한 거주지에 집을 빌려 살고 있다. 닉의 사촌인 데이지는 남편 톰 뷰케넌(Tom Buchanan)과 그곳에서 살고 있다. 풋볼선수출신인 톰은 한때 부유하고 화려했지만 이젠 쇠락해서 그 흔적만 미미하다. 톰의 아내 데이지는 아름답지만 천박하고 응석받이와 같은 기질의 여성이다. 닉은 제이 게츠비(Jay Gatsby)라는 남자가 수많은 사람들을 초청해서 연일 호화로운 파티를 벌이는데 초청을 받게 된다. 많은 사람들이 게츠비의 초청을 받았지만 정작 그들은 게츠비가 누군지 잘 모른다.

어느 날 게츠비는 닉을 뉴욕까지 차를 태워 주는데, 도중에 그는 닉에게 자신이 어떤 사람인지 조금씩 드러낸다. 데이지의 친구인 골프선수 조단 베이커(Jordan Baker)가 닉에게 게츠비가 한때 데이지를 사랑했었다는 사실을 알려 준다. 닉은 데이지와 게츠비의 만남을 주선해 주는데, 둘은 처음엔 어색하다가 데이지는 게츠비의 물질적인 성공에 끌리게 된다. 데이지는 게츠비와 닉을 자신의 집으로 초대하게 되고, 남편 톰은 게츠비가 데이지를 사랑하고 있다는 사실을 알게 된다. 데이지, 톰, 닉, 죠단 베이커는 뉴욕의 호텔로 출발하는데 톰은 게츠비에게 차를 서로 바꾸어 타고 가자고 한다. 톰은 게츠비의 차를 타고 뉴욕으로 가는 길에 조지 윌슨(George Wilson)의 주유소에서 기름을 넣는데, 조지 윌슨의 아내는 톰의 정부였다. 뉴욕의 호텔에서 톰과 게츠비는 서로 다투게 되고, 톰은 게츠비가 주류밀매업자라고 폭로한다. 데이지는 밖으로 뛰쳐나가게 되고 데이지의 뒤를 따라 게츠비도 따라간다. 둘은 게츠비의 차를 타고 집으로 향하던 중 조지 윌슨의 아내를 치어 죽이게 된다. 실제 운전자가 데이지였음에도 게츠비는 데이지가 자신을 싫어하지 않을까 안절부절 한다. 조지 윌슨은 아내를 죽인 자가 게츠비라고 믿고 총을 들고 게츠비를 찾아가 그를 죽인다.

(11) 존 스타인벡

존 스타인벡(John Steinbeck, 1902－1968)은 1902년 캘리포니아 주 살리나스(Salinas)에서 출생했다. 그의 아버지는 공무원이었고1, 어머니는 교사였다. 어린

119) http://en.wikipedia.org/wiki/John_Steinbeck

시절 그는 농장에서 많은 시간을 보냈으며, 그때부터 농장 노동자들의 척박하고 고단한 삶이 어떤 것인가를 보게 되었다. 그의 농장에서의 경험은 후일 그의 소설 ≪생쥐와 인간≫(*Of Mice and Men*, 1937)을 집필하는데 중요한 소재가 되었다. 고등학교를 졸업하고 그는 스탠포드대학에 입학했지만 학위를 받지는 못했다. 뉴욕으로 가서 작가가 되고자 했지만 뜻을 이루지 못하고 다시 캘리포니아로 돌아와 여행가이드나 물고기 산란장에서 일하기도 했다.

John Steinbeck[119)]

존 스타인벡은 1930년대 미국의 대공황기를 대표하는 작가로 평가받고 있다. 1920년대 "재즈 시대"의 과열된 호황은 1929년 뉴욕증권시장의 몰락으로 그 종말이 시작되었다. 1930년대는 "대공황"(the Great Depression)의 시대로 1930년대 초에는 미국 전체노동인구의 30% 이상이 일자리를 잃게 되었으며, 이후 미국 전역이 실업, 빈곤, 산업기반의 붕괴, 자영농민의 몰락 등 자본주의 자체를 뒤흔드는 혼란과 고통의 시간을 겪었다. 존 스타인벡은 이러한 사회상황과 경제적 문제들에 깊은 관심을 가졌고 작품을 통해 미국사회와 미국의 자본주의가 가진 구조적 문제점들에 대해 작품을 통해 의문을 제기했다. 그를 "사회적 사실주의"(social realism) 작가라고 부르는 것은 미국의 자본주의가 가진 사회적 문제점을 지적하면서 사회적 약자들에 대한 보완적인 사회적 해결책을 주장하는 내용의 작품을 썼기 때문이다. 그의 대표작 ≪분노의 포도≫(*The Grapes of Wrath*, 1939)는 그의 "사회적 사실주의" 성향을 잘 보여주는 작품이다. 이 작품에서 1937년 극심한 가뭄으로 농토를 버리고 유랑의 노동자로 전락해 가는 농부들과 폭력적으로 변한 산업자본주를 다룸으로써 스타인벡은 미국의 노동운동과 사회주의적 공동체 사회에 대한 관심을 표출하고 있다. 스타인벡은 ≪분노의 포도≫로 1940년 퓰리처상을 받았으며, 1952년에 발표한 ≪에덴의 동쪽≫(*East of Eden*, 1952)은 1955년에 영화로 만들어졌는데, 엘리아 카잔(Elia Kazan)이 감독을 했고 당시 청춘의 우상이었던 제임스 딘(James Dean)이 주연을 맡아 전 세계적으로 엄청난 대중적인 인기를 누리기도 했다. 존 스타인벡은 66세의 나이로 1968년 12월 20일 뉴욕에서 사망했는데, 오랫동안 피워왔던 담배로 인한 심장질환이 그 원인이었다.

≪분노의 포도≫는 주인공 톰 조드(Tom Joad)가 살인죄로 감옥에 갇혔다 가석방되는 장면에서부터 시작된다. 고향으로 오는 길에 조드는 한때 목사였던 짐 케이시(Jim Casy)를 만나 함께 여행한다. 고향 농장에 도착했을 때 조드는 농장이 버려지고 황폐해져 있는 것을 발견한다. 조드의 가족들은 은행에 농지를 빼앗기고 친척 집에 기거하고 있는 상황이다. 다음날 친척 집을 찾았을 때 그의 가족들이 트럭에 짐을 싣고 떠날 준비를 하고 있었다. 가족들은 흙먼지 폭풍으로 농사를 지을 수도 없고 은행 빚을 갚을 수도 없는 상황이라 부득이 모든 것을 포기하고 고향을 떠나기로 한 것이다.

조드는 캘리포니아에 가면 농지가 비옥하고 높은 임금을 준다는 광고를 보고 끌리게 되고, 그의 가족들은 남은 모든 것을 투자해 캘리포니아로 이주하려 하고 짐 케이시도 이들의 이주에 동행을 한다. 서부로 가는 66번 도로는 조드의 가족과 유사한 상황에 빠져 캘리포니아로 이주하는 수많은 사람들로 넘쳐난다. 가는 도중에 할아버지가 죽고 가족들도 일부 흩어지게 된다. 이제 남은 가족들은 어머니를 중심으로 계속해서 서부로 갈 수 밖에 없다는 결정을 한다. 서부에 도착해 보지만 상황은 그들이 생각했던 것과는 많이 달랐다. 노동력은 넘쳐나고 임금은 형편없었으며 일자리와 임금을 둘러싼 폭력이 난무하는 상황이었다. 노동력 착취에 대항하여 노동자들이 노동조합을 결성하자 캐이시도 이에 동참한다. 노동조합에 가입한 농부들이 파업을 하며, 그 과정에서 케이시는 살해당하게 되고, 이를 본 조드는 케이시를 살해한 자를 죽이게 되면서 조드는 도망자가 된다. 조드는 어머니에게 자신이 어디에 있든 부당하게 억압받는 사람들을 위해 일하겠다고 하면서 떠난다.

(12) 윌리엄 포크너

윌리엄 포크너(William Faulkner, 1897－1962)는 1897년 미시시피 주의 뉴알바니(New Albany)에서 출생했다. 포크너는 남부의 독특한 자연적, 역사적, 문화적 환경 속에서 성장했고, 그 영향은 일생동안 그의 작품 속에 깊은 영향을 미쳤다. 포크너의 가족은 포크너가 5살 무렵에 미시시피 주의 옥스퍼드로 이사를 갔고, 포크너는 그곳을 평생의 고향처럼 여겼다. 포크너의 증조할아버지는 남북전쟁 당시 남군의 장교였고 그의 가족들은 증조부에 대한 특별한 애정과 자부심을 가졌으며 남부의 전통과 문화에 대한 자긍심을 가지고 있었다. 그는 옥스퍼드에 있는 고등학교를 다녔지만 학업에 흥미를 잃고 학교를 그만두었다. 그는 혼자서 다양한 고전작품들을 탐독하면서 문학적 상상력을 키웠다. 고등학교 때 이웃집 소녀를 사랑했지만 그 소녀가 다른 남자와 결혼을 하자 실망을 하고 옥스퍼드를 떠나 캐나다에 있는 영국왕립항공대에 지원했다. 포크너는 그곳에서 훈련을 받았지만 1차 세계대전이 끝나버려 전쟁에 직접 참가하지는 못했다. 캐나다에서 다시 옥스퍼드로 돌아와 미시시피대학에 입학을 해서 3학기 정도를 다녔다. 대학을 중퇴한 뒤 그는 이런저런 소소한 직업을 전전하면서도 글쓰기에 대한 그의 열망은 여전히 살아있었다.

William Faulkner [120)]

1925년 무렵 포크너는 뉴올리언스에서 기거하면서 집필활동을 했는데, 그는 그곳에서 6개월가량 머물면서 그의 첫 소설 ≪병사의 보수≫(*Soldiers' Pay*, 1926)를 썼다. 그는 뉴올리언스를 떠나 유럽을 여행했으며 이후 다시 옥스퍼드로 돌아와 목수, 페인트공 등 잡다한 일을 하면서 생계를 해결했다. 그러던 중에도 그는 계속 글을 쓰는 작업을 계속했으며 1927년에 그의 두 번째 소설 ≪모기≫(*Mosquitoes*, 1927)를 발표했다. 포크너의 글들은 당시 별로 환영을 받지 못했다. 그는 지속적으로 작품을 써서 출판사에 보냈지만 번번이 그의 작품은 거절되기 일쑤였다. 1929년에 그의 대표작이라 할 수 있는 ≪음향과 분노≫(*The Sound and the Fury*, 1929)가 출판되었다. ≪음향과 분노≫는 4부로 구성되어 있으며 각 부는 독립된 내레이터와 플롯을 가진 당시로서는 대단히 독특한 서술기법과 소설 속 인물들의 심리적 상황을 기발하게 구사한 소설이었다.

포크너는 종종 자신의 소설의 배경으로 가상의 마을인 "요크나파토파 카운티"(Yoknapatawpha County)를 활용했다. 그는 이 가상의 지역을 그의 집필한 대부분의 소설의 무대로 활용했다. 1930년에 요크나파토파 카운티를 배경으로 하는 장편소설 ≪내가 누워서 죽어갈 때≫(*As I Lay Dying*, 1930)를 발표했고, 이듬해 문제작 ≪성단≫(*Sanctuary*, 1931)을 발표했는데 이 소설은 살인과 강간을 소재로 한 대단히 충격적인 작품이었으며 사회적 논란에 휩싸이기도 했다. ≪성단≫은 그 충격적인

120) http://www.olemiss.edu/mwp/dir/faulkner_william/

내용으로 인해 많은 비난과 논란의 대상이 되기도 했지만 동시에 대중적인 인기를 구가했던 작품이 되었다. 포크너는 "의식의 흐름" 기법을 자신의 글쓰기에 종종 이용했다. 그는 대단히 감성적이고 복잡하고 미묘하고 괴상한 이야기들을 소재로 즐겨 다루었기 때문에 그의 소설은 일견 난해하고 복잡해서 대중적인 호응을 얻기 어려웠다.

A Rose for Emily by William Faulkner

I.

When Miss Emily Grierson died, our whole town went to her funeral: the men through a sort of respectful affection for a fallen monument, the women mostly out of curiosity to see the inside of her house, which no one save an old man-servant—a combined gardener and cook—had seen in at least ten years.

It was a big, squarish frame house that had once been white, decorated with cupolas and spires and scrolled balconies in the heavily lightsome style of the seventies, set on what had once been our most select street. But garages and cotton gins had encroached and obliterated even the august names of that neighborhood; only Miss Emily's house was left, lifting its stubborn and coquettish decay above the cotton wagons and the gasoline pumps — an eyesore among eyesores. And now Miss Emily had gone to join the representatives of those august names where they lay in the cedar-bemused cemetery among the ranked and anonymous graves of Union and Confederate soldiers who fell at the battle of Jefferson.

Alive, Miss Emily had been a tradition, a duty, and a care; a sort of hereditary obligation upon the town, dating from that day in 1894 when Colonel Sartoris, the mayor — he who fathered the edict that no Negro woman should appear on the streets without an apron — remitted her taxes, the dispensation dating from the death of her father on into perpetuity. Not that Miss Emily would have accepted charity. Colonel Sartoris invented an involved tale to the effect that Miss Emily's father had loaned money to the town, which the town, as a matter of business, preferred this way of repaying. Only a man of Colonel Sartoris' generation and thought could have invented it, and only a woman could have believed it.

When the next generation, with its more modern ideas, became mayors and aldermen, this arrangement created some little dissatisfaction. On the first of the year they mailed her a tax notice. February came, and there was no reply. They wrote her a formal letter, asking her to call at the sheriff's office at her convenience. A week later the mayor wrote her himself, offering to call or to send his car for her, and received in reply a note on paper of an archaic shape, in a thin, flowing calligraphy in faded ink, to the effect that she no longer went out at all. The tax notice was also enclosed, without comment.

They called a special meeting of the Board of Aldermen. A deputation waited upon her, knocked at the door through which no visitor had passed since she ceased giving china-painting lessons eight or ten years earlier. They were admitted by the old Negro into a dim hall from which a stairway mounted into still more shadow. It smelled of dust and disuse—a close, dank smell. The Negro led them into the parlor. It was furnished in heavy, leather-covered furniture. When the Negro opened the blinds of one window, they could see that the leather was cracked; and when they sat down, a faint dust rose sluggishly about their thighs, spinning with slow motes in the single sun-ray. On a tarnished gilt easel before the fireplace stood a crayon portrait of Miss Emily's father.

They rose when she entered—a small, fat woman in black, with a thin gold chain descending to her waist and vanishing into her belt, leaning on an ebony cane with a tarnished gold head. Her skeleton was small and spare; perhaps that was why what would have been merely plumpness in another was obesity in her. She looked bloated, like a body long submerged in motionless water, and of that pallid hue. Her eyes, lost in the fatty ridges of her face, looked like two small pieces of coal pressed into a lump of dough as they moved from one face to another while the visitors stated their errand.

She did not ask them to sit. She just stood in the door and listened quietly until the spokesman came to a stumbling halt. Then they could hear the invisible watch ticking at the end of the gold chain.

Her voice was dry and cold. "I have no taxes in Jefferson. Colonel Sartoris explained it to me. Perhaps one of you can gain access to the city records and satisfy yourselves."

"But we have. We are the city authorities, Miss Emily. Didn't you get a notice from the sheriff, signed by him?"

"I received a paper, yes," Miss Emily said. "Perhaps he considers himself the sheriff. . . . I have no taxes in Jefferson."

"But there is nothing on the books to show that, you see. We must go by the—"

"See Colonel Sartoris. I have no taxes in Jefferson."

"But, Miss Emily—"

"See Colonel Sartoris." (Colonel Sartoris had been dead almost ten years.) "I have no taxes in Jefferson. Tobe!" The Negro appeared. "Show these gentlemen out."

II.

So she vanquished them, horse and foot, just as she had vanquished their fathers thirty years before about the smell. That was two years after her father's death and a short time after her sweetheart—the one we believed would marry her—had deserted her. After her father's death she went out very little; after her sweetheart went away, people hardly saw her at all. A few of the ladies had the temerity to call, but were not received, and the only sign of life about the place was the Negro man—a young man then—going in and out with a market basket.

"Just as if a man—any man—could keep a kitchen properly," the ladies said; so they were not surprised when the smell developed. It was another link between the gross, teeming world and the high and mighty Griersons.

A neighbor, a woman, complained to the mayor, Judge Stevens, eighty years old.

"But what will you have me do about it, madam?" he said.

"Why, send her word to stop it," the woman said. "Isn't there a law?"

"I'm sure that won't be necessary," Judge Stevens said. "It's probably just a snake or a rat that nigger of hers killed in the yard. I'll speak to him about it."

The next day he received two more complaints, one from a man who came in diffident deprecation. "We really must do something about it, Judge. I'd be the last one in the world to bother Miss Emily, but we've got to do something." That night the Board of Aldermen met — three graybeards and one younger man, a member of the rising generation.

"It's simple enough," he said. "Send her word to have her place cleaned up. Give her a certain time to do it in, and if she don't . . ."

"Dammit, sir," Judge Stevens said, "will you accuse a lady to her face of smelling bad?"

So the next night, after midnight, four men crossed Miss Emily's lawn and slunk about the house like burglars, sniffing along the base of the brickwork and at the cellar openings while one of them performed a regular sowing motion with his hand out of a sack slung from his shoulder. They broke open the cellar door and sprinkled lime there, and in all the outbuildings. As they recrossed the lawn, a window that had been dark was lighted and Miss Emily sat in it, the light behind her, and her upright torso motionless as that of an idol. They crept quietly across the lawn and into the shadow of the locusts that lined the street. After a week or two the smell went away.

That was when people had begun to feel really sorry for her. People in our town, remembering how old lady Wyatt, her great-aunt, had gone completely crazy at last, believed that the Griersons held themselves a little too high for what they really were. None of the young men were quite good enough for Miss Emily and such. We had long thought of them as a tableau; Miss Emily a slender figure in white in the background, her father a spraddled silhouette in the foreground, his back to her and clutching a horsewhip, the two of them framed by the back-flung front door. So when she got to be thirty and was still single, we were not pleased exactly, but vindicated; even with insanity in the family she wouldn't have turned down all of her chances if they had really materialized.

When her father died, it got about that the house was all that was left to her; and in a way, people were glad. At last they could pity Miss Emily. Being left alone, and a pauper, she had become humanized. Now she too would know the old thrill and the old despair of a penny more or less.

The day after his death all the ladies prepared to call at the house and offer condolence and aid, as is our custom. Miss Emily met them at the door, dressed as usual and with no trace of grief on her face. She told them that her father was not dead. She did that for three days, with the ministers calling on her, and the doctors, trying to persuade her to let them dispose of the body. Just as they were about to resort to law and force, she broke down, and they buried her father quickly.

We did not say she was crazy then. We believed she had to do that. We remembered all the young men her father had driven away, and we knew that with nothing left, she would have to cling to that which had robbed her, as people will.

III.

She was sick for a long time. When we saw her again, her hair was cut short, making her look like a girl, with a vague resemblance to those angels in colored church windows — sort of tragic and serene.

The town had just let the contracts for paving the sidewalks, and in the summer after her father's death they began the work. The construction company came with niggers and mules and machinery, and a foreman named Homer Barron, a Yankee — a big, dark, ready man, with a big voice and eyes lighter than his face. The little boys would follow in groups to hear him cuss the niggers, and the niggers singing in time to the rise and fall of picks. Pretty soon he knew everybody in town. Whenever you heard a lot of laughing anywhere about the square, Homer Barron would be in the center of the group. Presently we began to see him and Miss Emily on Sunday afternoons driving in the yellow-wheeled buggy and the matched team of bays from the livery stable.

At first we were glad that Miss Emily would have an interest, because the ladies all said, "Of course a Grierson would not think seriously of a Northerner, a day laborer." But there were still others, older people, who said that even grief could not cause a real lady to forget noblesse oblige — without calling it noblesse oblige. They just said, "Poor Emily. Her kinsfolk should come to her." She had some kin in Alabama; but years ago her father had fallen out with them over the estate of old lady Wyatt, the crazy woman, and there was no communication between the two families. They had not even been represented at the funeral.

And as soon as the old people said, "Poor Emily," the whispering began. "Do you suppose it's really so?" they said to one another. "Of course it is. What else could . . ." This behind their hands; rustling of craned silk and satin behind jalousies closed upon the sun of Sunday afternoon as the thin, swift clop-clop-clop of the matched team passed: "Poor Emily."

She carried her head high enough — even when we believed that she was fallen. It was as if she demanded more than ever the recognition of her dignity as the last Grierson; as if it had wanted that touch of earthiness to reaffirm her imperviousness. Like when she bought the rat poison, the arsenic. That was over a year after they had begun to say "Poor Emily," and while the two female cousins were visiting her.

"I want some poison," she said to the druggist. She was over thirty then, still a slight woman, though thinner than usual, with cold, haughty black eyes in a face the flesh of which was strained across the temples and about the eyesockets as you imagine a lighthouse-keeper's face ought to look. "I want some poison," she said.

"Yes, Miss Emily. What kind? For rats and such? I'd recom — "

"I want the best you have. I don't care what kind."

The druggist named several. "They'll kill anything up to an elephant. But what you want is — "

"Arsenic," Miss Emily said. "Is that a good one?"

"Is . . . arsenic? Yes, ma'am. But what you want ― "

"I want arsenic."

The druggist looked down at her. She looked back at him, erect, her face like a strained flag. "Why, of course," the druggist said. "If that's what you want. But the law requires you to tell what you are going to use it for."

Miss Emily just stared at him, her head tilted back in order to look him eye for eye, until he looked away and went and got the arsenic and wrapped it up. The Negro delivery boy brought her the package; the druggist didn't come back. When she opened the package at home there was written on the box, under the skull and bones: "For rats."

IV.

So the next day we all said, "She will kill herself"; and we said it would be the best thing. When she had first begun to be seen with Homer Barron, we had said, "She will marry him." Then we said, "She will persuade him yet," because Homer himself had remarked ― he liked men, and it was known that he drank with the younger men in the Elks' Club ― that he was not a marrying man. Later we said, "Poor Emily" behind the jalousies as they passed on Sunday afternoon in the glittering buggy, Miss Emily with her head high and Homer Barron with his hat cocked and a cigar in his teeth, reins and whip in a yellow glove.

Then some of the ladies began to say that it was a disgrace to the town and a bad example to the young people. The men did not want to interfere, but at last the ladies forced the Baptist minister ― Miss Emily's people were Episcopal ― to call upon her. He would never divulge what happened during that interview, but he refused to go back again. The next Sunday they again drove about the streets, and the following day the minister's wife wrote to Miss Emily's relations in Alabama.

So she had blood-kin under her roof again and we sat back to watch developments. At first nothing happened. Then we were sure that they were to be married. We learned that Miss Emily had been to the jeweler's and ordered a man's toilet set in silver, with the letters H. B. on each piece. Two days later we learned that she had bought a complete outfit of men's clothing, including a nightshirt, and we said, "They are married." We were really glad. We were glad because the two female cousins were even more Grierson than Miss Emily had ever been.

So we were not surprised when Homer Barron — the streets had been finished some time since — was gone. We were a little disappointed that there was not a public blowing-off, but we believed that he had gone on to prepare for Miss Emily's coming, or to give her a chance to get rid of the cousins. (By that time it was a cabal, and we were all Miss Emily's allies to help circumvent the cousins.) Sure enough, after another week they departed. And, as we had expected all along, within three days Homer Barron was back in town. A neighbor saw the Negro man admit him at the kitchen door at dusk one evening.

And that was the last we saw of Homer Barron. And of Miss Emily for some time. The Negro man went in and out with the market basket, but the front door remained closed. Now and then we would see her at a window for a moment, as the men did that night when they sprinkled the lime, but for almost six months she did not appear on the streets. Then we knew that this was to be expected too; as if that quality of her father which had thwarted her woman's life so many times had been too virulent and too furious to die.

When we next saw Miss Emily, she had grown fat and her hair was turning gray. During the next few years it grew grayer and grayer until it attained an even pepper-and-salt iron-gray, when it ceased turning. Up to the day of her death at seventy-four it was still that vigorous iron-gray, like the hair of an active man.

From that time on her front door remained closed, save for a period of six or seven years, when she was about forty, during which she gave lessons in china-painting. She fitted up a studio in one of the downstairs rooms, where the daughters and grand-daughters of Colonel Sartoris' contemporaries were sent to her with the same regularity and in the same spirit that they were sent to church on Sundays with a twenty-five-cent piece for the collection plate. Meanwhile her taxes had been remitted.

Then the newer generation became the backbone and the spirit of the town, and the painting pupils grew up and fell away and did not send their children to her with boxes of color and tedious brushes and pictures cut from the ladies' magazines. The front door closed upon the last one and remained closed for good. When the town got free postal delivery Miss Emily alone refused to let them fasten the metal numbers above her door and attach a mailbox to it. She would not listen to them.

Daily, monthly, yearly we watched the Negro grow grayer and more stooped, going in and out with the market basket. Each December we sent her a tax notice, which would be returned by the post office a week later, unclaimed. Now and then we would see her in one of the downstairs windows — she had evidently shut up the top floor of the house — like the carven torso of an idol in a niche, looking or not looking at us, we could never tell which. Thus she passed from generation to generation — dear, inescapable, impervious, tranquil, and perverse.

And so she died. Fell ill in the house filled with dust and shadows, with only a doddering Negro man to wait on her. We did not even know she was sick; we had long since given up trying to get any information from the Negro. He talked to no one, probably not even to her, for his voice had grown harsh and rusty, as if from disuse.

She died in one of the downstairs rooms, in a heavy walnut bed with a curtain, her gray head propped on a pillow yellow and moldy with age and lack of sunlight.

V.

The negro met the first of the ladies at the front door and let them in, with their hushed, sibilant voices and their quick, curious glances, and then he disappeared. He walked right through the house and out the back and was not seen again.

The two female cousins came at once. They held the funeral on the second day, with the town coming to look at Miss Emily beneath a mass of bought flowers, with the crayon face of her father musing profoundly above the bier and the ladies sibilant and macabre; and the very old men — some in their brushed Confederate uniforms — on the porch and the lawn, talking of Miss Emily as if she had been a contemporary of theirs, believing that they had danced with her and courted her perhaps, confusing time with its mathematical progression, as the old do, to whom all the past is not a diminishing road, but, instead, a huge meadow which no winter ever quite touches, divided from them now by the narrow bottleneck of the most recent decade of years.

Already we knew that there was one room in that region above stairs which no one had seen in forty years, and which would have to be forced. They waited until Miss Emily was decently in the ground before they opened it.

The violence of breaking down the door seemed to fill this room with pervading dust. A thin, acrid pall as of the tomb seemed to lie everywhere upon this room decked and furnished as for a bridal: upon the valance curtains of faded rose color, upon the rose-shaded lights, upon the dressing table, upon the delicate array of crystal and the man's toilet things backed with tarnished silver, silver so tarnished that the monogram was obscured. Among them lay a collar and tie, as if they had just been removed, which, lifted, left upon the surface a pale crescent in the dust. Upon a chair hung the suit, carefully folded; beneath it the two mute shoes and the discarded socks.

The man himself lay in the bed.

For a long while we just stood there, looking down at the profound and fleshless grin. The body had apparently once lain in the attitude of an embrace, but now the long sleep that outlasts love, that conquers even the grimace of love, had cuckolded him. What was left of him, rotted beneath what was left of the nightshirt, had become inextricable from the bed in which he lay; and upon him and upon the pillow beside him lay that even coating of the patient and biding dust.

Then we noticed that in the second pillow was the indentation of a head. One of us lifted something from it, and leaning forward, that faint and invisible dust dry and acrid in the nostrils, we saw a long strand of iron-gray hair.

3) 20세기 미국연극

(1) 20세기 미국연극의 부흥

19세기까지 미국연극은 다른 문학 장르에 비해 발전하지 못했다. 희곡 자체가 문학작품이기도 하지만, 희곡의 궁극적인 완성은 무대에서 비로소 이루어진다고 볼 때 희곡은 시나 소설에 비해 관객과 극장 등의 문화기반시설을 필요로 하기 때문에 시나 소설에 비해 본격적인 발전이 느리게 왔다. 20세기로 접어들면서 미국의 사회-문화적 환경이 급격히 개선되면서 자연스럽게 미국연극의 발전도 함께 이루어졌다. 19세기가 유럽연극을 가져와 공연하거나 개작하는 수준이 대세였다면, 20세기에 들어서는 미국연극과 유럽연극이 서로 대등한 입장에서 긴밀히 문학적 관심과 비평적 관점을 상호 교류하는 시기였다고 볼 수 있다.

20세기 초 미국연극의 중요한 비평적 흐름은 표현주의를 연극에 수용했다는데 있다. 20세기의 기술의 발달과 물질숭배문화는 인간의 존재를 왜소하게 만들었고 인간 개인의 존엄성은 기계와 같은 사회시스템과 기술발달에 묻혀버린 현실과 그에 대한 인간의 심리적인 상황을 표현주의라는 독특한 기법을 통해 재현하려고 했다. 표현주의는 원래 유럽의 회화에서 시작한 기법으로 사실주의 기법과는 달리 등장인물의 개인적인 심리상태에 비친 왜곡된 외적 환경을 무대 위에 있는 그대로 재현하고자 했다. 미국의 20세기 초 표현주의 연극의 이끌었던 대표적인 작가는 유진 오닐(Eugene O'Neill)이었으며, 그는 미국연극을 유럽의 연극과 같은 수준으로 끌어올렸다는 평가를 받고 있다. 유진 오닐의 뒤를 이어 등장한 아더 밀러(Arthur Miller)는 사실주의에 기반을 둔 연극을 통해 사회성 짙은 주제를 주로 다루었다. 아더 밀러와 비슷한 시기에 활동했던 테네시 윌리엄스(Tennessee Williams)는 사회적 주제보다는 인간 개인의 내면과 사람들 사이의 갈등과 사랑의 문제를 깊이 있게 다루었다. 아더 밀러와 테네시 윌리엄스는 20세기 중반까지 미국연극의 문학적 완성도를 높이는데 기여한 대표적인 극작가로 추앙받고 있다.

(2) 유진 오닐

유진 오닐(Eugene O'Neill, 1888－1953)은 뉴욕 브로드웨이의 한 호텔에서 출

121) http://en.wikipedia.org/wiki/Eugene_O'Neill

생했다. 그의 아버지 제임스 오닐은 아일랜드계 배우로서 거의 평생을 순회공연을 다녔는데, 그는 당시 대중적 인기를 누렸던 멜로드라마 ≪몬테크리스토 백작≫(*The Count of Monte Cristo*)의 주연배우로서 여성들로부터 대단한 인기를 누렸다. 유진 오닐의 어머니 엘라 오닐(Ella O'Neill)은 당시 순회공연 중이었던 제임스 오닐에게 반해 둘은 결혼을 하게 되었지만 가정생활은 그리 평탄치 못한 것으로 알려져 있다. 제임스 오닐은 한곳에 머물면서 가정을 꾸릴 수 없는 처지였기 때문에, 오닐의 부모님은 끊임없이 순회공연지를 떠도는 고단하고 안정되지 못한 삶을 살았다. 이런 이유로 오닐은 일찍부터 부모와 떨어져 살 수 밖에 없었다. 어려서부터 가톨릭 기숙학교를 떠돌면서 가족에 대한 그리움과 사춘기의 감성적 방황으로 인해 오닐은 힘든 성장기를 보냈다. 더구나 모르핀에 중독된 어머니의 모습과 1902년에 있었던 어머니의 자살시도는 어린 오닐에게 심각한 마음의 상처를 남겼다. 고등학교를 졸업한 오닐은 프린스턴대학에 입학했지만 적응하지 못하고 1년 정도 있다가 학교를 그만둔다. 오닐은 프린스턴대학 재학 시절에도 학교 공부보다는 대부분의 시간을 뉴욕에서 방황하면서 보냈다.

Eugene O'Neill [121]

1909년에 오닐은 결혼을 하지만 그 결혼은 2년도 가지 못했다. 대학을 그만둔 후 오닐은 배를 타기도 했고, 약물과다복용해서 자살을 시도하기도 했다. 그 이후 코네티컷에 있는 가족과 함께 지내기도 했지만 폐병이 발병해 요양원에서 6개월 정도를 보내기도 했다. 요양원을 나온 후부터 오닐은 극작품을 쓰기 시작했는데, 그는 하버드대학 조지 피어스 베이커(George Pierce Baker)의 47A 워크숍에 등록을 했으며 프로빈스타운 극단(the Provincetown Players)에 합류했다. 1914년 그의 첫 작품인 단막극 ≪카디프를 향해 동쪽으로≫(*Bound East for Cardiff*, 1914)를 발표한 후 활발한 창작활동을 했지만 1910년대 후반이 되어서야 비로소 오닐의 연극은 주목을 받기 시작했다. 1918년에 집필한 ≪지평선 너머≫(*Beyond the Horizon*, 1918)는 오닐에게 1920년 퓰리처상을 가져다주었다.

1920년대는 오닐이 가장 활발하게 활동한 시기였다. 그의 표현주의 연극이 본격적으로 발표되는 시기이기도 했고 미국연극계에서 그의 입지를 확고히 다졌던 기간이기도 했다. 1920년에 발표한 ≪황제 존스≫(*Emperor Jones*, 1920)는 완성도 높은 표현주의 연극으로 호평을 받았으며, 1922년에 발표한 ≪털 복숭이 원숭이≫(*The Hairy Ape*, 1922)는 표현주의 기교와 사회성 높은 주제로 뉴욕 비평가들의 찬사를 이끌어 냈다. 오닐이 극작가로서 인정을 받기 시작할 무렵 1921년 그의 아버지가 암으로 죽고, 그다음 해에 그의 어머니가 돌아가시게 되었고, 12개월 후에는 그의 형 제이미(Jamie)마저 심장마비로 사망하면서 오닐은 깊은 슬픔에 잠기게 되었다.

1930년대 이후의 오닐의 작품은 보다 보편적이고 궁극적인 인간의 삶과 내면의 갈등에 대한 주제를 깊이 있게 다루었다. 1940년에 출판된 ≪얼음장수 돌아오다≫(*The Iceman Cometh*, 1940)는 오닐의 비극 중 가장 문학적 완성도가 높은 것으로 평가받고 있다. 이 연극에서 오닐은 우리의 삶을 이어가게 하는 것이 무엇인가를 놓고 겉으로는 웃을 수밖에 없지만 모두는 그 웃음의 이면에 담긴 슬픔을 알고 있고 하지만 살기 위해 애써 모른척할 수밖에 없는 삶의 가슴 아픈 본질을 다루고 있다. 오닐의 대표작이자 걸작으로 평가받는 ≪밤으로의 긴 여로≫(*Long Day's Journey Into Night*, 1941)는 1941년에 집필되었고 1956년에 처음으로 공연되었으며 그에게 퓰리처상의 영예를 안겨주었다. ≪밤으로의 긴 여로≫는 오닐의 가슴 속에 평생의 회한과 상처로 남아있던 자신의 가족에 대한 이야기를 바탕으로 한 작품이다. 연극배우였지만 책임감 있는 남편이자 아버지는 될 수 없었던 아버지 제임스 오닐과 결혼에 대한 환상을 가졌던 꿈 많은 처녀에서 결혼 후 고된 현실 앞에 모든 것이 산산이 부서지고 결국은 약물 중독자가 되었던 어머니의 이야기를 작품의 중심 소재로 다루고 있다. 오닐 스스로 이 작품을 집필하면서 한숨과 눈물로 썼다고 할 정도로 자전적인 요소를 많이 포함하고 있으며 또 그만큼 가족관계의 보편적인 감정들이 생생하고 강력하게 살아 있는 작품이다.

유진 오닐은 20세기 미국연극을 대표하는 작가이며 오늘날까지도 가장 사랑받는 극작가 중 한 사람이다. 오닐은 미국 연극에 표현주의 기법을 본격적으로 정착시켰으며 미국연극을 국제적 수준으로 끌어올린 작가로 평가받고 있다. 그의 이러한 업적으로 인해 1936년 오닐은 노벨 문학상을 수상했다. 오닐은 총 45편의 연극을 썼으며, 1953년 11월 27일 보스턴에서 사망했다.

≪밤으로의 긴 여로≫는 타이론(Tyron) 가족의 여름별장에서 있었던 일을 이야기를 소재로 하고 있다. 어머니 매리 타이론(Mary Tyron)은 요양원에서 약물중독 치료를 받고 집으로 돌아온 상황이다. 가족 구성원 각자는 나름대로의 문제를 가지고 있

으며 연극이 진행되면서 이러한 문제들이 하나씩 드러나게 된다. 아버지는 인색해서 아내의 치료에 적절한 조처를 하지 않아 아내 매리가 약물중독에 빠진 것으로 드러난다. 아내 매리는 자신이 약물중독이었다는 사실을 받아들이지 않는다. 아들 제이미(Jamie)와 에드먼드(Edmund)는 아버지의 기대를 충족시키지 못하고 무능하다. 가족의 일상을 소재로 하고 있기 때문에 비슷한 대화와 장면이 반복되고 있으며, 가족들은 서로를 위로하기도 하고 서로를 비난하기도 한다. 본질적인 문제들이 결코 해결되지 못하지만 가족들은 해결될 것이라 억지로 믿으며 서로를 격려한다. 하지만 그 격려는 공허하다. 연극은 새로운 사실의 발견이나 사건이 발발하는 것이 아니라 이미 알고 있는 가족들의 문제가 반복해서 언급됨으로써 이 가족의 삶이 이런 식으로 결국 계속될 것이라는 것을 암시한다.

■ 유진 오닐의 주요 작품

Bread and Butter (1914)
Beyond the Horizon (1918) – Pulitzer Prize, 1920
The Straw (1919)
Anna Christie (1920) – Pulitzer Prize, 1922
The Emperor Jones (1920)
The Hairy Ape (1922)
The Fountain (1923)
All God's Chillun Got Wings (1924)
Desire Under the Elms (1925)
Lazarus Laughed (1926)
The Great God Brown (1926)
Strange Interlude (1928) – Pulitzer Prize
Dynamo (1929)
Mourning Becomes Electra (1931)
Days Without End (1933)
The Iceman Cometh (1940)
Long Day's Journey Into Night (1941) – Pulitzer Prize 1957

(2) 아서 밀러

아서 밀러(Arthur Miller, 1915–2005)는 1915년 뉴욕의 할렘에서 출생했다. 그

의 아버지는 폴란드에서 이민 온 유대인이었고 한때 성공한 상인이기도 했지만 대공황기에 파산하고 말았다. 그의 가족은 브룩클린의 작은 집으로 이사를 갔는데, 후일 이 집에서의 생활이 그의 대표작 ≪세일즈맨의 죽음≫(*Death of a Salesman*, 1949)을 창작하는데 영감을 주었다. 고등학교를 졸업한 후 밀러는 대학진학을 위해 자동차부품상에서 일했다. 1934년 미시간대학(University of Michigan)에 입학해서 영문학을 공부했으며, 졸업 후 뉴욕으로 돌아왔다.

대학재학 중 밀러는 극작에 관심을 가지고 극작활동을 했기 때문에 졸업 후 뉴욕에 오자마자 극단관련 활동을 시작했다. 1944년 그의 뉴욕 첫 작품인 ≪모든 행운을 가진 남자≫(*The Man Who Had All the Luck*, 1944)를 브로드웨이 무대에 올렸지만 흥행에는 실패했다. 1947년 ≪모두 나의 아들들≫(*All My Sons*, 1947)은 비평가들로부터 대단한 호평을 받았다. 아더 밀러는 가치관의 문제와 사회와 인간의 문제를 주제로 즐겨 다루었다.

Arthur Miller [122]

≪세일즈맨의 죽음≫은 아더 밀러의 대표작일 뿐만 아니라 20세기 미국연극의 대표적인 걸작으로 평가받고 있다. 주인공 윌리 로먼(Willy Loman)은 사회적-경제적 환경의 변화에 따라 전성기가 끝나고 무능한 인간으로 쓸쓸히 사라져 가는 인물로 그려진다. 한 남자로서, 남편으로서, 아버지로서 그의 존재가 점점 무너져가는 상황을 연극으로 나타내 보임으로써 미국사회가 가진 문제점과 사회적 환경의 변화에 따른 가족의 위기와 같은 사회적 주제를 문학적 완성도를 유지하면서 작품은 잘 표현해 내고 있다.

1949년에 발표한 ≪세일즈맨의 죽음≫으로 인해 아더 밀러는 극작가로서 국제적인 명성을 얻었지만, 1950년대 미국의 맥카시즘(McCarthyism) 광풍에 그도 엄청난 고초를 겪었다. 1952년 조지 맥카시(George McCarthy) 의원이 미국내 주요 기관에 상당한 수의 공산주의자들이 활동하고 있다고 주장하면서 미국은 공산주의자를 색출하기 위해 전에 없는 마녀사냥의 광풍을 경험했다. 아더 밀러도 감시의 대상이 되었는데, 그는 미국 사회가 이성을 잃어가는 과정과 상황을 몸소 경험하면서 1953년 ≪크루시블≫(*The Crucible*, 1953)을 발표했다. ≪크루시블≫은 과거 청교도들의 마

122) http://en.wikipedia.org/wiki/Arthur_Miller

녀사냥으로 유명했던 세일럼(Salem)을 배경으로 악마의 사주를 받았다고 고발당한 어린 소녀들이 자신이 살기위해 누군가를 고발하고 지목해야 하는 상황을 그려내고 있다. 이러한 극적 상황은 1950년대 맥카시즘이 활개 치던 미국의 상황을 빗대어 조롱하고 경고하고 있다.

1956년은 밀러에게 다사다난했던 한 해였다. 아서 밀러는 반미국적 행위에 대해 의회위원회의 호출을 받았는데, 그는 특정한 모임에 참석하기는 했지만 공산주의자는 아니라고 주장했다. 다른 사람을 고발할 것을 거부했기 때문에 밀러는 의심스러운 공산주의 그룹으로 분류되었다. 1956년에 밀러는 여배우 마릴린 먼로(Marilyn Monroe)와 결혼을 했다.[123] 할리우드를 위한 영화대본을 쓰고 먼로와 결혼을 하고 하는 동안인 1950년대 후반에 밀러는 극작활동을 거의 하지 않았다. 1955년에 ≪다리에서의 풍경≫(*A View from the Bridge*, 1955)을 발표한 이후 거의 10년 동안 밀러는 다양한 정치적 활동에는 적극적이었지만 작품을 발표하지는 않았다. 비로소 1964년에 밀러 자신은 부인하고 있지만 대단히 자전적인 요소를 많이 담은 작품인 ≪타락 이후≫(*After the Fall*, 1964)를 발표했다. 아서 밀러는 2차 세계대전 이후 국제사회에서 미국의 부흥기와 더불어 세계문학계에서 미국연극의 입지를 확고히 하는데 기여했다. 그는 2005년 2월 10일 코네티컷 록스버리(Roxbury)에 있는 자신의 집에서 심장마비로 사망했다.

■ 아서 밀러의 주요 극작품

The Man Who Had All the Luck (1940)
All My Sons (1947)
Death of a Salesman (1949)
The Crucible (1953)
A View from the Bridge (1955)
After the Fall (1964)
The American Clock (1980)
I Think About You a Great Deal (1986)
The Last Yankee (1991)
The Ride Down Mt. Morgan (1991)
Broken Glass (1994)

---

123) Monroe와의 결혼은 1961년의 이혼으로 끝났고, Monroe는 다음해인 1962년에 사망했다.

Mr Peter's Connections (1998)
Finishing the Picture (2004)

(3) 테네시 윌리엄스

Tennessee Williams[124)]

테네시 윌리엄스(Tennessee Williams, 1911－1983)는 1911년 미시시피 주 콜럼버스에서 태어났다. 그는 3명의 자녀 중 둘째로 태어났는데, 그의 원래 이름은 토마스 라니에 윌리엄스(Thomas Lanier Williams)였고 그의 유년기 가족생활은 행복하지 못했다. 그의 부모님은 종종 격렬하게 싸웠기 때문에 긴장과 불안 속에 시간을 보내는 날이 많았다. 1929년에 미주리대학에 입학했지만 경제적 이유로 대학을 마치지 못하고 그만 두었다. 그러나 미주리대학 시절 윌리엄스는 입센의 연극 ≪유령≫(*Ghosts*)을 보게 되었고, 그것을 계기로 그는 극작에 대한 관심을 가지게 되었다. 윌리엄스는 대학을 그만두고 신발공장에서 일하면서 후일 그의 대표작이 된 ≪욕망이라는 이름의 전차≫(*A Streetcar Named Desire*)에 대한 영감과 캐릭터들을 만나게 된다.

윌리엄스는 우여곡절 끝에 다시 공부를 시작해서 아이오와대학을 졸업하게 되고, 이후 일자리를 찾아 뉴올리언스로 이주했다. 이때부터 그의 이름을 토마스에서 테네시로 바꾸어 테네시 윌리엄스로 했다. 이때부터 본격적인 극작가의 길을 걷기 시작했던 윌리엄스는 1940년 ≪천사의 전쟁≫(*Battle of Angels*, 1940)을 보스턴에서 성공적으로 공연함으로써 극자가로서의 명성을 쌓아갔다. 1944년 그의 대표작들 중 하나가 된 ≪유리 동물원≫(*The Glass Menagerie*, 1944)은 시카고 공연에서 대단한 성공을 거두었다. 윌리엄스의 작품들은 자신이 경험한 인생과 만났던 사람들을 대단히 섬세하게 해석하여 반영하고 있다. 영화감독 엘리아 카잔(Elia Kazan)은 테네시 윌리엄스의 작품을 "그의 인생의 모든 것이 그의 연극에 있고, 그의 연극에 있는 모든 것이 그의 인생이다(Everything in his life is in his plays, and everything in his plays is in his life.)라고 평했을 정도로 테네시 윌리엄스의 작품은 자신이 보고 겪은 사건과 인물들을 치밀하게 반영하고 있다.

---

124) http://en.wikipedia.org/wiki/Tennessee_Williams

≪유리 동물원≫ 이후 테네시 윌리엄스의 작품은 뉴욕 브로드웨이 무대에서 연속적인 호평을 받았다. ≪욕망이라는 이름의 전차≫(*A Streetcar Named Desire*, 1947), ≪여름과 연기≫(*Summer and Smoke*, 1948), ≪장미 문신≫(*A Rose Tattoo*, 1951) 등 일련의 작품들이 브로드웨이에서 호평을 받았고, 그로인해 그는 전국적인 명성을 얻었다. 그의 작품들은 영화로도 만들어져 대중적인 인지도도 높아지게 되었다.

테네시 윌리엄즈는 극작가로서의 명성을 얻기는 했지만 정작 그의 개인적인 삶은 우울했다고 볼 수 있다. 어린 시절 그가 좋아했던 누이 로즈(Rose)는 정신분열증에 걸려 대부분의 삶을 정신병원에서 보냈는데, 윌리엄스 역시 평생 자신도 정신병에 걸리지 않을까하는 불안 속에 살았다. 그는 동성애적인 취향을 가지고 있었는데, 1947년에 만나 사랑에 빠진 프랭크 멀로(Frank Merlo)가 1961년 폐암으로 죽자 윌리엄스는 거의 10년간 우울증에 시달렸다. 윌리엄스는 생애 대부분의 기간 동안 가족과 과거에 대한 상처와 수면제 중독, 알콜 중독, 정신적 우울증 등에 시달리면서 살았고, 인간 개인으로서는 대단히 어둡고 슬픈 삶을 살았다. 1983년 2월 24일 테네시 윌리엄스는 뉴욕의 호텔에서 병뚜껑이 목에 걸려 질식해 죽었고, 그의 시신은 미주리주 세인트루이스에 묻혔다.

≪욕망이라는 이름의 전차≫의 여주인공 블랑쉬 뒤부아(Blanche DuBois)는 세련되고 매력적이지만 어딘지 모르게 퇴폐적인 남부의 여성으로 등장한다. 블랑쉬는 "욕망"이라는 노선의 전차를 타고 뉴올리언스 프렌치쿼터에 살고 있는 여동생 스텔라(Stella)의 집을 방문한다. 스텔라는 스텐리 코왈스키(Stanley Kowalski)라는 남자와 결혼해서 살고 있는데, 스텐리는 다소 거칠고, 무례하기도 한 전형적인 노동계층의 근육질의 남성이다. 블랑쉬의 등장에 스텔라는 반갑기도 하고 놀라기도 하는데 남편이 블랑쉬가 집에 머무는 것을 허락할 지 무척 걱정하는 눈치다. 블랑쉬는 불행한 결혼 생활을 마감하고, 다니던 학교에서 학생과의 추문으로 인해 해고 되었지만 휴가차 여행하고 있다고 말한다.

스텔라의 남편 스텐리 코왈스키는 스텔라에게 억압적이고 대단히 육체적으로 거칠게 보이는 남자이다. 블랑쉬는 스텐리의 그런 거칠고 무례한 태도를 경멸하는 듯하다. 블랑쉬가 스텔라의 집에 머물면서 스텔라와 스텐리 부부의 관계도 상당히 위태로워진다. 스텐리의 친구 미치(Mitch)라는 남자는 블랑쉬의 세련된 외모에 호감을 가지고 좋아한다. 스텐리는 블랑쉬의 과거를 서서히 밝혀 간다. 스텐리는 블랑쉬의 겉으로 세련된 태도와 위선을 잔인하게 무너뜨리면서 진실을 밝히게 되고 급기야 블랑쉬를 강간하게 된다. 그 충격으로 블랑쉬는 정신분열의 상태가 되고 정신병원으로 실려 가게 된다.

■ 테네시 윌리엄스의 주요 작품

Battle of Angels (1940)
The Glass Menagerie (1944)
A Streetcar Named Desire (1947)
Summer and Smoke (1948)
The Rose Tattoo (1951)
Camino Real (1953)
Cat on a Hot Tin Roof (1955)
Orpheus Descending (1957)
The Night of the Iguana (1961)

찾아보기

【작품명】

【인명과 용어】